ein teuflisches zeug

Kathmandu, Sydney, San Cristobal, Kalkutta und San Francisco sind nur einige der Heimathäfen von Stewart Lee Allen. Wenn er nicht gerade in Cafés und Bars herumhing, verdingte er sich als Traubenpflücker, Theaterregisseur, Kloputzer, Totengräber, Punkmusiker, Koch, Tellerwäscher, Schmuggler, Krankenpfleger, Herausgeber von Punk-Magazinen oder Pfleger in Mutter Teresas Sterbehaus. Für seine erste Kurzgeschichtensammlung *The Art of Rape* erhielt er Preise in den USA und Japan.

Stewart Lee Allen

ein teuflisches zeug

Auf abenteuerlicher Reise durch
die Geschichte des Kaffees

Aus dem Englischen von Thomas Wollermann und
Gerlinde Schermer-Rauwolf, Kollektiv Druck-Reif

Campus Verlag
Frankfurt/New York

Die amerikanische Originalausgabe *The Devil's Cup* erschien 1999 bei Soho Press, Inc. Copyright © 1999 Stewart Lee Allen

Bibliografische Information der Deutschen Bibliothek
Die Deutsche Bibliothek verzeichnet diese Publikation in der Deutschen Nationalbibliografie. Detaillierte bibliografische Daten sind im Internet über http./dnb.ddb.de abrufbar.
ISBN 3-593-37290-8

Das Werk einschließlich aller seiner Teile ist urheberrechtlich geschützt. Jede Verwertung ist ohne Zustimmung des Verlags unzulässig. Das gilt insbesondere für Vervielfältigungen, Übersetzungen, Mikroverfilmungen und die Einspeicherung und Verarbeitung in elektronischen Systemen.
Alle deutschsprachigen Rechte © 2003 Campus Verlag GmbH, Frankfurt/Main
Umschlaggestaltung: mancini-design, Frankfurt
Umschlagmotiv: Corbis, Düsseldorf
Druck und Bindung: Druckhaus Beltz, Hemsbach
Gedruckt auf säurefreiem und chlorfrei gebleichtem Papier.
Printed in Germany

Besuchen Sie uns im Internet: www.campus.de

inhalt

7 einleitung: die erste tasse

13 ein aufenthalt in der hölle
29 ein äthiopisches gebet
43 überfahrt nach al-makha
55 eine böse schwester
69 kaffee in sana'a
75 affendreck
87 mutter kalkutta
97 die rote kaffeekanne
113 krieg
127 die revolution
141 paris
155 der sultan hat ohrenschmerzen
165 auf see
175 afrika in ketten
189 preto velho
199 officer hoppe
215 das kokain der weißen unterschicht

226 dank
227 anmerkungen

einleitung
die erste tasse

Seine Zubereitung ist eine Kunst,
also ziemt es sich,
ihn auch kunstvoll zu genießen.
Abd el Kader, 16. Jahrhundert

Nairobi, Kenia, 1988

»Der äthiopische ist der beste.« Bills Augen leuchteten auf. »Junge, das ist der edelste Stoff von ganz Afrika. Und erst die äthiopischen Weiber...«

»Keine Weiber«, sagte ich entschieden. Bill, eine Mischung aus Kleinstadt-Klempner und buddhistischem Mönch, war davon besessen, mir eine Frau zu besorgen, allerdings mangelte es ihm dabei an Takt. Sein letzter Verkuppelungsversuch hatte damit geendet, dass ich mich einer kenianischen Nutte erwehren musste, die doppelt so viel auf die Waage brachte wie ich und ohne Unterlass kreischte: »Ich bin zur Liebe bereit!« Keine Weiber«, wiederholte ich und erschauderte bei der Erinnerung. »Versuchs erst gar nicht.«

»Du musst sie ja nicht vögeln«, meinte er mit seinem charmantesten anzüglichen Grinsen. »Aber du wirst es wollen.«

»Das bezweifle ich.«

»Und der *Buna*, mmh! Der beste *Buna* der Welt.«

»*Buna*? Was ist das?«

»Kaffee«, erwiderte er. »Äthiopien ist das Land, aus dem er stammt.«

Es war also abgemacht. Wir würden in Äthiopien zu Mittag essen. Da Busverbindungen im Norden Kenias eher rar sind, fuhren wir per Anhalter hinten auf einem klapprigen Laster der indischen Marke »Tata« mit, der Limonade geladen hatte. Es war eine trostlose Fahrt, zwanzig Stunden nichts als sonnengeschwärzter Fels und verblichenes Unkraut. Nur die verlassenen Busse, die von Maschinengewehrsalven durchlöchert am Straßenrand standen, bewiesen, dass die Gegend nicht gänzlich ausgestorben war. Zwar machten wir uns keine besonders großen Sorgen wegen Straßenräubern (auf unserem Laster fuhren zwei bewaffnete Wachen mit), doch nach etwa sieben Stunden passierten wir einen Lastwagen, dessen Angebot, uns mitzunehmen, wir zuvor ausgeschlagen hatten. Auf der unbefestigten Straße war eine Achse gebrochen, das Fahrzeug hatte sich überschlagen, und der Fahrer sowie die Hälfte seiner Passagiere waren tot. Die Überlebenden, ausschließlich zwei Meter große Massai-Krieger in den traditionellen roten Gewändern und mit den typisch langen Ohrläppchen, standen weinend neben dem Wrack und stießen immer wieder ihre Speerspitzen gen Himmel. Einer der ihren lag zu Tode gequetscht unter einem Haufen zerborstener Pepsi-Flaschen.

Als wir Äthiopien erreichten, war die Grenze geschlossen. Der einzige Posten dort war zwar freundlich, aber stur – es durften keine Ausländer nach Äthiopien einreisen. Bill verlegte sich aufs Verhandeln.

Wir wollten ja gar nicht nach Äthiopien einreisen, erklärte er, sondern nur das Dorf Moyale besuchen, das zufällig zur Hälfte auf äthiopischem Staatsgebiet liege. Das sei doch sicher erlaubt, folgerte Bill.

Der Posten dachte nach. Es stimme, dass Ausländer Moyale für einen Tag besuchen dürften, räumte er ein. Dann aber wackelte er mit dem Kopf: Dies gelte allerdings nicht am Sonntag. Äthiopien, so erinnerte er uns, sei ein christliches Land.

Nun versuchte es Bill andersherum. Gebe es in Moyale denn ein Gästehaus der äthiopischen Tourismusbehörde, erkundigte er sich? Natürlich, erwiderte der Soldat. Ob wir es aufsuchen wollten?

»Oouuh", bejahte Bill mit dem lang gezogenen äthiopischen Laut der Zustimmung.

»Kein Problem", meinte der Posten. »Immer geradeaus und dann links.«

Da die staatlichen Hotels stets überteuert sind, machten wir ein normales Restaurant ausfindig – genauer gesagt einen Schuppen mit schmutzigem Boden und einem Dach aus getrocknetem Gras. Doch das Essen war hervorragend: *Doro Wat* (scharf gewürztes Hühnerragout mit ranziger Butter), *Injera* (Sauerteigfladen) und *Tej* (Honigwein). Zum Schluss gab es Kaffee.

Die Äthiopier, die schon Kaffee tranken, als die Europäer noch Bier zum Frühstück schlürften, haben im Lauf der Jahrhunderte eine Zeremonie für das gemeinsame Kaffeetrinken entwickelt. Zuerst werden die grünen Bohnen am Tisch geröstet. Dann reicht die Gastgeberin die noch qualmenden Bohnen herum, damit jeder Gast das volle Aroma genießen kann. Nach einer Art Segensspruch oder einer Ode an die Freundschaft werden die Bohnen nun in einem steinernen Mörser gemahlen und dann aufgebrüht.

Genau so bereitete auch unsere Wirtin an diesem Tag unseren Kaffee zu, und obwohl ich diese Zeremonie seither viele Male erlebt habe, erschien sie mir nie wieder so bezaubernd. Die Frau war eine typische Äthiopierin vom Land, groß, elegant und überraschend schön, gekleidet in orangefarbene und violette Tücher, die in der dunklen Hütte förmlich glühten. Und der Kaffee, den sie in henkellosen Tässchen mit einem frischen Zweig eines ingwerähnlichen Gewürzes servierte, war exzellent.

Man muss während der ausgefeilten Zeremonie, die bis zu einer Stunde dauern kann, drei Tassen trinken: *Abole-Berke-Sostga*, eins-zwei-drei auf die Freundschaft. Doch bedauerlicherweise hatte unsere Gastgeberin gerade genug Bohnen für eine Tasse pro Person. »Kommt morgen wieder«, sagte sie, »dann gibt es mehr.« Da die Stunde der nächtlichen Ausgangssperre nahte, beeilten wir uns, auf kenianisches Gebiet zurückzukommen. Doch am nächsten Tag weigerten sich die Grenzposten, uns wieder nach Äthiopien einreisen zu lassen. Stundenlang stritten wir miteinander herum, aber nichts – weder Argumente noch Geld – konnte sie dazu bewegen, uns für unsere versprochene zweite Tasse ins Land zu lassen.

In den folgenden zehn Jahren ging Äthiopien vor die Hunde. Millionen starben hungers, ein Bürgerkrieg brach aus, und schließlich wurde das Land zweigeteilt. Mein Leben verlief ähnlich verworren. Ich lebte auf vier Kontinenten, in elf verschiedenen Städten, manchmal zog ich in einem einzigen Jahr fünfmal um. Zu ertragen war das nur mit dem Wissen im Hinterkopf, dass ich mit fünfunddreißig alles stehen und liegen lassen würde, um wieder auf die Walz zu gehen, wie ich gerne sagte, und nie mehr zurückzukehren. Vielleicht eine schlummernde Todessehnsucht, die sich immer wieder Bahn brach. Wäre ich ein Möchtegern-Buddhist gewesen, hätte ich es das Streben nach der Ich-Losigkeit nennen können. Oder sonst wie. Stattdessen verlor ich versehentlich mein Herz (auch eine Form von Todessehnsucht) und zog nach Australien, um zu heiraten – ein Unterfangen, dem das Glück nicht hold war. Es würde zu weit führen, wollte ich schildern, wie es dazu kam, jedenfalls arbeitete ich schließlich im Sterbehaus von Mutter Teresa in Kalkutta.

Kalkutta ist die gigantischste Stadt der Welt. Unendliches Leid geht dort einher mit bodenloser Arroganz. Mitleid, Klugheit und Gier gedeihen nebeneinander, treten einem vierundzwanzig Stunden am Tag ungeschminkt gegenüber. Bei einer Busfahrt sah ich, wie eine Frau vor Hunger tot umfiel, während auf der anderen Straßenseite Kinder in makellosen weißen Schuluniformen Krocket spielten und vor Vergnügen kreischten; zwei Häuserblocks davor hatte ich gesehen, wie eine Frau bis zum Hals in einem sumpfigen Tümpel steckte und inbrünstig die Sonne anbetete.

Kalkutta ist auch ein wahres Schatzkästlein für Bibliophile, und es geschah hier, dass ich während eines Streifzugs durch die unzähligen Bücherstände der Stadt ein merkwürdiges Manuskript entdeckte. Der Druck war beinahe unleserlich und die englische Prosa in dem reizenden archaischen Singsang des Subkontinents gehalten. Ich habe keine Ahnung, wie das Buch hieß, denn sein Einband war schon vor langer Zeit verrottet. Es war wohl das übliche, weit verbreitete halbverrückte Hindi-Gezeter darüber, wie die unausgewogene Ernährung des Westens eine Rasse hyperaktiver Soziopathen hervorbringe, die wild entschlossen sei, Mutter Erde zu zerstören. Der größte Teil des Traktats hetzte gegen Fleischesser (Hindus sind Vegetarier) und Kuhmörder (man weiß, die Tiere gelten als heilig). Doch der Abschnitt, der mir ins Auge stach, lamentierte über das Böse »dieser dunklen, tückischen Bohne aus Afrika«. Ich gebe ihn mit eigenen Worten wieder:

Ist es denn ein Wunder, frage ich, dass uns überliefert ist, wie die schwarzhäutigen Wilden dieses Kontinents die Kaffeebohne aßen, bevor sie ihren Göttern Menschenopfer darbrachten? Man muss nur die gewalttätigen kaffeetrinkenden westlichen Gesellschaften mit den friedliebenden Teetrinkern des Orients vergleichen, um festzustellen, welch bösartige Wirkung dieses Gebräu auf die menschliche Seele hat. »Du-bist-was-du-isst«- Spinner sind in Indien genau so verbreitet wie in Kalifornien. Was mich hingegen faszinierte, war der Kontrast zu einem französischen Buch aus dem 18. Jahrhundert, auf das ich zufällig in Hanoi gestoßen war. In diesem Buch, Mon Journal, führt der Moralist und Historiker Jules Michelet das Entstehen einer aufgeklärten westlichen Gesellschaft im Grunde genommen auf den Wandel der Europäer zu Kaffeetrinkern zurück: »Es besteht kein Zweifel, dass die Ehre für dieses Feuerwerk kreativen Gedankenguts teilweise jenem großen Ereignis zuzuschreiben ist, welches neue Sitten begründete und sogar das menschliche Naturell veränderte – der Einführung des Kaffees.«

Wie typisch französisch, dachte ich damals, die Aufklärung auf einen Espresso zurückzuführen. Aber Michelets Beobachtung befindet sich überraschend mit jenen modernen Forschungsergebnissen im Einklang, die vermuten lassen, dass bestimmte Nahrungsmittel die Geschichte in bis dato ungeahnter Weise beeinflusst haben. Spezialisten dieser Fachrichtung, der so genannten Ethnobotanik, haben erst kürzlich die These aufgestellt, dass der Verzehr bestimmter Pilze gewisse Gehirnfunktionen verändere. Andere haben berichtet, dass die von den Mayas dargestellten heiligen Jaguare in Wirklichkeit Frösche sind, welche die Priester ihrer halluzinogenen Kräfte wegen massenhaft verzehrten. Die jüngste Forschung wies auch darauf hin, dass das Veilchen den Pharaonen deshalb als heilig galt, weil es berauschend wirkte. All diese Nahrungsmittel sind Drogen, na klar. Wie auch der Kaffee – als jemand, der vieles ausprobiert hat, weiß ich, wovon ich spreche. Vielleicht war Michelet da einer wichtigen Sache auf der Spur. Wann hatten die Europäer damit angefangen, Kaffee zu trinken, und was tranken sie davor? Ich hatte keine Ahnung. Und ganz bestimmt hätte ich mir nicht träumen lassen, dass mich die Suche nach der Antwort auf diese Frage fast um den ganzen Erdball führen würde, mehr als dreißigtausend Kilometer per Zug, Dau, Rikscha, Frachter und sogar auf einem Esel. Selbst jetzt, da ich diese Seite schreibe, weiß ich nicht, was ich von meinem Manuskript halten soll. Manchmal klingt es für mich wie das Gefasel eines Drogensüchtigen im Koffeinrausch, zu anderen Zeiten wie eine völlig glaubwürdige Studie. In Kalkutta jedenfalls wusste ich lediglich, dass es nur einen Ort gab, wo man die Suche nach der Bestätigung für Michelets These vernünftigerweise beginnen konnte, und das war das Land, wo der Kaffee vor mehr als zweitausend Jahren entdeckt worden war, jenes Land, das ich seit einem Jahrzehnt nicht mehr besucht hatte.

Es war an der Zeit, nach Äthiopien zu reisen und jene versprochene zweite Tasse zu trinken.

ein aufenthalt
in der hölle

Abole, Berke, Sostga – eine, zwei, drei
Tassen, und wir sind Freunde auf ewig.
Ein Hochstapler in Addis Abeba

Harar, Äthiopien

»Du Rambo?«

Der Fragesteller war ein drahtiger Nordafrikaner mit scharfen Augen, einem schmalen Schnurrbart und einem weißen Turban, der im Schatten einer weißen Lehmmauer kauerte. Also nicht gerade der typische Sylvester-Stallone-Fan.

»Rambo?«, wiederholte ich zweifelnd.

Er nickte. »Rambo.« Dabei zog er seinen schmutzigen Umhang so weit hoch, dass der Saum nicht mehr im Dreck hing. »Rambo«, sagte er noch einmal unendlich gelangweilt. »Farangi.«

»Du bist wirklich Rambo-Fan?« Ich war überrascht. In Kalkutta hatte Charles Bronson einen weit höheren Bekanntheitsgrad gehabt. Um eventuelle Missverständnisse auszuräumen, zeigte ich ihm meinen Bizeps. »Rambo findest du gut?«

Der Mann sah mich herablassend an. »Ram-bo«, beharrte er. »Rambo, Ram-bo. Prima? Dir gefällt?«

»Nein, nicht prima«, sagte ich und ging. »Gefällt mir nicht.«

Ich war gerade erst nach einer anstrengenden vierundzwanzigstündigen Zugfahrt aus der Hauptstadt Addis Abeba in Harar, einem abgelegenen Städtchen im äthiopischen Hochland, eingetroffen. Schon immer hatte ich eine Schwäche für Harar gehabt. In seinen gewundenen Gassen gab es weder Autos noch Diebe, ein großer Vorzug gegenüber Addis Abeba, wo mich Taschendiebe wie Fliegen umschwärmt hatten und ich das einzige Mal, als ich abends ausging, nach einer »Freundschafts-Kaffeezeremonie« beinahe ausgeraubt worden wäre.

Auch der arabische Touch von Harar sagte mir zu, die weiß verputzten Lehmbauten und die farbenprächtigen Kleider der Mädchen, die eine Art afrikanischen Zigeunerstil zur Schau trugen. Außer dem Rambo-Mann war mir bisher kein Strolch begegnet, und auch er war ja nicht allzu lästig geworden.

Ich fand ein ansprechendes Café und sicherte mir einen Tisch im Schatten. Der in einer alten mechanischen Espressomaschine aufgebrühte Kaffee, zähflüssig wie schwarzer Likör, wurde in einem Schnapsglas serviert. Er schmeckte so intensiv, dass er beinahe meine Geschmacksnerven betäubte, was ich der minderen Qualität, entstanden durch die in Äthiopien übliche Pfannenröstung, zuschrieb. Denn die Kaffeebohnen von Harar zählen zu den weltbesten und werden nur von denen aus Jamaika und dem Jemen übertroffen, aber das hier ... Ich vermutete, dass die hiesigen mit aus Zaire geschmuggelten Robusta-Bohnen gemischt worden waren, was sowohl die (»Wesh« genannte) feine Crema-Krone erklärt hätte als auch die Tatsache, dass nach der ersten Tasse ein Kribbeln durch meinen ganzen Körper lief.

Ich bestellte mir eine zweite Tasse. Inzwischen war der Rambo-Mann mir gefolgt und starrte mich von der gegenüberliegenden Straßenseite aus an. Unsere Blicke kreuzten sich, dann zuckte er die Achseln und winkte einladend. Ich runzelte die Stirn.

Harar ist eine jener legendären afrikanischen Städte, die einen direkt in die Antike zu führen scheinen. Jahrhundertelang war Fremden der Zutritt verboten gewesen, weil ein islamischer Heiliger prophezeit hatte, die Stadt würde an dem Tag fallen, da ein Ungläubiger durch die Stadtmauer trete. Christen, die es dennoch versuchten, wurden geköpft; afrikanische Händler wurden einfach draußen angekettet und der zärtlichen Fürsorge der Löwenrudel überantwortet. Nicht, dass es ihnen innerhalb der Stadtmauern viel besser ergangen wäre. Dort streunten Hyänen durch die Straßen und fraßen die Obdachlosen. Hexerei und Sklavenhandel florierten, insbesondere der berüchtigte Verkauf von schwarzen Eunuchen an türkische Harems. Im 18. Jahrhundert war Harar dann derart isoliert, dass die Bewohner eine eigene Sprache entwickelten, die noch heute gesprochen wird.

Dieser Ruf trieb Europas unerschrockenste Abenteurer in Scharen nach Harar. Viele bezahlten ihren Entdeckerdrang mit dem Leben, bis Sir Richard Burton – der Engländer, der die Quelle des Nils »entdeckte« – 1855 als Araber verkleidet die Stadt betrat. Kurz darauf fiel Harar.

Der interessanteste unter den frühen westlichen Besuchern Harars war der französische Symbolist Arthur Rimbaud. Der Dichter war im Alter von siebzehn Jahren nach Paris gezogen, wo er sich bereits nach einem Jahr, in dem er seinem berühmten »zügel-, sitten- und haltlosen« Lebensstil frönte, den Ruf als verkommenster Mann der Stadt erworben hatte. Mit neunzehn vollendete er sein Meisterwerk, *Ein Aufenthalt in der Hölle*. Und kaum war er zwanzig, sagte er der Dichtkunst ade und verschwand spurlos. Rimbaud ...

»Rambo!«, rief ich und sprang auf. Darüber faselte der Bursche die ganze Zeit. Er sprach Rimbaud wie Rambo aus, und er hatte mich zu Rimbauds Haus führen wollen. Denn der Dichter war nicht »spurlos vom Antlitz der Erde verschwunden«, nachdem er sich 1870 von der Dichtkunst losgesagt hatte. Nein, er war nur zu Sinnen gekommen und hatte sich als Kaffeehändler in Harar niedergelassen.

Doch inzwischen war von dem Rambo-Mann nichts mehr zu sehen.

Rimbaud war nicht einfach nach Äthiopien gekommen, weil er plötzlich das Bedürfnis verspürt hatte, in den Kaffeehandel einzusteigen. Seine Gründe lagen tiefer, er erfüllte damit eine seiner Visionen aus *Ein Aufenthalt in der Hölle*, nämlich dass er in ein Land ohne Jahreszeiten gehen und mit gestählten Gliedern, bronzefarbenem Teint und feurigem Blick zurückkehren werde. Rimbaud war auf der Suche nach Action, Gefahr und Geld. Zumindest an ersteren beiden sollte es ihm in Harar nicht mangeln. Denn der Emir war erst zwanzig Jahre zuvor abgesetzt worden, und noch immer waren die Spannungen groß. Die französischen Kaffeehändler brauchten jemanden, der verrückt genug war, sein Leben für eine Bohne zu riskieren (allerdings eine, von der ein Pfund einhundert Dollar kostete). Rimbaud war ihr Mann.

Die Bedeutung der Longberry Harar geht weit über die aromatische Tasse hinaus, die daraus gebrüht wird. Viele glauben, dass sich hier aus der einfacheren Robusta-Bohne die hochkultivierte Arabica-Bohne entwickelt hat, sodass die Longberry Harar eventuell das fehlende Glied in der Coffea-Gattung sein könnte. Was das bedeutet, ermisst man nur, wenn man weiß, dass es grundsätzlich zwei verschiedene Kaffeesorten gibt: den köstlichen Arabica aus Ostafrika, der nur in größeren Höhen gedeiht, und den weniger geschätzten Robusta aus Zaire, der praktisch überall wächst.

Mit diesem Wissen begeben wir uns jetzt zurück in jene mythische Vorzeit vor dem Dämmern der Aufklärung, die koffeinfreie Ära.

Damals, vor fünfzehnhundert oder auch dreitausend Jahren, lebten die ersten Kaffeeliebhaber weltweit, die Oromo-Nomaden, im Königreich von Kaffa[1]. Allerdings tranken die Oromos den Kaffee nicht, sie aßen ihn, nachdem sie die Bohnen zerstoßen, mit Fett vermischt und zu golfballgroßen Happen geformt hatten. Besonders gern knabberten sie an diesen Kaffeebällchen, bevor sie sich gegen das Volk der Bonga in die Schlacht warfen, die den Oromos normalerweise die Hucke voll schlugen. Die Bongas waren erstklassige Sklavenhändler, die jedes Jahr etwa siebentausend Menschen auf dem arabischen Markt in Harar feilboten. Eine beträchtliche Anzahl dieser Unglücklichen rekrutierte sich aus den Kaffee kauenden Oromos, die während der Schlacht gefangen genommen worden waren. Und diese waren es auch, die ganz unbeabsichtigt als Erste die Bohnen nach Harar brachten. Äthiopische Ranger behaupten, dass die alten Sklavenstraßen noch heute von den Kaffeebäumen gesäumt sind, die den Resten ihrer Mahlzeiten entsprossen.

Von großer Bedeutung ist indes der Unterschied zwischen den Kaffeesträuchern der verschiedenen Regionen. Bohnen aus dem relativ tief gelegenen Kaffa wachsen in riesigen Kaffeewäldern und weisen im Allgemeinen große Ähnlichkeit mit der runderen, herben Robusta-Bohne auf, die wahrscheinlich vor Tausenden von Jahren ihren Weg aus dem Dschungel von Zaire gefunden hat. Im Gegensatz dazu sind die Bohnen von Harar länglich und besitzen die köstlichen Eigenschaften von Arabica. Bei der Anpassung an die Höhenlage von Harar scheint etwas Wundervolles mit ihnen geschehen zu sein. Keiner weiß was, aber wir alle sollten dankbar sein, dass es die verfeinerten Arabica-Bohnen von Harar waren, die später in den Jemen und dann in die ganze Welt gebracht wurden.

Daher war es gar nicht so töricht, dass Rimbaud sein Leben für diese Bohne aufs Spiel gesetzt hat (und es dann tatsächlich auch verlor). Viel scheint der Dichter-Kaufmann allerdings nicht vom Harar-Kaffee gehalten zu haben. »Grässlich«, schrieb er in einem Brief. »Widerliches Zeug« und »ekelhaft«. Na gut. Vielleicht hat der langjährige Absinth-Genuss seinen Geschmack getrübt. Und es wird sein Urteil kaum begünstigt haben, dass die Einheimischen ihm Bohnen verkauften, die mit Ziegenkot gestreckt waren.

Nach ein paar weiteren Tässchen ging ich in ein Hotel, bevor ich mich dann auf die Suche nach Rimbauds Haus machte. Harar ist eine kleine Stadt mit etwa zwanzigtausend Einwohnern, ein Gassenlabyrinth aus schiefen Moscheen und Lehmhütten. Bemerkenswert ist, dass es keine Straßennamen gibt. Trotzdem ist in der Stadt wahrscheinlich nichts leichter zu finden als Rimbauds Haus, denn jeder Fremde wird von Möchtegern-Führern geradezu umzingelt. Aber ich hatte nicht vor, jemanden dafür zu bezahlen, dass er mich zu einem Haus führte, und indem ich mich durch die abgelegensten Gassen schlug, schaffte ich es schließlich auch, unentdeckt in eine Gegend zu kommen, von der ich wusste, dass es sich um das Wohnviertel Rimbauds handeln musste. Leider befand ich mich in einer Sackgasse.

Weit und breit war niemand zu sehen, also rief ich vorsichtig: »Hallo.«

»Hier«, antwortete eine mir bekannte Stimme.

Ich kroch durch einen gezackten Mauerspalt und stand dem Rambo-Mann gegenüber, der vor einem Trümmerhaufen hockte.

»Aha!«, rief er. »Da bist du ja endlich.«

Er saß vor einem der merkwürdigsten Häuser, das ich je zu Gesicht bekommen hatte. Zumindest wirkte es im Umfeld der einstöckigen Lehmbauten von Harar äußerst befremdlich. Das dreistöckige Gebäude hatte einen mit kunstvollen Schnitzereien übersäten Doppelspitzen-Giebel. Bourbonische Lilien säumten das Schindeldach, und die Fenster waren rot gebeizt. Wie aus einem Grimmschen Märchen, war mein erster Gedanke. Doch das Allermerkwürdigste war die umlaufende, dreieinhalb Meter hohe Mauer, die nur eine einzige Öffnung besaß – nämlich der Spalt, durch den ich gerade gekrochen war.

Überrascht musterte mich der Mann. »Du hast keinen Führer?«
»Einen Führer? Wozu?«
»Kein Problem.« Er wedelte mit einem gelben Stück Papier und verlangte zehn Birra.
»Was ist das?«, fragte ich.
»Ticket.«
»Ticket? Ist es echt?«
»Schau selbst.« Er wirkte leicht gekränkt. »Ticket – Rimbaud« war darauf gedruckt. »10 Br.« »Du siehst – echtes Haus. Von der Regierung. Nicht wie die anderen.«
»Soll das heißen, dass es noch mehr Rimbaud-Häuser gibt?«
»Nein. Nur eins.«

Ich zahlte, und er führte mich über eine schmale Innentreppe in ein riesiges Zimmer mit etwa dreihundert Quadratmetern Grundfläche und einer fünfzehn Meter hohen Decke sowie einer altmodischen, oval geschwungenen Galerie. Handgemalte Leinentapeten bedeckten die Wände, allerdings waren sie inzwischen so schmutzig und zerrissen, dass ich die entzückenden Pariser Gartenszenen und Wappenschilde nur mehr erahnen konnte. Riesige Staubflusen stoben auf. Nirgends war ein Möbelstück zu sehen.

Der große französische Dichter hatte seine letzten Tage allein, nur in Gesellschaft seines geliebtes Dieners, in diesem surrealen Schlösschen verbracht. Damals schrieb er keine Gedichte mehr, seine Briefe waren einzige Litaneien über Einsamkeit, Krankheit und finanzielle Schwierigkeiten; unter anderem schilderte er einen katastrophal fehlgeschlagenen Versuch, Sklaven und Waffen an den äthiopischen Kaiser zu verkaufen. Seine Vision, mit gestählten Gliedern und feurigem Blick nach Hause zurückzukehren, sollte sich nicht erfüllen. Vielmehr kam er mittellos und im Delirium nach Frankreich zurück, nachdem man ihm sein linkes Bein amputiert hatte. Eine rätselhafte Infektion raffte ihn binnen kurzem dahin.

Ich schlenderte eine Weile umher, spähte über die Galerie, betastete die Tapeten. Das Haus wirkte unbewohnt. Ein Junge in Lumpen folgte mir, doch als ich ihn ansprach, suchte er das Weite. Tauben gurrten aus ihren Nestern zwischen den zerfetzten Wandbehängen.

Als ich ging, fragte mich der Mann, ob ich Rimbauds Nachkommen kennen lernen wollte.

»Er hatte Töchter«, sagte er. »Rimbauds Töchter ...«

»Rimbaud hatte Kinder?«, fragte ich.

»Viele Töchter, schöne Töchter ... noch so jung ...« Und anzüglich fragte er: »Du willst Rambo-Mädchen?«

Mit einer aus einer wilden Liebelei entsprungenen Urenkelin von Rimbaud zu bumsen, das wäre eine Geschichte! Bestimmt wäre sie schön wie alle Frauen hier, und hochmütig dazu, wie es einer Äthiopierin mit französischem Blut geziemte. Die Versuchung war groß. Aber hatte nicht ein hier verbreiteter Tripper Rimbaud das Leben gekostet? Ich lehnte ab.

> Röste deine Kaffeebohnen nicht auf dem Marktplatz.
> (Erzähl Fremden keine Geheimnisse.)
> *Spruchweisheit der Oromos*

Abera Teshone lernte ich kennen, als ich auf der Suche nach den Hyänen-Männern war, jener Kaste, die den Müll von Harar an die Hyänenrudel verfüttert, die sich allabendlich vor den Stadtmauern zusammenrotten. Ursprünglich hatten sie damit die Tiere davonabgehalten, in die Stadt einzufallen und Menschen anzugreifen. Heute sind sie vor allem eine Touristenattraktion, obwohl der Anblick hässlicher Tiere, die sich von Männern in Lumpen mit Müll füttern lassen, Disney-World keine ernsthafte Konkurrenz machen dürfte.

Abera, ein junger Mann mit verkrüppeltem linken Bein, war bei diesem Ereignis mein Führer gewesen, und danach waren wir noch auf ein Bier gegangen. Warum ich nach Harar gekommen sei, wollte er wissen.

»Nicht viele Touristen kommen hierher«, erklärte er seine Frage.

»Das habe ich gesehen. Ich bin gekommen, um mehr über Kaffee zu erfahren.« Mir fiel etwas ein. »Hast du nicht gesagt, dass du Agrarwissenschaften studierst? Was weißt du über seinen Ursprung?«

»Kennst du die Geschichte von Kaldi und den tanzenden Ziegen?«

»Ja klar«, erwiderte ich, denn dies ist eine der Uralt-Mythen, die sich um den Kaffee ranken:

Eines Tages bemerkte Kaldi, ein äthiopischer Ziegenhirte, dass seine beste Ziege wie wahnsinnig meckerte und tanzte. Offenbar hatte der alte Ziegenbock kurz zuvor Beeren von einem bestimmten Strauch gefressen. Der Hirte probierte selbst ein paar und tanzte kurz darauf ebenfalls herum.

Ein heiliger Mann kam vorbei und fragte den Jungen, warum er denn mit einer Ziege herumhüpfe. Nachdem es ihm der Hirte erklärt hatte, nahm der Mönch ein paar Beeren mit nach Hause und stellte fest, dass er nicht einschlafen konnte, nachdem er sie gegessen hatte. Da dieser heilige Mann für ziemlich ermüdende Predigten bekannt war, die oft die ganze Nacht andauerten, nahm es nicht wunder, dass er Schwierigkeiten hatte, seine Schüler wach zu halten. Und so befahl er seinen Schülern, Derwische genannt, vor seinen Predigten diese Bohnen zu kauen. Ihre Schläfrigkeit verschwand, und es verbreitete sich die Kunde von dem großen Propheten, dessen stimulierende Weisheit jedermann bis zum Morgengrauen wach halte.

Ich bin ein Stadtkind, und so fragte ich Abera, ob es denn nicht ungewöhnlich sei, dass Ziegen Beeren fressen. Ob sie normalerweise nicht mehr an den Blättern interessiert seien?

»Na ja, vielleicht war es ja so«, meinte er. »Die Leute auf dem Land nehmen noch heute die Blätter.«

»Sie machen Kaffee aus den Blättern?«

»Ja. Sie nennen es *Kati*.«

»Das würde ich zu gern mal probieren. Vielleicht in einem Café ...«

»O nein«, lachte er. »Das trinkt man nur zu Hause. Und in Harar wird heutzutage wohl keiner mehr so etwas brauen. Du musst die Ogaden besuchen. Die trinken das noch heute.«

»Wo leben sie?«

»Die Ogaden? Jetzt in Jijiga.« So wie Abera das aussprach, klang der Ort wie eine Krankheit. »Aber da kannst du nicht hin. Es ist sehr, sehr gefährlich. Und diese Somali, diese Ogaden, sind sehr hochmütig. Und unfreundlich!«

»Warum? Woher kommt das?«

»Sie sind einfach ein unfreundliches Volk!« Ungehalten über die schlechten Manieren der Ogaden schüttelte Abera den Kopf. »Erst neulich waren sie sehr böse zu einem Bus, der dorthin gefahren ist. Zu allen Männern.«

»Böse? Wie böse?«

»Nun, sehr böse. Sie haben sie umgebracht.«
»Ja, das ist wirklich böse«, stimmte ich zu.

Laut Abera hatten die Ogaden-Banditen alle Männer aus einem Bus gezogen, der nach Jijiga fuhr, und von ihnen verlangt, eine Koransure aufzusagen. All diejenigen, die das nicht konnten, wurden mit einem Kopfschuss niedergestreckt. Nach dem noch nicht lange zurückliegenden Zusammenbruch der somalischen Regierung hatte man Tausende von Ogaden, ursprünglich ein Stamm von Wüstennomaden, in Flüchtlingslager gezwungen. Das größte dieser Lager lag nahe Jijiga an der äthiopisch-somalischen Grenze, und die Folge waren ständige Guerillaaktivitäten in diesem Gebiet. Außerdem hatte kurz zuvor ein Aufruhr in Mogadischu, bei dem tote amerikanische Soldaten durch die Straßen geschleift worden waren, die Feindseligkeit der Ogaden vor allem den Amis gegenüber noch angeheizt. Inzwischen hatte sich die Situation so zugespitzt, dass die Hilfsorganisationen keine weißen Mitarbeiter mehr nach Jijiga schickten, weil sie fürchteten, sie könnten erschossen werden.

»Es ist sehr schlecht für Fremde dort«, sagte er. »Warum willst du dorthin?«

»Ich möchte nur eine Tasse Kaffee«, erwiderte ich. »Bist du je dort gewesen?«

»Es ist die Hölle.« Abera sah zu Boden. »Ich bitte dich, geh nicht.«

Es war eine angenehme zweistündige Fahrt von Harar nach Jijiga. Wir fuhren durch das so genannte Tal der Wunder, auch wenn ich nicht erkennen konnte, was dieses Tal so wunderbar machen sollte. Ich war schon um fünf Uhr morgens aufgebrochen, denn Abera hatte mich gewarnt, dass sich die Fahrer aus Angst vor Banditen weigern würden, Jijiga später als zwei Uhr nachmittags wieder zu verlassen. Es sei wohl am besten, früh loszufahren und bereits mittags nach Harar zurückzukehren, hatte er mir geraten, wenn ich nicht dort übernachten wolle – aber in diesem Fall würde ich im Hotel bestimmt mit vorgehaltener Waffe ausgeraubt werden. Vorausgesetzt natürlich, jemand wäre überhaupt leichtsinnig genug, mich in seiner Hütte schlafen zu lassen. War Abera ein bisschen paranoid? Vielleicht. Na, jedenfalls war es auf diese Weise ein angenehm kühler Tagesbeginn. Als wir dann allerdings den Rand der Wüste erreichten, war es so heiß geworden, dass einige meiner Mitreisenden die unter den Hemden getragenen Pistolenholster ablegten.

»Der menschliche Kopf, einmal abgeschlagen, wächst im Gegensatz zu dem der Rose nicht wieder nach.« Diese Bemerkung stammte von einem britischen Offizier, dem Sir Richard Burton 1854 einen Abstecher hierher vorschlug, und seine Worte gingen mir nun immer wieder durch den Kopf. Die Parallelen zwischen Burtons Suche und meiner eigenen wurden allmählich unheimlich. Beide waren wir auf der Suche nach geheimnisvollen Gewässern in Zentralafrika. Der verwunschene Trank, dem ich auf der Spur war, enthielt zwar noch einige Kaffeebohnen, ansonsten aber handelte es sich um dieselbe Flüssigkeit. Burton hatte den Ursprung des Nils sehen wollen; ich hingegen wollte sehen, was mit Teilen des Nilwassers weiter geschah. Burton endete mit einem Somali-Speer durch seine beiden Backen; ich hoffte, dass die Parallelen vorher endeten.

Jijiga erwies sich als staubiger Ort, dessen Hütten vornehmlich aus flach gewalzten Ölfässern von Shell bestanden. Ich steckte den Kopf durch den ersten Eingang, hinter dem ich ein Tablett mit angeschlagenen Gläsern entdeckte.

»*Kati*?«, erkundigte ich mich auf Amharisch und Arabisch gleichermaßen. »Hast du *Kati*?«

Die Frau zeigte auf meinen zerfledderten Strohhut und kicherte los. Ich versuchte es in einem anderen Café, wo mich der Besitzer hinausscheuchte. So widerfuhr es mir auch im nächsten und übernächsten. Jedes Mal, wenn ich erneut auf der Straße stand, beäugte mich dort eine andere ein Meter achtzig große, ausgezehrte Gestalt mit einem Desinteresse, das nichts Gutes verhieß. Die Männer trugen alle Gewehre, die Frauen wild gemusterte bunte Kopftücher. Ogaden, nahm ich an.

Plötzlich winkte mich eine verhutzelte Alte, die eine Kette mit christlichen Kreuzen auf den Hals tätowiert hatte, in ihre Hütte und brabbelte los. Sie schien Angst zu haben. Ich machte die Geste des Trinkens und fragte sie nach *Kati*.

»*Kati?*«, wiederholte sie und zeigte auf einen prallvollen Sack mit schmutzigen Blättern. Sie ahmte meine Geste nach. »*Kati?*«

»Ja!« Dabei zog ich eins der Blätter aus dem Sack und schnupperte daran. War dies das legendäre *Kati*, »Qat Shia«, der abessinische Tee und vielleicht die Urgroßmutter aller Kaffeegetränke? Sie bedeutete mir, mich in eine Ecke zu setzen, und wandte sich dann ab. Doch in der Ecke gab es nichts, worauf ich mich hätte setzen können. Ja, in der ganzen Hütte befand sich überhaupt nichts außer dem Sack mit den Blättern. War das hier wirklich ein Café? Ohne Tassen, ohne Stühle ... und wo wollte sie den *Kati* kochen? Woher wusste ich überhaupt, dass es sich dabei um Kaffeeblätter handelte?

Die alte Dame hielt inne und sah mich misstrauisch an.

»*Kati?*«, wiederholte ich.

»Oouuh«, seufzte sie mit rauchiger Stimme.

Na schön. Sie sah aus, als ob sie es ernst meinte. Also kauerte ich mich auf den schmutzigen Boden. Aber was, wenn sie mich unter Drogen setzte? Da klopfte es an der Tür, und ein Mann in Uniform streckte den Kopf herein und verlangte meinen Pass. Außerdem wollte er wissen, was zum Teufel ich in Jijiga wolle.

»Kaffee«, erklärte ich nicht sehr überzeugend. »Man hat mir gesagt, ich müsse hierher kommen, um ihn zu probieren.«

Der Soldat stellte der alten Frau eine Frage, und sie schüttelte den Blättersack.

»Sie sind ein sehr dummer weißer Mann«, sagte er aufgebracht. »Das hier ist Sperrgebiet – sehr gefährlich! Bitte kommen Sie mit.«

»Aber ... sie will mir gerade...« Ich wusste, dass meine Bitte auf taube Ohren stoßen würde. »Natürlich, Officer«, erwiderte ich brav. »Aber darf ich Ihnen zuerst eine Tasse Tee spendieren?«

»Tee?«, fragte er.

»Nein, nein. Ich meine *Kati*.«

»Was ist das?«

Ich wollte es ihm erklären, doch er winkte ab. »Nein. Sie müssen gehen. Das Gebiet hier steht unter militärischer Kontrolle.«

Als er mich auf den nächsten Laster verfrachtete, der in Richtung Harar fuhr, erinnerte mich das unwillkürlich daran, wie ein paar irische

Bekannte trotz ihrer Beteuerungen, dass sie sich mit Freunden treffen wollten, von zwei New Yorker Polizisten aus East Harlem vertrieben worden waren.

»Seien Sie nicht dumm«, sagte einer der Polizisten, als er sie zur nahen U-B ahnstation begleitete. »Hier werden Sie nie Freunde haben.«

»Der deutsche Präsident will Jijiga besuchen«, erzählte mir Abera, als ich ihm von meinen Erlebnissen berichtete. »Deshalb haben sie dich fortgeschickt.«

Aber er hatte gute Neuigkeiten. Denn er hatte seiner Freundin von meiner Suche erzählt, und es stellte sich heraus, dass ihre Mitbewohnerin wusste, wie man *Kati* macht. Ich war auf eine Tasse eingeladen.

Es gibt sogar zwei verschiedene Getränke aus Kaffeeblättern. Das eine, weiter verbreitete, ist *Kati* oder *Kotea* und wird aus gerösteten Kaffeeblättern gebraut. Das andere heißt Amertassa und ist wohl das ältere Getränk. Dafür werden die frisch gepflückten, grünen Blätter einige Tage im Schatten getrocknet und dann ohne vorheriges Rösten überbrüht. Die Marktfrau, bei der wir unsere Zutaten erstanden, erinnerte sich daran, dass ihre Großmutter noch Amertassa getrunken hatte. Inzwischen war diese Sitte beinahe ausgestorben. Immerhin hatte sie einen Leinensack voller *Kati*, breite Blätter mit orangefarbenen und hellgrünen Flecken.

Kati und Amertassa können wohl beide Anspruch auf die Bezeichnung »erste Tasse Kaffee« erheben, denn die Äthiopier haben zwar seit urdenklichen Zeiten die Bohnen gekaut, doch die erste Erwähnung eines Kaffeegetränks legt nahe, dass dieses aus den Blättern des Strauchs gebraut wurde. *Kafta* nannten es die Araber. Manche Gelehrte behaupten, dass *Kafta* aus den Blättern der berauschenden Pflanze Qat zubereitet wurde, doch der arabische Mystiker Al-Dhabhani sah Anfang des 15. Jahrhunderts Äthiopier »Qahwa« genießen, ein eindeutiger Verweis auf Kaffee in flüssiger Form. Was also haben die Äthiopier getrunken? Höchstwahrscheinlich ein Gebräu aus Kaffeeblättern, den sagenumwobenen abessinischen Tee. Später wurden diesem im Südjemen von dem Sufi-Mystiker Al-Shadhili von Mocha oder einem seiner Schüler unbehandelte Bohnen zugegeben.[2]

Wie auch immer, *Kati* ist jedenfalls ein köstliches Gesöff. Seine Zubereitung ist einfach: Die getrockneten Blätter werden in einer flachen Pfanne geröstet, bis sie von dunkler, pechähnlicher Konsistenz sind. Dann zerbröselt man sie und übergießt sie mit einer Mischung aus Wasser, Zucker und einer Prise Salz. Das Ganze wird bei schwacher Hitze etwa zehn Minuten lang gekocht. Die bernsteinfarbene, dickliche Flüssigkeit zergeht, ja schmilzt auf der Zunge, ihr köstlich karamellisiertes, rauchiges Aroma ist mit Lapsang Souchong (dem chinesischen Rauchtee) vergleichbar, aber vielschichtiger – sie schmeckt süß und salzig zugleich.

Und passte ganz hervorragend zu den Qat-Blättern, die Abera zum gemeinsamen Kauen für uns gekauft hatte. Qat ist die böse Schwester des Kaffees und hat viele Bewohner des südlichen Arabiens und Ostafrikas süchtig gemacht (seit neuestem findet er auch im Westen erste Anhänger). Die Geschichte der beiden Drogen ist so ineinander verzahnt, dass ein Spitzname für den Schutzpatron der Kaffeetrinker Al-Shadili von Mocha »der Vater der zwei Pflanzen« (nämlich Qat und Kaffee) lautet. Qat genießt man, indem man die unbehandelten Blätter zerkaut und den Pflanzenbrei dann solange in der Backe aufbewahrt, bis ihm alle Säfte entzogen sind. Ich hatte das Qat-Kauen schon vor einigen Jahren in Kenia probiert, doch es hatte keinen besonderen Eindruck bei mir hinterlassen. Aber das Zeug, das Abera an jenem Tag anschleppte, war elektrisierend wie leichtes Ecstasy. Im Gegensatz zur physischen und emotionalen Hochstimmung, die sich nach Ecstasy-Genuss einstellt, verspürt man nach gutem Qat – und angeblich wächst in Harar der beste – jedoch eine eher geistige Euphorie. Der Qat-Kauer gerät in einen tranceähnlichen Zustand, der jede Unterhaltung zu einer hypnotisch-sinnlichen Erfahrung macht.[3]

Wir verbrachten den Rest des Tages, indem wir auf dem Podest in Aberas traditionellem Harar-Haus herumlungerten. Freunde kamen zu Besuch, und es wurde noch mehr Qat gekaut, mehr *Kati* aufgebrüht, sodass der Nachmittag bald hinter einem Qat-Schleier versank – es waren ernste, aber mußevolle Stunden, in denen nichts zählte außer Ausdruck und Verständnis. Draußen herrschte brütende Hitze, doch in Aberas Lehmhaus war es angenehm kühl und bequem durch die vielen

Kissen. Wir sprachen über Rod Stewart, dessen Haarschnitt Abera sehr bewunderte. Später – in dem ernsteren Abschnitt einer Qat-Sitzung, den man Salomos Stunde nennt – wandte sich das Gespräch der Zauberei zu. Ich erwähnte den äthiopischen Diakon, der behauptet hatte, dass Muslime Menschen mittels Kaffee mit Flüchen belegten. Davon hatte Abera noch nie gehört. Allerdings würden hier in Harar manche mit Kaffee Wunderheilungen bewerkstelligen.

»Menschen kommen von weither nach Harar, um von diesen Leuten geheilt zu werden«, sagte er.

»Warst du schon einmal dabei?«, fragte ich.

»Einmal.« Er schüttelte den Kopf. »Ich mag diese Leute nicht.«

»Was ist passiert?«, wollte ich wissen. »Hast du den Zar gesehen?«

»Du weißt von dem Zar?«

»Der Priester in Addis hat mir davon erzählt. Er ist ein Teufel, nicht wahr?«

»Nein, das stimmt nicht ganz. Er ist der, der zum Sheykah kommt.« Er stellte seinem Freund, der für eine UN-Behörde arbeitete, aber kein Englisch sprach, eine Frage. »Ja. Mein Freund sagt, der Zar kommt zum Sheykah. Er kennt all diese Leute.«

Wie sich herausstellte, war ein berühmter Sheykah gerade nach einer vierjährigen, speziellen Ausbildung am Ufer des heiligen äthiopischen Sees Wolla nach Harar zurückgekehrt. Er hielt seine Sitzungen in Harar jeden Dienstag und Donnerstag ab. Heute war Dienstag.

»Dein Freund kennt diese heiligen Männer?«, fragte ich.

»Ja. Zumindest einige.«

Ich zögerte. »Ist es einem Fremden erlaubt, zu einer Heilung zu gehen?«

»Du willst hin?« Abera war überrascht. »Ich weiß nicht ...« Wieder stellte er seinem Freund eine Frage. »Er sagt, er weiß es nicht. Fremde gehen nicht dahin. Aber er kann fragen.«

Wir verbrachten die restlichen Nachmittagsstunden damit, den Sheykah ausfindig zu machen – nur um dann mit der Auskunft beschieden zu werden, dass er noch schlafe. »Es ist Feiertag«, sagten seine Anhänger und rieten uns, wir sollten lieber später wiederkommen. Mit Geschenken.

»Geschenke?«, fragte ich.

»Ja, das gehört sich so. Als Zeichen des Respekts.«

Wir verabredeten, dass Abera allein die »Anerkennung« kaufen würde, während ich ins Hotel zurückging. Am Abend wollten wir uns dann wiedertreffen. Doch ich musste ihm Geld geben, damit er Geschenke kaufen konnte. Obwohl ich mich fragte, ob das alles nicht ein großer Schwindel war, kramte ich mein Geld heraus.

»Was wirst du besorgen?«, fragte ich, bevor ich ihm etwas zusteckte.

»Grüne Kaffeebohnen«, erwiderte er. »Das ist das Übliche. Zwei Kilo sollten reichen. Und gib ihnen auf keinen Fall mehr! Schließlich willst du nur zuschauen und nicht geheilt werden.«

ein äthiopisches
gebet

> Eele buna nagay nuuklen
> eele buna iijolen haagudatu
> hoormati haagudatu
> waan haamtu nuura dow
> bokai magr nuken.
> *Gebet der Garrii vom Stamm
> der Oromo*

Lange war die Kaffeebohne in Harar ein Symbol der Macht. Die Kaste der Kaffeebauern, die Harash, war nicht nur nach der Stadt benannt, es war ihren Mitgliedern sogar verboten, die Stadt zu verlassen, damit die Kunst des Kaffeeanbaus nicht verloren ging. Auch war dem Anführer der Leibwache des Emirs als Zeichen seines hohen Ranges eine kleine private Kaffeeanpflanzung in seinem Garten gestattet. Und natürlich beteten die Einheimischen ihre Kaffeekannen an wie in dem oben abgedruckten Gebet, das übersetzt in etwa heißt:

> Kaffeekanne, gib uns Frieden,
> Kaffeekanne, lass die Kinder gedeihen,
> mehre unseren Wohlstand,
> beschütze uns vor Unheil
> und schenke uns Regen und Gras.

Ich glaube, wir alle beten morgens zu unserer ersten Tasse. Im Stillen, mit noch vernebeltem Hirn. »O magische Tasse«, könnte es heißen, »hilf mir durch den Stau auf der Autobahn. Lass mich in der U-Bahn freundlich bleiben. Und vergib meinem Arbeitgeber, wie du auch mir vergibst. Amen.«

Aber das Gebet der Garrii vom Stamm der Oromo ist weit ernster und gehört zu einem Ritual, das Bun-Qalle heißt und die Liebe sowie den Tod feiert. Darin ersetzt die Kaffeebohne den fetten Ochsen als Opfer für die Götter. Die Garrii-Priester symbolisieren beim Schälen der Kaffeekirsche das Schlachten, indem sie die Köpfe der »Opfertiere« abbeißen. Danach werden die Bohnen in Butter gebraten und von den Älteren gekaut, womit deren spirituelle Kräfte gestärkt werden. Nun sprechen diese einen Segen und schmieren die heilige Butter mit Kaffeearoma den Teilnehmern auf die Stirn. Danach werden die übrigen Bohnen mit süßer Milch gemischt, und alle trinken die Flüssigkeit und sprechen dabei das Gebet.

Es ist bestimmt kein Zufall, dass uns das Ganze irgendwie bekannt vorkommt. Wer hätte schon je an einer geschäftlichen Besprechung teilgenommen, bei der kein Kaffee serviert wurde? Seine stimulierende Wirkung auf den Intellekt, zusammen mit seiner Fähigkeit, »unseren Wohlstand zu mehren«, wie es im Garrii-Gebet heißt, hat bewirkt, dass eine Kanne Kaffee inzwischen zu den internationalen Geschäftsgepflogenheiten gehört. Von dieser Warte aus betrachtet ist ein modernes Büro nichts anderes als das Lager einer »Sippe«, die sich um ihre heilige Kaffeekanne schart, und die Bun-Qalle entspricht dem ersten menschlichen Kaffeeklatsch, sie ist der Archetypus für das weltweit am meisten verbreitete Gemeinschaftsritual.

Zwei Dinge lassen vermuten, dass die Bun-Qalle der erste Einsatz des Kaffees als bewusstseinserweiternde oder berauschende Droge war. Erstens werden die Bohnen dabei geröstet und dann gegessen, eine Praxis, die eindeutig von den ihren Kaffeeball kauenden Oromo-Kriegern aus Kefa übernommen wurde. Die Garrii, die ein paar hundert Kilometer südlich von Harar leben, sind ein Subclan der Oromos und sprechen ebenfalls Oromiffa. Zudem belegt der zweite Teil der Zeremonie, bei dem die gerösteten Bohnen in Milch getan und diese dann getrunken wird, dass die Bun-Qalle aus einer Zeit noch vor der Verbreitung des Islams stammt, denn islamische Alchimisten glaubten, dass Kaffee gemischt mit Milch Lepra verursacht. (Wenn viele moderne Europäer sich weigern, ihren Kaffee mit Milch zu trinken, geht das auf diesen Glauben zurück.)

Ein weiterer Anhaltspunkt für das außerordentlich hohe Alter dieser Zeremonie ist die Tatsache, dass die Garrii die Bun-Qalle mit dem Himmelsgott Waaq verbinden. Auch wenn kaum jemand von uns je seinen Namen gehört hat, zählt der Kult um diesen Himmelsgott doch zu den ersten Weltreligionen. Niemand weiß, ob der Verzehr von Kaffeebohnen schon bei den ursprünglichen Waaq-Anrufungen gebräuchlich war. Doch da die Garrii zweifellos zu den Ersten zählten, die unsere

Lieblingsbohne kannten, und Naturvölker dazu neigen, bewusstseinsverändernden Drogen eine religiöse Bedeutung zuzuschreiben (was heutzutage als reiner Missbrauch verunglimpft wird), kann man wohl guten Gewissens behaupten, dass der Verzehr von Bohnen bei den Waaq-Anbetungen schon zu einem relativ frühen Zeitpunkt dazugehörte.

In der Oromo-Kultur des westlichen Äthiopiens hat die Ähnlichkeit der Kaffeebohne mit einer Vagina eine andere Bun-Qalle-Zeremonie mit so starken sexuellen Anklängen hervorgebracht, dass ihr eine Nacht der Abstinenz vorausgehen muss. Der Oromo-Älteste Gamachu Magarsa erzählte dem Anthropologen Lambert Bartel: »Wir vergleichen das Aufbeißen der Kaffeekirsche mit dem ersten Geschlechtsverkehr am Hochzeitstag, wenn der Mann das Mädchen dazu zwingen muss, die Beine zu spreizen, damit er Zugang zu ihrer Vagina bekommt.«

Nachdem die Bohnen freigelegt sind, werden sie mit einem Stock in der Butter umgerührt, den man *Dannaba* (Penis) nennt. Manchmal wird der Stock auch durch ein Bündel sprießendes Gras ersetzt, weil ein totes Stück Holz kein »Leben schenken« oder Bohnen befruchten kann. Während die Bohnen umgerührt werden, sprechen die Anwesenden so lange ein weiteres Gebet, bis die Früchte durch die Hitze mit einem »Tass!« aufplatzen. Dies wird sowohl mit der Geburt eines Kindes als auch mit dem letzten Aufseufzen eines Sterbenden gleichgesetzt. Derjenige, der umrührt, rezitiert nun:

> Ashama, mein Kaffee, aufgeplatzt, um Frieden zu bringen
> du hast deinen Mund geöffnet
> bitte wünsche mir Frieden
> und halte alles Übel von mir fern.

Beim Verzehr »stirbt« die Kaffeebohne und segnet dabei neue Gedanken und neues Leben, eine Tradition, die, so sagen die Oromos, weiter zurückreicht als irgendjemand denken kann. Nachdem die Bohne gesprochen hat, wendet sich die Versammlung dem Grund ihrer Zusammenkunft zu, etwa einer Beschneidung, einer Hochzeit, einer Landstreitigkeit oder dem Aufbruch zu einer gefahrvollen Reise.

Etwas Wichtiges noch zur Bun-Qalle: Die Bohnen werden ganz in die Milch gegeben, nicht als Pulver. Ein Aufguss mit zerstoßenen Bohnen hingegen, der die Kraft der Bohne ganz und gar freisetzt, wird nur mit einer neutralen Flüssigkeit wie Wasser gemacht. Das geschieht nur bei dunkleren Vorgängen wie dem Belegen mit einem Fluch oder – wie an diesem Abend – einer Teufelsaustreibung.

»**S**ieht ganz so aus, als hätte man dich übers Ohr gehauen«, meinte Aaron. Ich hatte ihn getroffen, als ich auf Abera wartete, der mich zur Zar-Zeremonie bringen sollte.»Vierzig Birra«, fügte er hinzu, denn so viel hatte ich Abera für das »Geschenk« gegeben. »Eine Menge Kohle. Na, ich hoffe für dich, dass ich falsch liege.«

Aaron hatte eine besonders schlechte Meinung von den Äthiopiern und wie jeder gute Bürokrat auch einige Studien aufgetan, die seine Ansicht untermauerten. Ihnen zufolge hatte die massive internationale Hungerhilfe das Anbetteln von Fremden zur gesellschaftlichen Norm gemacht, laut Aaron so normal wie das Luftholen. Das mochte stimmen oder auch nicht, es ließ sich jedenfalls nicht leugnen, dass in den äthiopischen Städten eine Form des Bettelns verbreitet war, die ich zuvor nur in Amerika kennen gelernt hatte – nämlich dass Menschen, die ganz offensichtlich in keiner Notlage sind, so tun, als ob sie sich mit einem anfreunden, nur um ein paar Birra abzustauben.

»Nein, du wirst deinen Freund nie wieder sehen«, versicherte mir Aaron. »Warum kommst du nicht mit zu mir? Wir könnten oben in meinem Zimmer die Körbe untersuchen, die ich gekauft habe. Nur siebzig Dollar pro Stück.«

Doch Abera erschien, auf die Minute pünktlich. Alles war arrangiert. Ich durfte teilnehmen.

»Aber gib ihnen bloß nicht noch mehr Geschenke«, warnte er mich erneut. »Das ist genug. Und trink nichts, was sie dir bei der Zeremonie anbieten.«

Das einzig Enttäuschende war, dass er nicht mitkommen würde. Er musste noch für eine Prüfung pauken. Aber sein Freund, ein gläubiger Katholik, würde mich begleiten.

»Ein Katholik? Und er wird wirklich kommen?«, fragte ich.

»Er hat es versprochen.« Erst als er weitersprach, klang Abera unsicher: »Stewart, ich muss dich etwas fragen. Wirst du deinen Hut aufbehalten?«

Abera meinte meinen alten Strohhut, den schon die Frau in dem ersten *Kati*-Haus in Jijiga so lustig gefunden hatte. Vielleicht wissen Sie ja, wie es ist, wenn man an einem bestimmten Kleidungsstück so sehr hängt, dass man es nicht über sich bringt, es wegzuwerfen? Tja, dieser Hut aus einem K-Mart – wie ein australischer Lederhut geschnitten, aber aus Stroh – war mir eben sehr ans Herz gewachsen. Aber er hatte in meinem letzten Jahr, in dem ich ständig auf Achse gewesen war, einiges mitgemacht. Als ich in Äthiopien ankam, bestand er eigentlich nur noch aus zerknautschten Strohfetzen, die von einem halben Dutzend schwarzer Flicken zusammengehalten wurden. Schmutzig war er außerdem – ich traute mich nicht, ihn zu waschen, weil er sich dann wahrscheinlich endgültig auflösen würde. Trotzdem liebte ich ihn. Und die Menschen in den verschiedenen Ländern reagierten höchst unterschiedlich, aber immer ausgesprochen charakteristisch auf ihn. So boten mir die Nepalesen im Scherz eine Menge Geld dafür an. Die Inder lachten und priesen seine »einzigartige Qualität«. Die Äthiopier allerdings hielten ihn nur für unhygienisch.

»Du kannst diesen Hut nicht tragen«, sagte Abera. »Nicht heute Abend. Das wäre respektlos.« Und er zog einen Turbanschal aus der Tasche. »Trag diesen. Ich werde ihn für dich binden.«

»Gut.« Ich wusste, dass er Recht hatte. Außerdem war der weißgrundige Schal mit den aufgedruckten blauen und roten Lilien ziemlich schick. Abera band mir einen Turban damit.

»Sieht gut aus«, sagte er. »Du siehst aus wie ein Muslim.«

»Ich bin also verkleidet.«

»Ein bisschen. Vielleicht keine schlechte Idee, wenn du spätabends in Harar unterwegs bist.«

Eine Weile unterhielten wir uns noch, allerdings schlug er meine Einladung zum Abendessen aus. Und nach einer letzten Ermahnung, ihm auch wirklich ein paar Nummern der *Cosmopolitan* zu schicken (er schrieb die Artikel für die Studentenzeitung um), ließ er mich allein. Ich setzte mich in die Hotelhalle und wartete.

Acht Uhr kam und verstrich. Es wurde neun. Dann zehn. Der Portier rollte schon seine Schlafmatte aus, als es an der Eingangstür klopfte. Es war Aberas Freund. Ich dankte ihm für sein Kommen, fragte ihn aber dann, ob die Zeremonie nicht längst vorbei wäre, wir kämen schließlich zwei Stunden zu spät. Kein Problem, erwiderte er. Dennoch sputeten wir uns auf unserem Weg durch die dunklen Gassen von Harar. Auf dem Boden hockende Männer grüßten uns. Die Frauen waren etwas zurückhaltender und lächelten nur.

»Sie halten dich für einen Muslim«, bemerkte Aberas Freund und zeigte auf meine Kopfbedeckung.

Je weiter wir uns vom Stadtzentrum entfernten, desto ruhiger wurde es. Auch mein Begleiter wurde still. Angeblich spuken in den Straßen von Harar die Geister all der Sippen, die hier einst versklavt wurden. Und die Hyänen, von denen die Überlieferung wissen will, dass sie Hermaphroditen seien, sollen die Geister der armen Jungen sein, die kastriert und dann als Eunuchen verkauft wurden. Dem französischen Reisenden Antoine d'Abladie aus dem 18. Jahrhundert zufolge hielt man die Hyänen auch für eine Art von Werwölfen, Buda genannt, die Zar-Geister angriffen und verspeisten.

Als wir uns dem Haus näherten, in dem die Zar-Zeremonie abgehalten wurde, hörte ich Gesang. Die Teufelsaustreibung war bereits im Gange. Mein Begleiter bedeutete mir zu schweigen. Wir schlüpften in einen langen, schmalen und nur von einer einzigen Lampe erhellten Raum. Ungefähr zwanzig Menschen hockten nahe der Tür auf dem Boden. In der Mitte des Zimmers hing ein schmutziges weißes Laken, hinter dem wir die Silhouette des Sheykah sehen konnten, der auf einem riesigen Messingbett ruhte. Vor dem Laken stand der erste Patient. Da wir zu spät gekommen waren, wurde mir nicht recht klar, woran der Mann eigentlich litt. Aber der Sheykah hatte längst ausgemacht, von welchem Geist er besessen war, und ihn davon überzeugt, den Mann friedlich zu verlassen, wenn dieser drei Hähne mit Halsfedern einer ganz bestimmten Farbe opferte.

Ein Glas mit einer hellen, alkoholischen Flüssigkeit wurde im Zimmer herumgereicht. Die Menschen unterhielten sich gedämpft. Angenehm überrascht stellte ich fest, dass man mich ignorierte. Offensichtlich tat meine Verkleidung ihre Wirkung, und man hielt mich für einen ortsfremden Muslim. Während manche der an der Wand Hockenden anfingen, sich langsam vor und zurück zu wiegen und dabei eine merkwürdig synkopierte Melodie sangen, wurde Weihrauch auf ein Kohlebecken geworfen.

Traditionell wird ein solcher Exorzismus meist damit begonnen, dass man ein Taubenpärchen opfert, Marihuana raucht oder Alkohol trinkt. Immer ist das Rösten grüner Kaffeebohnen Bestandteil des Rituals, die dann gekaut und überbrüht werden, woraufhin sich »die Büchse öffnet« und die Macht des Sheykah freisetzt, sodass dieser mit den Zar-Geistern kommunizieren kann, die als zehenlose Wesen mit Löchern in den Händen beschrieben werden. Wenn man durch diese hindurchsieht, soll man eine andere Welt zu Gesicht bekommen. Auch heißt es, dass sie schön sind und in allen erdenklichen Rassen – als Araber, als Weiße und auch als Chinesen – vorkommen. Das Wort »Zar« ist vermutlich eine Verballhornung von »Jar«, in der zentralkuschitischen Sprache des Agaw-Stammes der Name des Himmelsgottes Waaq.[4] Äthiopische Zar-Priester sind traditionell Angehörige eines Clans namens Wato oder Wallo, und so heißt auch der See, wo der Priester dieses Abends ausgebildet wurde. Es handelt sich um Äthiopiens ältesten heiligen Ort. Der Wallo-Clan beansprucht, in direkter Linie von den alten Oromo-Kaffeekauern abzustammen, und es gab eine Zeit, da er wegen seiner magischen Kräfte so gefürchtet war, dass die anderen Stämme nicht wagten, ihn zu behelligen. Noch vor kurzem war es üblich, einen Kaffeebaum auf die Gräber besonders mächtiger Zauberer zu pflanzen, und die Oromos sagen, dass der erste Kaffeebaum den Tränen des Himmelsgottes entspross, die auf den Leichnam eines toten Zauberers fielen.

Ich habe diese Zeremonie eine Teufelsaustreibung genannt, aber eigentlich ist sie eine Verhandlung zwischen dem Zar und dem Sheykah, der als Einziger mit dem Zar kommunizieren und ihn, falls nötig, auch auf eine vernünftigere Forderung herunterhandeln kann. Die Rolle des Kaffees ist vielleicht vergleichbar mit der des Peyotl-Geistes, der uns aus Carlos Castanedas *Die Lehren des Don Juan: Ein Yaqui-Weg des Wissens* bekannt ist, denn auch der »Geist« der Bohne kann nur gemäß der Fähigkeiten der Person wirken, die sie in ihrem Körper aufgenommen hat.

Ein Mädchen trat vor und legte vor der Silhouette des Sheykah weitere Geschenke auf den Boden. Sie litt offenbar an Kopfschmerzen, an entsetzlichen, quälenden Kopfschmerzen, die tagelang andauerten. Während sie sprach, sah man die Silhouette des Sheykah erschaudern.

Das Mädchen verstummte, und die Beschreibung ihrer Beschwerden wurde von einem männlichen Verwandten fortgesetzt. Seine Ausführungen legten allerdings nahe, dass es sich um Ernsteres als nur um Kopfschmerzen handelte.

»Es ist ein Problem in ihrem Kopf«, flüsterte Aberas Freund.

Sie hatte Anfälle und merkwürdige, gewalttätige Phasen, in denen sie Möbel zertrümmerte. Die Familie hatte sich entschlossen, den Zar-Priester zu konsultieren, nachdem sie versucht hatte, ihrer Mutter einen Finger abzubeißen. Als ihre Geschichte ausgebreitet wurde, stöhnte die Versammlung auf. Die Symptome waren klassisch für eine Zar-Besessenheit. Die Zare neigen dazu, in Frauen zu fahren, sie zu besteigen wie ein Pferd und sie dazu zu zwingen, unnatürliche Dinge zu tun, sich etwa mit Eisenstangen selbst zu verletzen, wobei die Spuren davon am nächsten Morgen unweigerlich verschwunden sind.

Plötzlich warf sich das Mädchen zu Boden und fing an zu schreien, sie fasste sich an den Kopf und zitterte, als leide sie große Schmerzen. Das steigerte sich noch, als der Sheykah schließlich den in ihr wohnenden Geist befragte. Mein katholischer Begleiter schüttelte missbilligend den Kopf. Schließlich wurde vereinbart, dass die Familie des Mädchens ein Kalb opfern sollte. Und dann stellte der Zar noch eine höchst ungewöhnliche Forderung: Sie müsse sich die Haare abschneiden und die Strähnen allein auf den Feldern vor den Hyänen verstreuen.

Eine Schere wurde gebracht. Doch kaum hatten sie mit dem Schneiden begonnen, zeigte das Mädchen misstrauisch zu uns hinüber. Offenbar war meine Verkleidung nicht so perfekt, wie ich gedacht hatte. Sie wollte nicht, dass ein Fremder zuschaute, während man ihr den Kopf schor.

Auf dem Weg zurück zum Hotel erklärte mir Aberas Freund einige Dinge, die ich nicht verstanden hatte. Er hielt nicht viel von diesen Behandlungen. Ich erwähnte, dass wir in Amerika ähnliche Heiler im Fernsehen hätten.

»Benutzen sie auch Kaffeebohnen?«, fragte er.

»Na ja, sie trinken sicher alle gerne Kaffee«, erklärte ich, »aber bezahlen lassen sie sich im Allgemeinen lieber per Kreditkarte.«

Am nächsten Tag erfuhr ich, dass das Haar des Mädchens bei Sonnenaufgang spurlos von den Feldern verschwunden war.

Sobald die Äthiopier die psychedelische Wirkung des Kaffees entdeckt hatten, war es nur noch eine Frage der Zeit, bis auch ihre Nachbarn auf den Geschmack kamen. Einigen Berichten zufolge waren die alten Ägypter im Norden die Ersten, die Gefallen daran fanden; einige übereifrige Gelehrte spekulieren sogar, dass das legendäre Nepenthes, mit dem Helena in Troja ihren Kummer linderte, eine Frühform des Frappuccino gewesen sein könnte.

Doch die Hauptroute der Kaffeebohne verlief von Harar aus nach Osten zum Roten Meer und dann per Schiff zum Hafen Al-Makha oder Mocha, das heute im Jemen liegt. Im ersten Jahrtausend herrschte reger Handel zwischen Harar und Al-Makha, vor allem mit Straußenfedern, Rhinozeroshörnern und Schildpatt, was man halt so tagtäglich braucht. Und natürlich mit Sklaven. Die Araber waren berüchtigte Sklavenhändler und durchstreiften diese Gegend auf der Suche nach Opfern, die sie Zandsch nannten. Die wiederum mochten die Araber, zumindest liebten sie ihre Süßigkeiten. »Die Zandsch hatten große Ehrfurcht vor den Arabern, sie warfen sich vor ihnen zu Boden und riefen dabei: 'Seid gegrüßt, ihr Menschen aus dem Land der Datteln'«, heißt es bei dem mittelalterlichen arabischen Schriftsteller Kitab al-Agail al-Hind. »Jene, die in dieses Land reisten, stahlen die Kinder der Zandsch mittels süßer Datteln, sie lockten sie fort, überwältigen sie und verschleppten sie in ihre eigenen Lande.«

Vor tausend Jahren brauchte eine Sklavenkarawane von Harar zum Roten Meer bis zu zwanzig Tage. Die Jungen, die für die türkischen Harems bestimmt waren, wurden am Straßenrand kastriert. Mindestens die Hälfte der Gefangenen starb. Aus den Überresten ihrer Mahlzeiten entsprossen die Kaffeebäume.

Meine Reise zum Roten Meer dauerte indes nur drei Tage. Von Harar fuhr ich per Anhalter nach Dire Dawa, einer Stadt an der einzigen Eisenbahnlinie von ganz Äthiopien. Zwar kam der Zug mit einem Tag Verspätung, doch das Warten lohnte sich: Es handelte sich um eine himmelblaue französische Dampfeisenbahn, die ihre Jungfernfahrt um die Jahrhundertwende gemacht haben musste, mit altmodischen Liegesitzen (zumindest in der ersten Klasse), deren Polster zu schmutzigen Fetzen zerschlissen waren. Maschinenschäden machten aus der zwölfstündigen Fahrt eine zweitägige Tortur. Doch da ich gerade ein Jahr in Indien verbracht hatte, war mir diese Form von Zwangsaufenthalten bestens vertraut. Ich schloss einfach die Augen und stellte mich tot (was ich mir insgeheim vielleicht auch wünschte).

Schließlich verließen wir den Zug im Hafen von Dschibuti, einer Stadt, die der muslimische Pilger Ibn Battuta im dreizehnten Jahrhundert als »schmutzigste, scheußlichste und stinkendste Stadt der Welt« beschrieben hatte, deren Einwohner eine Vorliebe für Kamelfleisch hätten. Auf heutigen Karten ist Dschibuti als Staat verzeichnet. In Wirklichkeit handelt es sich um einen besseren französischen Militärstützpunkt mit einer Unmenge von Bars und Bordellen. Mein erster Anlaufpunkt war ein Café, wo ich etwas Kaltes trinken wollte.

»Du sprichst Englisch?« Ein Mann, der sich einen Kanga, einen Wickelrock aus rechteckigen Tüchern, um den dicken Bauch geschlungen hatte, setzte sich an den Nachbartisch. »Tu parles français?«

»Ja.«

Er musterte meinen Hut. »Ah – Amerikaner. Gut! Ich spreche zwölf Sprachen«, informierte er mich. »Und ich habe sämtliche Häfen der Welt gesehen – Kairo, Alexandria, Venedig, New York, Athen, Sydney, Hongkong ...«

Die Liste war noch nicht vollständig. Er war ein Seemann im Ruhestand.

»Und deshalb bin ich nach Dschibuti zurückgekommen. Gefällt's dir?« Mit krampfhaft verzückter Miene hob ich eine Augenbraue. »Warum bist du gekommen?«, fragte er.

Ich erklärte ihm, dass ich ein Schiff suchte, das nach Al-Makha fahre.

Überrascht sah er mich an. »Al-Makha? Was willst du denn dort?«

»Kaffee.«

»Du willst wegen Kaffee in den Jemen?«, übersetzte er für die anderen Leute, die in der Bar saßen. Alle brachen in Gelächter aus. »Da fahren nicht mehr viele Schiffe hin, mein Freund.«

Und er erklärte mir, dass Eritrea gerade erst gestern eine jemenitische Inselgruppe besetzt hatte, die im Grenzgebiet der beiden Länder lag. Im Roten Meer wimmelte es von Soldaten, und die jemenitische Luftwaffe hatte Berichten zufolge verdächtig aussehende Schiffe bombardiert.

»Aber du hast Glück. Das Schiff meines Freundes fährt heute ab. Mit ein paar Leuten, die zwei Wochen gewartet und keine Angst vor den Bomben haben. Aber du musst dich beeilen!«

Das Schiff seines Freundes entpuppte sich als zehn Meter langer Kahn, dessen einst leuchtende Rumpffarbe schon vor langem zu Grau verblichen war. Am Heck gab es eine Art Hütte, und auch Reste eines Mastes (ohne Segel) waren vorhanden, das war es aber auch schon. Funkgerät, Beleuchtung oder Rettungsausrüstung irgendwelcher Art waren nicht an Bord. Die Toilette bestand aus einer Kiste, die über dem Ozean hing. Ja, es gab nicht einmal ein Deck, nur ein Wirrwarr aus Kisten, die mit einer grünen Plane abgedeckt waren, auf der fünfzehn somalische Flüchtlinge lagerten.

Aber es schwamm. Kapitän Abdou Hager und ich einigten uns rasch auf dreißig Dollar, ich sprang an Bord, und fünf Minuten später schüttelte die Quasid Karin die Ratten von den Tauen und legte ab. Es war jene Abendstunde, da die Sonne mit butterig goldenen, breiten Strahlen am Horizont versinkt. Das Meer färbte sich dunkel purpurrot. Morgen, dachte ich, bin ich im Jemen. Doch als wir uns der Hafenausfahrt näherten, verlangsamte das Boot seine Fahrt. Ein Platscher, und die Maschine stand still.

»Es ist zu viel Wind«, erklärte der vierzehnjährige somalische Junge neben mir. »Wir laufen lieber morgen aus.«

Der Junge hieß Mohammed. Er und seine Schwester wurden zu

Verwandten in den Jemen geschickt, bis der Krieg vorbei war. So schön wie er war, hoch gewachsen und schlank mit unglaublich großen Augen und Schmollmund, hätte ich ihn in der entsprechenden Kleidung ohne weiteres für ein junges Mädchen gehalten. Ob es in Amerika auch Warlords gebe wie in Somalia, fragte er. O ja, erwiderte ich, in jeder größeren Stadt. Mohammed und seine Schwester Ali waren überrascht. Und ob die amerikanischen Warlords auch Panzer und Gewehre hätten? Panzer weniger, antwortete ich, aber massenhaft Gewehre. Ich versicherte ihnen, dass viele Viertel in amerikanischen Städten von Mogadischu nicht zu unterscheiden wären.

Nachdem wir uns ein paar Minuten unterhalten hatten, überreichte mir Mohammed (der nur wenige Brocken Englisch sprach, aber immerhin mehr Englisch konnte als ich Somali) ein Geschenk.

»Das ist für dich«, sagte er und gab mir ein Bündel somalische Banknoten. »Nimm.«

Ich wollte es nicht annehmen. Somalische Flüchtlinge sollten amerikanischen Touristen kein Geld geben. Eher umgekehrt. Obwohl ich ganz bestimmt nicht vorhatte, ihm im Gegenzug amerikanisches Geld auszuhändigen.

»Nein, nein«, lehnte ich ab. »Das solltest du nicht tun.«

»Doch doch.« Erneut drückte er mir das Bündel in die Hand. »Nimm.«

»Schön bunt sind sie ja«, sagte ich. Es handelte sich um etwa fünfzehntausend Somali-Shilling. »Das kann ich nicht annehmen. Du bist verrückt.«

Ein Äthiopier, der besser Englisch sprach, mischte sich ein. Da die somalische Regierung nicht mehr existiere, sei das Geld wertlos. Und so akzeptierte ich widerstrebend die hübschen Scheine. Mohammed war verblüfft, dass ich nur ein Geschenk annehmen wollte, das ich für wertlos hielt.

Auch Ali war durcheinander, aber hauptsächlich, weil sie im Jemen gezwungen sein würde, einen Schleier zu tragen. Sie zog den Saum ihres Gewands übers Gesicht.

»Schlecht, schlecht«, sagte sie, indem sie damit einen Schleier vor ihrem Gesicht imitierte. »Nicht in meinem Land.«

Ihr Gesicht war eine wundervolle Mischung aus arabischen und afrikanischen Zügen. Sie bot mir Tee und Kekse an. Ich schenkte ihr mein arabisch-englisches Wörterbuch.

Etwa um zwei Uhr morgens zogen sie ihren kostbarsten Besitz heraus, ein Mini-Keyboard von Casio. Ich spielte darauf die ersten Takte von Mozarts Sonate in A-Dur, aber die beiden interessierten sich mehr für die automatische Rhythmusbegleitung, die je nach gewähltem Musikstil ständig wiederkehrende Schlagzeugsynkopen erzeugte. Als auf dieser Route noch Kaffee verschifft wurde, hätte man die beiden versklavt, dachte ich, während ich den kitschigen Bossa-Nova-Klängen lauschte, die gegen den Wind anhämmerten. Heute waren sie »nur« Flüchtlinge, aber ich fragte mich, ob das wirklich eine Verbesserung war.

überfahrt nach
al-makha

> Auf seinen Reisen kam er auch an einem Kaffeestrauch vorbei, und wie es Brauch ist unter den Frommen, aß er von den Früchten, die er unberührt fand. Sie belebten seinen Geist und hielten ihn wach für die Erfüllung religiöser Pflichten.
> Al-Kawakib al-sa'irn bi-a'yan al-mi'a al-'ashira von Najm al-Din al-Ghazzi, 1570-1651

Am nächsten Morgen wurde ich vom Geräusch des Schiffsmotors geweckt. Von Dschibuti war nichts mehr zu sehen, jenseits der Reling war nur noch aufgewühlte und mit weißem Schaum gekrönte türkisfarbene See. Es war, als blickte man in einen zerbrochenen Spiegel, in dessen Scherben die Wolken aufleuchteten. Der Sturm schien nicht im geringsten nachgelassen zu haben.

Die anderen hatten ihre Habseligkeiten zu der kleinen Kabine am Heck gebracht. Ich blieb, wo ich war. Eine Welle schlug über den Bug und durchnässte mich von Kopf bis Fuß. Es kam eine zweite, die dritte ließ nicht lange auf sich warten. Als ich schließlich meine Sachen doch nach hinten zu dem Gepäck der anderen schaffte, bemerkte ich, dass das Boot etwa zwanzig Grad Schlagseite hatte.

Die Quasid stoppte. Die Besatzung hatte den Bug aus dem Wind gedreht und schöpfte Wasser aus dem Laderaum, um das Boot wieder in eine stabile Lage zu bekommen. Kisten wurden umgelagert, offenbar war die Ladung ungünstig verteilt worden. Als ein Fischerboot vorbeischoss, fiel mir auf, wie hoch es im Wasser lag. Die Quasid hatte etwa zwei Meter mehr Tiefgang. Unser Kapitän hatte das Boot offenbar völlig überladen.

Kaum hatten wir wieder Fahrt aufgenommen, da schlugen erneut Wellen über den Bug. Abermals hielten wir an und schöpften. So ging das den ganzen Tag. Schließlich begann sich die Crew Sorgen zu machen, unsere Ladung »Kekse« könnte durch das Salzwasser Schaden nehmen. In Wahrheit hatte die Quasid hauptsächlich Fusel und Kalaschnikows geladen.

Der Alkohol kam aus Dschibuti, während die Gewehre, so erzählte man mir später, auf dem Rückweg in den Jemen waren, nachdem man erfolglos versucht hatte, sie in Eritrea loszuschlagen. Es war das Gewicht der vielen Waffen, das uns nach unten zog.

Die Besatzung entschied sich, eine Insel anzusteuern und das Ende des Sturms abzuwarten. Ich schreibe »die Besatzung«, weil ich, wie mir jetzt auffällt, Abdou, den Kapitän, an Bord nie zu Gesicht bekam. Doch spielte das keine Rolle. Die drei Jugendlichen und die beiden Alten, mit denen die Quasid bemannt war, hatten bald vor einem Inselchen Anker geworfen. Sofort hängten wir alle unsere Sachen zum Trocknen in den Wind. Sogar hier, an dieser geschützten Stelle, ließ der Sturm die Kleider im Neunzig-Grad-Winkel flattern. Dieser Ort entsprach wohl im Roten Meer dem, was in Amerika ein Rastplatz an einer Fernstraße ist. Wenn man so wollte, waren wir auf einer einsamen Insel gestrandet. Doch ich war ganz zufrieden damit. Immerhin lief der Motor noch, und aller Voraussicht nach würden wir es schaffen, in den Jemen zu kommen.

Nicht alle meine Mitreisenden nahmen die Situation so gelassen. Da war beispielsweise Paulious, ein Äthiopier, der dem Qat verfallen war. Gewohnheitsmäßige Kauer, denen man ihren täglichen Priem nimmt, werden von dem bösen Geist Katou geplagt, und Paulious war nun zutiefst beunruhigt, in solch offensichtlich Qat-freier Umgebung gelandet zu sein.

»Oh je, böse Gedanken kommen«, jammerte er ohne Unterlass. »Wir müssen hier weg.«

Der erste handfeste Streit brach zwischen einem alten Seemann, den ich für mich »den Zahnlosen« genannt hatte, und einem Passagier aus, der versuchte, ihm seinen Qat zu stehlen. Die anderen trennten sie rasch. Zwar hatte der Zahnlose den jungen Mann nur mit seiner Gummisandale bedroht, doch verhieß das nichts Gutes. Dem Zahnlosen hatte ich diesen Spitznamen gegeben, als ich ihn dabei beobachtete, wie er in einer Art Mühle einen grünlichen Brei mahlte. Zuerst hatte ich gedacht, es sei etwas zu essen. Später wurde mir klar, dass es sich um sein geliebtes Qat gehandelt hatte. Da er keine Zähne mehr hatte, musste er es erst mechanisch »zerkauen«, bevor er den begehrten Saft heraussaugen konnte.

Zur Besatzung gehörte auch ein kraushaariger Junge von vielleicht sechzehn Jahren, der mich öfter beobachtete. Er hatte ein ehrliches, offenes, vielleicht ein wenig einfältiges Gesicht, und aus der affenartigen Behändigkeit, mit der er sich an Bord bewegte, schloss ich, er müsse schon sein ganzes Leben auf Booten wie der *Quasid* verbracht haben. Als im Gespräch mit anderen das Wort »Amerika« fiel, zeigte dieser Junge, der auf einer Kiste über uns saß, aufgeregt in Richtung Al-Makha.

»Er kommt aus Al-Merica?«, wollte er von den anderen wissen. »Ist das bei Al-Makha?«

Die anderen lachten, am lautesten Paulious. »Er weiß nicht mal, wo Amerika ist!«, rief er.

»Ist es eine Insel?«, fragte der Junge.

Ich zeigte Richtung Nordwest. »Es liegt in dieser Richtung.«

»Bei Eritrea?«

Wieder wurde er ausgelacht.

»Nein, nein. Viel weiter weg«, erwiderte ich. »Wenn du da hinfahren willst, musst du erst durch Eritrea, dann durch Äthiopien, dann durch ganz Afrika reisen, danach durch Europa und noch ein anderes Land, das England heißt, und dann noch einmal übers Meer. Ein großes Meer. Und dann kommt erst Amerika.« Die anderen übersetzten es ihm.

Der Junge sah mich an, als könne er einfach nicht begreifen, dass es so weit entfernte Länder geben kann.

»Das ist gar nicht so weit weg, wie es sich anhört«, meinte ich, ohne groß nachzudenken.

Nun schien er endgültig verwirrt. Seine Augen wurden schmal – die anderen lachten immer noch. Die lachen mich aus, und der da lügt mich an und macht sich über mich lustig, dachte er wohl. Schließlich ging er weg, in seinem Blick lagen Ärger und Unverständnis, und mit einem Mal verstand ich: Ja, er hatte Recht, es war unmöglich weit weg. Zu weit, um dort hinzufahren, und selbst wenn eine solche Reise machbar war, wozu sollte jemand so weit von zu Hause weg? Was sollte ihn ein Ort interessieren, der genauso gut auf dem Mond liegen konnte? Er, der Junge, war hier zu Hause. Hier hatte er sein ganzes Leben verbracht, wahrscheinlich sogar auf diesem Boot; das war seine Heimat, das und Al-Makha, der Sand und das Meer, der Wind und das Warten. Eines Tages würde er der Zahnlose sein, am Mast sitzen, lachen und mit Orangencreme gefüllte Kekse aus der Ladung stibitzen. Dann wäre er dreißig, vielleicht vierzig Jahre alt, aber er würde sehr, sehr viel älter aussehen.

Von nun an wandte er sich immer ab, wenn ich ihm zulächelte. Er nannte mich nur den Amerikaner, so wie alle anderen. Den Rest des Nachmittags saß ich für mich allein.

Unser Zielhafen, Al-Makha im Jemen, ist auch heute noch eine der abgelegensten Städte der Erde. Aber einstmals, in jener Zeit, als die dorthin verschleppten Afrikaner den Kaffee mitbrachten, war es ein mythischer Ort, zumindest für Europäer. »Furchtbar ungesund, selbst wenn man bloß daran vorbeisegelt«, schrieb im ersten Jahrhundert nach Christus der griechische Autor des *Periplus Maris Erythraei*.

»Ein Land voller Ichthyophagoi (Fischesser), die jeden, der dort strandet, ausplündern und versklaven.« Die Griechen glaubten, die Araber würden große Eidechsen essen und sie auch auskochen, um aus ihnen Öl zu gewinnen. Auch meinten sie, die von schrecklichen Krankheiten verpesteten Küsten würden von geflügelten Drachen bewacht.

Solche Schauergeschichten wurden großenteils von den Arabern selbst verbreitet, um Plünderer von ihren Myrrhefeldern abzuschrecken, einem Grundpfeiler ihres Handelsimperiums. Schon damals holten arabische Seeleute aus Oman, mit Booten ähnlicher Bauart wie die Quasid Indigo, Diamanten und Saphire aus Indien. Nach Afrika transportierten sie »Waffen aus den Werkstätten von Muza (Al-Makha), um sich der Gunst der Wilden zu versichern«. Auf der Rückfahrt hatten sie dann Zibet, Moschus, Schildpatt und Rhinozeroshörner geladen.

Und Sklaven natürlich, viele Sklaven, von denen einige Kaffeesamen mit sich geführt haben müssen. Genaue Zahlen gibt es leider nicht, doch waren die von den Arabern so genannten Zandsch aus den

Küstengebieten des heutigen Kenia schon im ersten Jahrhundert nach Christus in China anzutreffen. 1474 übernahmen achttausend afrikanische Sklaven sogar kurzzeitig die Macht im ostindischen Bengalen. Der Sklavenhandel erreichte seinen Höhepunkt, als das Sultanat von Oman um 1800 nach der Vertreibung der Portugiesen sein Machtzentrum in Sansibar ansiedelte und beinahe die Hälfte der an der Ostküste Afrikas heimischen Suaheli-Bevölkerung versklavte.

Zum Abendessen gab es Reis. In Richtung der Hanish-Inseln waren Lichtblitze zu sehen. Ich fragte, ob da vielleicht Flugzeuge Bomben abwerfen würden. Nein, antwortete man mir, das habe nichts zu bedeuten. Alle verfielen in dumpfes Schweigen, bis auf Paulious, der ohne sein Qat immer zappeliger wurde. Pausenlos redete er auf mich ein: Wie gut es sei, dass der Wind nachlasse und wir bald wieder in See stechen könnten. Ich zeigte auf die kleinen Sandstürme, die in der Dunkelheit über die Insel tanzten und in denen sich silbrig das Licht der Sterne verfing.

»Al-sichan«, erklärte er mit dem äthiopischen Ausdruck, der soviel wie »Staubteufel« bedeutet. »Ein böses Zeichen.«

Am nächsten Tag hatte sich der Wind einigermaßen gelegt, und wir konnten unsere Reise fortsetzen. Kurz vor Sonnenuntergang sichteten wir Land, und einige Stunden später warfen wir vor dem Hafen von Al-Makha Anker. Als wir jedoch am nächsten Morgen anzulegen versuchten, mussten wir feststellen, dass wir im Jemen nicht willkommen waren. Meine Mitreisenden, in der Mehrzahl somalische Flüchtlinge, hatten keine gültigen Papiere. Wir wurden angewiesen, fünfundzwanzig Meter vom Kai entfernt Anker zu werfen und uns nicht von der Stelle zu rühren, also weder anzulegen noch davonzufahren.

Drei Tage und drei Nächte dümpelten wir so zwischen den Schiffswracks, die im Hafenbecken lagen. Freundschaften bildeten sich und zerbrachen. Neue Streitereien brachen aus. Mohammed, der somalische Junge, wurde ganz still. Als ich ihn fragte, was los sei, schaute er nur hinauf zu den Sternen und murmelte: »So schön.«

Womit er Recht hatte. Tagsüber sahen wir die knochenbleichen Minarette von Al-Makha hinter dem Schleier der Sandstürme verschwinden und wieder auftauchen. Nachts lag ich auf dem Rücken und beobachtete, wie die Sterne sich im Kreis drehten, während unser Boot um seinen Ankerpunkt schwoite. Es waren kalte Nächte. Ich hatte keine Decke, und so wärmte ich mich mit Songs von Billie Holiday. Wenn ich gut sang, belohnte mich der Zahnlose mit einer Packung Kekse. Am liebsten hörte er »God Bless the Child«.

Meine Seele spuckte sämtliche Erinnerungen aus, derer sie habhaft werden konnte. Geisterhaft flatterten Weihnachtslieder durch den Wind, und manche erotischen Fantasien wiederholten sich so oft, dass ich tatsächlich zu spüren glaubte, wie sich das Haar meiner Geliebten um meine Finger rollte. In der letzten Nacht bemerkte ich, dass auf dem nächstgelegenen Wrack etwas im Gange war. Es war zur Hälfte überflutet, und ich hatte bisher angenommen, es sei verlassen. Doch nun sah ich flackernden Lichtschein aus den Öffnungen dringen. Jedes Mal, wenn unser tänzelndes Boot näher kam, stützte ich mich auf die Ellbogen und spähte durch die Dunkelheit. Dort auf dem Wrack sah sich jemand Michael-Jackson-Videos an, ich glaubte, »Billy Jean« mit den leuchtenden Fußspuren zu erkennen. Ganz sicher war ich nicht, weil unser Boot allzu sehr schaukelte und meine Brillengläser vom Salz verkrustet waren, doch kam es mir so vor, als würde Michael Jackson im Moonwalk über das Wasser gleiten, wieder und wieder und wieder.

Als ich am dritten Tag aufwachte, legte die Quasid gerade an. Die somalischen Frauen zogen ihre Schleier vor das Gesicht. Meine Begleiter wurden auf einen Pick-up verladen, mich dagegen brachte man zu einer kleinen Baracke, die von Soldaten mit Keffiyas, den gewürfelten arabischen Kopfbedeckungen, bewacht wurde. Drinnen saß ein Offizier hinter einem Schreibtisch.

»Pass.«

Ich reichte ihn über den Tisch. Missgelaunt blätterte er darin herum.

»Also«, sagte er, ohne aufzusehen, »Sie kommen jetzt von wo?«

»Äthiopien.«

»Da steht Dschibuti. Was denn nun?«

»Ja, ja, Dschibuti«, antwortete ich. »Habe ich vergessen.«

Er schnaubte verächtlich. »Dschibuti vergessen. Den Krieg haben Sie wohl auch vergessen?«

»Den Krieg? Den Krieg zwischen dem Jemen und Eritrea? Natürlich nicht.«

»Natürlich nicht.« Er lehnte sich in seinem Stuhl zurück. »Komisch nur, dass Sie, ein Amerikaner, ausgerechnet jetzt hierher kommen. Sie verstehen, was ich meine?«

Der Krieg lief wohl nicht so gut. Die Eritreer hatten die Jemeniten von den Hanish-Inseln vertrieben. Etwa fünfzig Menschen waren dabei ums Leben gekommen. Ein ernster Zwischenfall. Die ganze Sache hatte damit begonnen, dass Eritrea den Amerikanern Ölbohrrechte vor der Küste eingeräumt hatte, erklärte mir der Offizier. Das fragliche Seegebiet befand sich zwischen der Küste Eritreas und den Inseln.

Eritrea hatte mit der Militäraktion seinen Anspruch auf das Öl demonstrieren wollen.

Und nun war ich da, ein Amerikaner mit einem komischen Hut. Ich konnte nur von der CIA sein.

»Sie sind also nach Al-Makha gekommen«, sagte er, wiegte den Kopf und lächelte.

»Haben Sie mein Visum gesehen?«, fragte ich. »Ah ja«, meinte er verächtlich. »Das Visum.« Er zeigte auf meine Sachen, die auf einem Tisch an der Wand ausgebreitet waren. »Haben Sie eine Kamera?«

»Ja.«

»Und machen Sie Fotos?«

»Nicht in Al-Makha.« Ich bemühte mich, Entrüstung zu zeigen. »Hier ist doch militärisches Sperrgebiet!«

»So so. Aber warum sind Sie dann nach Al-Makha gekommen?«

»Kaffee«, erklärte ich.

»Kaffee? In Al-Makha?«

»Ja. Wissen Sie, Al-Shadhili ...«

»Die Moschee?« Er schlug meinen Pass auf und studierte die erste Seite. »Muslim sind Sie aber nicht.«

»Nein, aber ...«

»Nur Muslime dürfen die Moschee betreten.«

»Ich möchte mich nur umschauen ... Eindrücke sammeln ...«

»Ah ja. Erst sagen Sie, Sie kommen wegen Kaffee. Jetzt wollen Sie ein Tourist sein.« Er glaubte mir nicht, das war ganz offensichtlich.

»Und Sie sind in Begleitung von Kriminellen in den Jemen eingereist. Mit einer Kamera.«

Er wollte mich also als Spion verhaften. Mir auch recht, dachte ich. Solange es ein Bett und fließendes Wasser gibt. Vielleicht ganz interessant, die Mühlen der jemenitischen Bürokratie in Aktion zu sehen. Er würde eine Personenbeschreibung durchgeben, daraufhin würde man ihm Fragen stellen, die würde er beantworten. Noch mehr Fragen, wieder Antworten, doch wir beide wussten, am Ende würde er mich laufen lassen.

Der Offizier blickte mich an. Vielleicht erriet er meine Gedanken, denn mit einem Mal schien er beschlossen zu haben, dass ich diese Mühe nicht wert war. Er machte eine Geste, die für mich zum Inbegriff jemenitischer Lebensphilosophie geworden ist: Er hob seine rechte Hand ans Ohr und schnippte wegwerfend mit Daumen, Zeige- und Mittelfinger, wobei er die Augen gen Himmel richtete. Dann befahl er zwei mit Maschinenpistolen bewaffneten Soldaten, mich hinauszueskortieren.

»Willkommen in Al-Makha. Vergessen Sie ihren Pass nicht.« Er reichte ihn mir. »Aber wenn Sie hier Kaffee suchen, sind Sie dreihundert Jahre zu spät dran.«

Der Hafen von Al-Makha war beinahe tausend Jahre lang ein Synonym für Kaffee gewesen. Hier kamen die ersten Bohnen aus Afrika an, und später gab Al-Makha, verballhornt zu »Mocha« oder »Mokka«, dem Getränk sogar seinen Namen. Hier brühte sich ein islamischer Einsiedler namens Al-Shadhili um 1200 die erste Tasse. Zwar kauten die Äthiopier bereits die Bohne und bereiteten sich möglicherweise einen Tee aus den Blättern der Pflanze, doch Al-Shadhili aus Mocha gilt als der Erste, der aus der Kaffeebohne ein Getränk herstellte.

»Es ist uns von vielen Zeugen überliefert worden«, meinte Fakhr al-Din al-Makki, »dass der Erste, der im Jemen Qahwa [Kaffee] eingeführt und seinen Genuss zur verbreiteten und beliebten [Sitte] gemacht hat, unser Meister Sheik 'ali ibn 'Umar Al-Shadhili war, einer der Führer des Shadhilya-Ordens.«

Die Geschichten darüber, wie Al-Shadhili zu seiner Entdeckung kam, sind so zahlreich wie die Möglichkeiten, seinen Namen zu schreiben. Er soll den Kaffee entdeckt haben, als er vom Abendgebet nach Hause kam. Nein, eigentlich fastete er in der Wüste, als er die Kräfte der Pflanze entdeckte. Manche behaupten, er habe sich zwanzig Jahre lang nur von Kaffeebohnen ernährt. Andere meinen gar, der Erzengel Gabriel habe ihm enthüllt, dass eine Kaffee-Diät der Weg zur Seligkeit sei. Die abenteuerlichste Version will wissen, dass unserem Helden zu Unrecht der Vorwurf gemacht wurde, er habe der Tochter des Königs schöne Augen gemacht, worauf er in die Wüste verbannt worden sei. Dort habe er sich von Kaffeebohnen ernährt, bis der Erzengel Gabriel ihm offenbarte, der Herrscher sei von einer Hautkrankheit befallen, von der ihn Al-Shadhili mit einer Tasse seines magischen Gebräus heilen könne.

Einigen historischen Berichten zufolge soll er oder einer seiner Ordensbrüder Äthiopien besucht haben, wo man bereits Kaffee trank, und anschließend die Sitte mit nach Hause gebracht haben. Aus späterer Zeit stammen Erzählungen von portugiesischen Seeleuten, die krank im Hafen von Mocha angekommen seien. Sie sollen in jämmerlicher Verfassung gewesen sein, ausgehungert und dem Tode nahe, bis der hilfsbereite Al-Shadhili ihnen den magischen Trank verabreichte, den er schon seit Jahren zu sich nahm. Innerhalb weniger Tage waren die Seeleute wieder wohlauf und konnten in See stechen. Bei der Abfahrt soll Al-Shadhili ihnen nachgerufen haben: »Vergesst den Trank aus Al-Makha nicht!« Und so kam das Getränk, das den Lauf der Geschichte veränderte, in den Westen, und Mochas Ruhm war für alle Zeiten gesichert.

Wie auch immer, fest steht, dass die Shadhilis eine Sufi-Sekte sind und dass zwischen 1200 und 1500 einige Shadhili-Derwische ihre von Kaffeeduft durchzogenen religiösen Erfahrungen über die arabische Halbinsel verbreiteten. Sie kamen schließlich auch nach Spanien, wo es noch heute eine synkretistische, christlich-muslimische Gruppe namens Al-Shadhiliya gibt. So eng wird sie mit dem Kaffee in Verbindung gebracht, dass man in Algerien noch heute eine Tasse »Al Shadhiliya« bestellt. Nur eins ist also wirklich sicher, nämlich dass ein Mitglied des Shadhiliya-Ordens der Welt den Kaffee geschenkt hat, dass der Orden auch in Al-Makha (Mocha) präsent war und dass das, was man dort trank, vermutlich grauenhaft schmeckte, weil die Bohnen nicht geröstet waren. Wahrscheinlich hat man einfach frische Bohnen, Blätter und Kardamom zusammen aufgekocht. Nicht ganz unwahrscheinlich ist auch, dass Al-Shadhili aus Mocha eigentlich einen Tee aus Qat-Blättern gekocht hat und erst ein anderer Sufi in Aden später die Blätter durch Kaffeebohnen ersetzte.

Aus diesen bescheidenen Anfängen wuchs ein kleines Imperium. Als die Türken im 15. Jahrhundert den Jemen eroberten, trank man bereits in der gesamten islamischen Welt Kaffee aus Mocha. Und der erste Händler, der 1606, also fast ein halbes Jahrhundert, bevor das erste Café in Europa eröffnete, die Hafenstadt besuchte, berichtete von mehr als fünfunddreißig Schiffen, die sich im Hafen von Al-Makha drängten. Manche waren sogar aus Indien gekommen, und alle warteten darauf, die Kaffeesäcke an Bord zu nehmen, die sich auf den Kais stapelten. In kurioser Umkehrung der heutigen Verhältnisse berichtete der Kaufmann John Jourdain, Mocha berste schier vor »Waren aller Art, die so teuer sind, dass wir mit den Preisen, zu denen sie an Kaufleute aus Kairo verkauft werden, nicht mithalten können.« Der Hafen war gesäumt von den Palästen der Kaffeehändler, und auf goldbestickten Kissen saßen Prinzen, denen ganze Heerscharen von Sklaven Kühlung zufächelten. Es gab sogar eine Privatarmee, die darüber wachte, dass kein Ungläubiger eine der wertvollen Kaffeepflanzen stahl.

Zu jener Zeit galt der bereits lange dahingeschiedene Einsiedler Al-Shadhili schon als der Schutzheilige der Kaffeetrinker, und seine Grabstätte, in einer der Moscheen der Stadt gelegen, war eine Wallfahrtsstätte islamischer Pilger.

Noch während wir im Hafen lagen, hatte ich das Minarett jener Moschee ausgemacht, und sobald mich die Behörden laufen ließen, suchte ich sie auf. Das moderne Mocha ist das schmuddeligste und am schlimmsten von Mücken heimgesuchte Nest, das ich je gesehen hatte. Männer in Lumpen, die Füße schwarz von Öl, lungerten auf abenteuerlichen Motorradvehikeln herum, aus denen die örtliche Taxiflotte bestand. Es gab eine Handvoll Cafés, aus denen einem ein fischiger Geruch entgegenschlug, und ein *Funduq*, eine Herberge, in der sich dreißig Mann einen Raum teilten. Immer noch blies der Monsun, der unserem Boot so zugesetzt hatte, nur dass er hier die Form eines kleinen Sandsturms annahm. Innerhalb kürzester Zeit rannen staubige Schweißbäche an mir herunter, die in meinem Hemd versickerten.

Als ich die Altstadt erreichte, fiel mir ein Satz aus einem Buch ein, das ich in Indien gelesen hatte.

»Die Stadt präsentierte sich uns als ein Juwel«, meinte Jean de la Roque in seiner *Voyage de l'Arabie heureuse.* »Überall Palmen und Paläste. Ein entzückender Anblick.«

Das war vor dreihundert Jahren geschrieben worden. Sicher, seither hatte sich überall so manches geändert. Aber das, dachte ich, wie ich so am einen Ende der einzigen Straße des Ortes stand, das war doch einfach unglaublich! Eine sandige Ebene, aus der hier und da zerfallene Gebäude herausragten. Zu meiner Linken erhoben sich die bröckelnden Wände des Palastes eines Kaffeehändlers, wie er direkt aus *Tausendundeiner Nacht* entsprungen sein könnte, mit kunstvoll verzierten Friesen und Balkönchen und zwiebelförmigen Fenstern. Etwas dahinter stand ein mit Zinnen bewehrter Turm, der einst die Ecke einer kleinen Festung bewacht haben mochte. Die Ruinen – manchmal waren es auch nur noch Mauerreste – schienen sich kilometerweit zu erstrecken. Dazwischen machte ich Dutzende kleiner Sandhügel aus, unter denen sich, wie ich später feststellte, Überreste weiterer Gebäude verbargen.

Das einzige Anzeichen von Leben war ein alter Mann, der neben einem Steinhaufen hockte und mich offenbar gar nicht bemerkte.

»Salaam«, rief ich. Er zog ungerührt an seiner Wasserpfeife. Vielleicht ist er taub, dachte ich, und trat in sein Blickfeld. Nichts. Nun, mir waren auch zuvor schon abstoßende Zeitgenossen begegnet, doch dieser Knabe stellte sie alle in den Schatten. Seine Kleidung bestand aus ölverschmierten Lumpen, die aus einer Autowerkstatt zu stammen schienen, und sein Turban war derart mit Fett und Dreck verklebt, dass er sicher dauerhaft die Form behielt. Seine dunkelbraune, sonnenverbrannte Haut war mit einem Spinnennetz von Runzeln überzogen und glich der einer Mumie. Der Schweiß, der unter seinem Turban hervorrann, zog Spuren über sein staubverklebtes Gesicht. Zu diesem Aufzug passte seine Wasserpfeife, bestand sie doch aus einem sinnreichen Apparat aus rostigen Röhren, die in einer zerbrochenen Wasserflasche steckten. Eine Ölsardinenbüchse bildete den Tabakkopf.

Ich zeigte fragend auf die Moschee. »Al-Shadhili?«

Er zog an seiner Pfeife, sodass ich ihr Gurgeln hören konnte. Das war seine ganze Reaktion. Also ging ich zur Moschee hinüber um nachzuschauen, ob ich einen Eingang entdecken konnte. Der Bau bestand aus einer Ansammlung von sechs niedrigen Kuppeln, aus denen ein etwa zwölf Meter hohes Minarett mit schönen geometrischen Verzierungen der Zabid-Schule emporragte. (Zabid ist ein nahe gelegenes Dorf, das als die Wiege der Algebra gilt.) Ich umrundete das Gebäude und fand auf der anderen Seite eine hölzerne Tür mit Knäufen aus Messing. Als ich klopfen wollte, trat plötzlich ein alter Mann heraus. Er grinste mich an, wirbelte auf dem Absatz herum, ließ einen Riegel einschnappen und verschwand im Sandsturm, bevor ich ihm auch nur »Bakschisch!« zumurmeln konnte.

Ich betrachtete die Moschee noch einen Augenblick. Dann die Ruinen. Den alten Mann, der seine Wasserpfeife schmauchte. Der Wind trieb mir einen ranzigen Geruch ins Gesicht. Ich selbst war es, der ihn verströmte. Seit einer Woche hatte ich nicht geduscht. Vor Hunger fühlte ich mich ganz wacklig auf den Beinen, und in meinem Kopf hämmerte es, als hätte ich Zahnschmerzen. Der Sandsturm war so stark, dass ich meine Hand über die Brillengläser legen musste, damit sie nicht zerkratzt wurden. Ich beschloss weiterzuziehen.

»Auf Wiedersehen«, sagte ich.

Der alte Mann nahm einen Zug aus seiner Wasserpfeife und starrte stur geradeaus. Ich stapfte in den Sandsturm hinaus, um Al-Makha hinter mir zu lassen.

eine böse
schwester

Die Imame klagten darüber, dass ihre Moscheen
leer blieben, während die Kaffeehäuser voll seien.
Alexandre Dumas

Eine Viertelstunde vor Mitternacht erreichten wir Sana'a, die im Hochland gelegene Hauptstadt des Jemen. Ich hab's geschafft, dachte ich. Ein Papierfetzen wehte über den menschenleeren Platz. Hurra. Der Wagen hielt an.

»Schlafen?«, fragte der Junge, der Sohn des Fahrers. Er wies auf den einzigen erleuchteten Eingang der Straße.

»Hotel?«, fragte ich zurück.

Der Junge nickte. Sein Vater, der eine Keffiya trug, beugte sich nach hinten, um mir noch einmal zu bekräftigen, wie erstklassig der Jemen sei. Ohne jeden Zweifel, bestätigte ich und reichte ihm das Fahrgeld. Er hob den Daumen und brauste in die Dunkelheit davon.

Ich stieg die Stufen zum Hotel hinauf. War der Jemen wirklich erstklassig? So sicher, wie ich meinem Fahrer gegenüber getan hatte, war ich mir da nicht. Eigentlich wusste ich kaum etwas über das Land, denn der einzige Reiseführer, den ich in Äthiopien hatte auftreiben können, war schon neun Jahre alt. In ihm stand zu lesen, der Jemen sei das isolierteste aller arabischen Länder, seine Bewohner seien ausnahmslos drogensüchtig und die Hauptstadt Sana'a, in der ich mich jetzt befand, bestehe aus höchst merkwürdigen Häusern. Als ich auf dem Treppenabsatz um die Ecke bog, sah ich einen Jungen in einem grauen, bodenlangen Gewand, der mich vom zweiten Stockwerk aus beobachtete. In der einen Hand hielt er eine flackernde Kerze, in der anderen einen Zweig mit Blättern. Während wir über den Preis verhandelten, knabberte er an den zarten Knospen. Qat. Der Junge bemerkte meinen Blick und bot mir ein Blatt an. Ich lehnte ab. Er führte mich durch einen Gang zu meinem Zimmer. Es war sogar recht hübsch, aber wie gewöhnlich frei von den Segnungen der Elektrizität. Trotzdem betätigte ich probehalber den Lichtschalter.

»Licht?«, fragte ich und zeigte auf den Kabelstummel an der Decke. Der Junge breitete die Arme aus und blickte nach oben.

»Bismillah«, meinte er.

Wenn Allah es für gut befindet, übersetzte ich mir. Auch recht. Ich bedeutete ihm, dass er gehen könne und setzte mich, um die Erlebnisse des Tages Revue passieren zu lassen. Alles hatte so gut angefangen. Nachdem ich Al-Shadhilis Grab hinter mir gelassen hatte, war ich auf Al-Makhas Hauptstraße zurückgekehrt, wo ich ein Taxi gefunden hatte, einen Kombi. Elf Mann drängten sich bereits darin, es gab also noch genug Platz für einen weiteren Passagier.

»Auf geht's!«, rief der Fahrer auf Englisch, nachdem ich mich durch die Heckklappe hineingezwängt hatte. »Jetzt die Ziegen. Nach hinten zu dem Amerikaner.«

Ich bekam große Augen – sechs Ziegen! Der Fahrer lachte und schlug die Klappe zu.

»Ha ha, nur ein Witz!«

Leider stellte sich seine Ankündigung, die Fahrt würde sechs Stunden dauern, ebenfalls als Witz heraus. Wir brauchten mehr als zwölf Stunden, die die meisten der Reisenden allerdings dank des wichtigsten sozialen Bindemittels im Jemen, der Droge Qat, recht angenehm verbrachten.

»Das ist das größte Übel, das den Jemen je befallen hat«, meinte ein Mitreisender mit Namen Galal. »Schlimmer als die Engländer.«

»Schlimmer als die Engländer?«, sagte ich. »Kaum zu glauben.«

Qat kannte ich schon aus Äthiopien. Laut Galal, der in Europa und Mekka gelebt hatte, waren so viele jemenitische Männer der Droge verfallen, dass es die Wirtschaft ruinierte und am Ende noch den Kaffee in dem Land zum Verschwinden bringen würde, das ihn als Erstes angebaut hatte.

»Zuerst fing es am Nachmittag an. Die Leute kauten nach dem Mittagessen ein Stündchen Qat und machten sich dann wieder an die Arbeit. Das dehnte sich bis auf drei Stunden aus. Wer den ganzen Nachmittag gekaut hat, verspürt natürlich keine Lust mehr, ins Büro zu gehen, besonders nicht, wenn er im Staatsdienst arbeitet. Jetzt ist es schon so weit gekommen, dass die Leute müde und zerschlagen zur Arbeit erscheinen, weil sie den ganzen Tag zuvor gekaut haben, und ihr einziger Gedanke ist, sich frisches Qat zu besorgen, und dann gehen sie gleich morgens um zehn los, auf den Qat-Markt, damit sie den besten bekommen. Danach fangen sie an zu kauen, und schon wieder ist ein Tag vorüber und nichts ist getan.«

Wir fuhren durch eine atemberaubende Landschaft mit biblischen Bergen, an deren Steilhängen Dörfer und Burgen klebten. Hier, nahe Taiz und Ibb im Südjemen, war vor achthundert Jahren auf dem legendären Sumarah-Pass der erste Kaffee angebaut worden. Folgt man dem, was der Seefahrer und Kaufmann John Jourdain aus dem Jahr 1616 berichtet, so haben die Jemeniten die Europäer davon überzeugt, dass Kaffee nur auf dem Dschebel Saber gedeihen könne: »Dies ist der höchste Berg in Arabien ... (auf dessen Gipfel) zwei Festungen (stehen), welche das wertvolle Gut bewachen, das für Kairo bestimmt ist.«

Damit ist es lange vorbei. Auf den geschwungenen Bergterrassen, teils schon vor Christi Geburt angelegt, wächst heute nur noch Qat. Diese Entwicklung ist bezeichnend für das historische Verhältnis dieser beiden Genussmittel. Wahrscheinlich war das, was der Sufi Al-Shadhili aus Mocha sich gebraut hat, ein Tee aus Qat-Blättern, die ein anderer Sufi namens Al-Dhabhani durch Kaffeebohnen ersetzte, weil er in seiner Heimatstadt Aden kein Qat zur Verfügung hatte. Beides sind Stimulanzien, doch Qat, oft als die böse Schwester des Kaffees bezeichnet, ist auch ein Narkotikum, und zwar ein so ungewöhnliches, dass die Weltgesundheitsorganisation es in einer eigenen Kategorie führt. In Amerika wird die Gefährlichkeit von Qat gern mit der von Heroin gleichgesetzt.

In der Gegend um Ibb soll der beste Qat des Jemen wachsen, vergleichbar dem von Harar, und so sah man überall am Straßenrand Jungen, die Bündel von hellgrünen Blättern feilboten. Unser Fahrer hielt bei jedem einzelnen an. Galal erklärte uns die Unterschiede. Da gab es Sawli, den Qat der Lastwagenfahrer, der manchmal schlimmen Juckreiz hervorrufen kann, oder Shami, den Qat der Dichter, dessen zarte Knospen in Bananenblätter gewickelt werden. Auf Gräbern gezogener Qat soll Halluzinationen hervorrufen.

Galal, der in Dubai bei einer Bank gearbeitet hatte, schätzte, unser Fahrer nehme am Tag etwa zwölfhundert Riad ein, von denen er mindestens achthundert für Qat ausgebe. Viele Männer wendeten drei Viertel ihres Einkommens für die Droge auf. Mir war bereits aufgefallen, dass jeder Dorfmarkt seinen speziellen Qat-Bereich hatte, der manchmal so groß war wie der Rest zusammen.

»Ja, aber wer wirklich etwas auf sich hält, der pflanzt sich seinen eigenen Baum«, sagte Galal. »Nur so kann man sicher gehen, dass man auch wirklich immer frischen hat.«

Gegen Abend waren alle in unserem Taxi vom Qat berauscht, außer mir und einem Sudanesen, der den Koran studierte – selbst Galal, der mit von der Droge grün gefärbten Lippen über Qat geschimpft hatte. Warum er das Zeug denn kaue, fragte ich ihn, wenn er es doch verabscheue?

Er überlege, wieder in den Jemen zurückzugehen, erklärte er. »Ich will nicht, dass die Leute mich für komisch halten.«

Doch all das ist bereits Vergangenheit, dachte ich, als ich in das überraschend bequeme Bett meines Hotels stieg. Ich blies die Kerze aus. Was machte es schon, wenn der ganze Jemen voller Qat-Kauer war? Die Hauptstadt Sana'a war doch sicher das Reich der Kaffeebohne. Ich schloss die Augen und wiederholte im Geiste den einzigen zusammengesetzten arabischen Ausdruck, den ich kannte: »Qahwa Al-Bon.« »Bon« ist das arabische Wort für Bohne, »Qahwa« bedeutet Wein. Der Wein aus der Bohne.

Am nächsten Morgen ging ich auf den Markt in der Altstadt von Sana'a, den Souk, was auf arabisch so viel wie »Einkaufsviertel« bedeutet. Der Souk von Sana'a ist der älteste der Welt, ein Labyrinth mittelalterlicher Gässchen, in denen sich getrocknete Datteln (»Seid gegrüßt, ihr Menschen aus dem Land der Datteln!«), Rosinen, Myrrhe und Weihrauch türmen, wo es Ersatzräder, Schusswaffen, Geldwechsler, den Vorschriften des Korans entsprechende Kleidung für Mädchen, Duftwässerchen, Schnürsenkel, Rasierwasser, islamische Gebetsketten,

Wasserpfeifen und Teekessel aus alten Blechbüchsen gibt. »Im Souk gibt's mehr als genug«, wie die Einheimischen hier sagen. Und Kaffee sah ich, braunweiß gestreifte Leinensäcke, prall gefüllt mit Bohnen. »Qahwa?«, fragte ich.

Der Ladenbesitzer sah mich fragend an.

»Qahwa?«, wiederholte ich das arabische Wort. »Qahwa Al-Bon?« Er wies auf die Säcke. »Nein, nein.« Ich machte die Geste des Trinkens. »Zum Trinken.«

»Trinken? Du willst Kaffee trinken?«, sagte er auf Englisch und wies dann auf eine Gruppe von Männern auf der gegenüberliegenden Seite des Gässchens. Wie alle anderen trugen auch sie eine Keffiya und knöchellange Gewänder. Jeder hatte einen etwa dreißig Zentimeter langen Krummdolch im Gürtel stecken. Natürlich, sagte der Besitzer des Kaffeeausschanks, als ich hinüberschlenderte, hier gibt es Kaffee. Bloß jetzt nicht. Später. Morgen. Möchtest du vielleicht Tee? Ein Mann machte mich auf San Sarat al'Muzan aufmerksam, den Kaffee-Souk. Da vielleicht, sagte er und schob mich freundlich in den Strom der Passanten. Sofort hatte ich die Orientierung verloren.

An jedem Stand war es dasselbe. Kaffee? Jetzt? Unmöglich. Alle meinten, ich solle am nächsten Tag wiederkommen. Wieso war es so schwierig, auf einem Marktplatz im Jemen eine Tasse Kaffee zu bekommen? Sprach ich das Wort vielleicht falsch aus? Kahwah, Kohwah, Kehwah, Kehah ... von Stand zu Stand wandernd, stotterte ich die verschiedensten Varianten vor. Wieviele Möglichkeiten gab es wohl, das vertrackte Wort auszusprechen?

Sana'a sieht aus wie eine Sandburg, die sich ein Kind auf einem LSD-Trip gebaut hat: ein autofreies Labyrinth von siebenstöckigen, aus Lehm aufgeführten Wolkenkratzern, die fantasievoll mit weißem Gips verziert sind. So etwas hatte ich noch nie gesehen, und eine ganze Weile verlor ich mich darin, die Häuser einfach nur anzustaunen. Doch da stieg mir mit einem Mal ein Duft in die Nase, der die tausend anderen Gerüche des Marktes durchdrang – das unverkennbare Aroma einer Kaffeerösterei. Unwiderstehlich angezogen, schritt ich durch einen großen Torbogen und in einen Hof voller Kaufleute, die sich um Hunderte Säcke voller kleiner, dunkler Früchte drängten. Rosinen. Ich machte auf dem Absatz kehrt und verfolgte den Duft weiter die Hauptgasse entlang zu einem anderen Souk, in dem sich meterhohe Kegel aus Ingwer, Gewürznelken, Kardamom und Zimt türmten. Ich seufzte auf. Der Gewürzmarkt. Nun hatte ich den Geruch endgültig verloren.

»Qahwa?«, fragte ich einen der Händler, und im nächsten Augenblick befand ich mich in einem alten, kopfsteingepflasterten Hof, in dem an drei Seiten die Mauern hoch fünfzig Kilo schwere Kaffeesäcke gestapelt waren. Ein Mann mit einem hüftlangen Bart saß dort im Schneidersitz und schrieb in einem riesigen Register. Aus dem Eingang blickte ein Junge zu mir herüber. Dann hörte ich ein schwaches, rhythmisches Rascheln, das aus einer Tür in der Ecke des Hofes drang. Drinnen saßen zwei Männer zwischen Haufen ungeschälter Kaffeebohnen, die ihnen bis zur Schulter reichten. Sie rüttelten die gerösteten Bohnen in großen Maschendrahtkörben hin und her, um sie von den Hülsen zu trennen. Die einzigen neuzeitlichen Gerätschaften, die ich erblicken konnte, waren ein klappriger Kaffeeröster und eine einsame elektrische Glühbirne.

San Sarat al'Muzan. Der älteste Kaffee-Souk der Welt. Ich zog meine Schuhe aus und setzte mich auf die Türschwelle, um den beiden Männern zuzusehen. Sie lächelten mich freundlich an. Ich machte ihnen verständlich, dass ich die Bohnen gerne berühren würde, und versenkte dann meine Hand in einen der dunkel glänzenden Hügel. Das ist besser, als ihn zu trinken, dachte ich, während ich die Bohnen sinnlich über meine Haut gleiten fühlte. Ich tauchte auch den anderen Arm bis zum Ellbogen ein. Herrlich! Das ersetzt jede Tasse Kaffee.

Da erschien der Junge mit drei Gläsern, die randvoll mit einer dunklen, dampfenden Flüssigkeit gefüllt waren. Die Männer warfen mit einem kleinen Freudenschrei ihre Körbe zur Seite und nahmen sich ein Glas. Das dritte bot der Junge mir an. Ah, dachte ich und hob es an die Lippen – endlich! Im Innersten des Heiligtums, umgeben von den Bergen, auf denen die göttliche Bohne wächst, eine Tasse mit dem geliebten Getränk des Propheten, dem dreifach gesegneten Wein des Islam.

»Shia«, sagte der Junge. »Shia – ein Glas Tee für dich.«

Und als die Königin von Saba die Kunde von Salomo vernahm, kam sie, um Salomo mit Rätselfragen zu prüfen. Und sie kam nach Jerusalem mit einem sehr großen Gefolge, mit Kamelen, die Spezereien trugen und viel Gold und Edelsteine ... Es kam nie mehr so viel Spezerei ins Land, wie die Königin von Saba dem König Salomo gab.

Schade nur, dass in dieser Passage aus der Bibel nicht erwähnt wird, mit welchen Spezereien die Königin den Salomon bedachte. Sicher gehörten Weihrauch und Myrrhe dazu, die berühmtesten Exportartikel aus Saba, einem der ersten jemenitischen Königreiche. Aber waren vielleicht auch Kaffeebohnen unter diesen wertvollen Geschenken? Ausgeschlossen ist dies jedenfalls nicht, folgt man jenen Historikern, die auch Äthiopien zum Königreich von Saba zählen. Der einzige Hinweis darauf ist, dass Salomon in jener Nacht das Lager mit der Königin teilte, wodurch der Glaube aufkam, die Kaffeebohne sei ein Aphrodisiakum. Erwähnenswert ist ebenfalls, dass der arabische Historiker Abu al-Tayyib al-Ghazzi (1570-1651), der zu einer Zeit schrieb, da der Kaffee sich erst anschickte, weit über den Jemen hinaus Popularität zu erringen, ebenfalls Salomon mit Qahwa in Verbindung bringt. Seiner Schilderung zufolge hat der König kurz nach dem Besuch der Königin mit Kaffeebohnen aus dem Jemen eine Stadt von der Pest befreit.

Als gesichert gilt, dass sich der Genuss des Kaffees in den Jahrhunderten nach der Entstehung des Islam in der arabischen Welt verbreitete. Vielen Menschen im Westen fällt heutzutage zum Islam nichts anderes ein als Terroristen, bärtige Fanatiker und ärgerlicher Mangel an Toilettenpapier. Das sind natürlich dumme Ansichten, die mit der Wirklichkeit kaum etwas zu tun haben. Der Islam ist eine wunderbare Religion. Natürlich ist er keineswegs perfekt – eine Religion, die verlangt, dass die Hälfte der Menschheit ihr Gesicht mit Tüchern verhüllt, sollte vielleicht einige ihrer Prinzipien überdenken –, doch in seiner Blütezeit bildete der Islam den Gipfelpunkt des menschlichen Geisteslebens. Während die Christen in Europa im finsteren Mittelalter verharrten, studierten die Muslime Aristoteles, entwickelten die Algebra und schufen eine der eindrucksvollsten Kulturen der Geschichte.

Doch wen interessiert das? Wesentlich für unser Thema ist, dass sie sämtlich Abstinenzler waren. Da ihnen der Genuss des Rebensaftes verboten war, überrascht es nicht, dass sich die aufblühende Kultur mit solcher Leidenschaft dem Kaffee zuwandte, besonders die Sufis, die das Getränk in ihre religiösen Zeremonien einbanden.

»Blödsinn. Absoluter Blödsinn. Sufis!« Ismael, mein Tischgenosse in einem Café, hatte sich bislang kaum mit dem Sufismus beschäftigt, und auch über den Islam, der immerhin seine Religion war, wusste er nur wenig Bescheid. »Das Einzige, was die Leute in diesem Land können, ist Qat kauen.«

Sana'a ist die unfreiwillige Heimat vieler politischer Flüchtlinge der islamischen Welt, weshalb man in den Cafés viele Iraker, Iraner, Afghanen und Somalis antrifft, die alle der Lieblingsbeschäftigung der Emigranten weltweit frönen: ihr Gastland zu schmähen. Ismael war vor zwanzig Jahren mit seinem Vater hierher gekommen und schien sich vollkommen angepasst zu haben. Er trug sogar den Jambiya-Dolch im Gürtel. Was ihn allerdings als Afghanen verriet, war eine Spur von Henna in seinem Bart und dass er wie ein Räuberhauptmann aussah.

Ich hatte ihm gesagt, ich interessiere mich dafür, wie es überhaupt zum Kaffeetrinken gekommen sei. Darauf gab er eine mir bislang unbekannte Version der alten Ziegengeschichte zum besten. Einst, so erzählte er, hütete ein Afghane eine ungewöhnlich lebhafte Ziegenherde. Er konnte sich gar nicht erklären, warum seine Tiere so ausgelassen umhersprangen. Eines Tages fiel ihm auf, dass die muntersten seiner Ziegen öfter an kleinen roten Beeren knabberten. Neugierig geworden, probierte er sie selbst. Sofort war seine Müdigkeit wie weggeblasen. Ein wohliges Kribbeln machte sich in seinen Hüften breit. Er schnappte sich die hübscheste seiner Ziegen und ...

So wurde die Sodomie entdeckt. Es war die alte Kaldi-Geschichte, nur der nicht jugendfreie Schluss war neu.

»Aha«, sagte ich. »Und deshalb glaubt man jetzt, Qahwa mache einen zum unermüdlichen Liebhaber?«

»Nein. Aber deshalb trinken jemenitische Männer so viel Kaffee«, zwinkerte er mir zu. »Sie lieben ihre Ziegen.«

»Und die afghanischen Schäfer lieben ihre Ziegen etwa nicht?«, neckte ich ihn.

»Nicht in dieser Art. Frag doch mal einen Afghanen, was ihm lieber ist, eine Engländerin oder eine Ziege, und er wird dir die passende Antwort geben. Frag einen Jemeniten, und er sagt: »Woher soll ich das wissen? Ich hatte es noch nie mit einer Engländerin.«
»Ja, ja, schon gut. Den kannte ich schon. Erzähl mal was anderes.«
»Willst du Hasch?«
Ich lehnte ab. Was ich allerdings brauchte, das war eine Gelegenheit zum Geldwechseln. In Sana'a hatte sich das als schwierig erwiesen. Nicht dass ich lange nach dem Schwarzmarkt hatte suchen müssen. Es gab einen ganzen Straßenzug, wo Jungs bis um zwei oder drei Uhr morgens mit Stapeln von Geld vor sich auf dem Pflaster hockten, offenbar ohne jede Angst. Das Problem war nur, dass keiner von ihnen je einen Traveller's Check gesehen hatte. Einmal war nach erregter Debatte der versammelten Menge ein Scheck von mir angenommen worden, den man mir aber umgehend zurückgab, als ich ihn unterschrieb. »Auf Geld schreiben macht es schlecht«, erklärte man mir!

Ismael behauptete, er kenne jemanden, der nicht nur Traveller's Checks einlösen, sondern auch europäische Pässe besorgen könne, was mich natürlich brennend interessierte. Wir gingen dorthin. Der Strom war wie gewöhnlich ausgefallen, es gab also weder Licht noch Ventilatoren. Traditionell gekleidete jemenitische Männer kauerten zwischen aufgehäuftem Gerümpel, zählten Geld und schlürften Tee, die Backen dick vom Qat, während die wohlhabenderen, westlich gekleideten saudischen Kunden zwischen ihnen einherstolzierten und sich die Ärmel ihrer Smokingjacken zurechtzupften, damit ihre schweren goldenen Armbanduhren besser zur Geltung kamen. Ich reichte dem Fremden meinen Scheck, der sogleich im ganzen Raum von Hand zu Hand wanderte. Aufregung machte sich breit, bis der Geldwechsler ihn einem Mann wegschnappte und ihn in eine Kiste warf, nur um ihn gleich darauf wieder herauszuholen, zwei dicke Packen Geld zu nehmen, mir alles hinzuschieben und mich lautstark zum Unterschreiben aufzufordern. Niemand wollte meinen Pass sehen.

Ein Mann winkte mir, mich neben ihm niederzulassen. Ich begann zu zählen, aber bei dem schlechten Licht konnte ich den Wert der

Scheine nicht erkennen. Mein Nebenmann leuchtete mir mit seinem Feuerzeug und half mir, unterbrach sich aber ständig, um mit einem der Dutzenden von Männern, die uns umdrängten, Bemerkungen auszutauschen. Noch ein Bündel Noten wurde durch die Menge gereicht und neben mich gelegt. All das geschah in jenem merkwürdig anmutenden beiläufigen Rhythmus, den ich mit Qat in Verbindung zu bringen gelernt hatte.

Die Summe war in Ordnung. Allerdings stellte sich heraus, dass Ismaels Geldwechsler keinen europäischen Pass beschaffen konnte.

»Frag den da, auch ein Freund von mir«, riet mir Ismael, bevor er verschwand, um »Geschäften« nachzugehen. Er wies auf den Fremden, der mein Geld gezählt hatte. Offenbar war er der Fachmann für Pässe. Zwei hatte er im Angebot: einen neuen griechischen oder einen gebrauchten deutschen.

Ich fragte nach dem Preis.

Er hob die Schultern. »Wie es dir beliebt«, sagte er. »Du hilfst mir, ich helfe dir.«

Ich versuchte immer noch angestrengt, das Gesicht meines neuen Freundes zu sehen, aber in dem dunklen Raum konnte ich nur erkennen, dass er sein Haar mit Henna gefärbt hatte. Ein Afghane.

»Helfen?«, fragte ich vorsichtig. »Wie denn helfen?«

Wie es aussah, waren gefälschte Pässe nur ein Nebengeschäft für ihn. Seine Haupteinnahmequelle bestand darin, politischen Flüchtlingen in wohlhabende Länder zu verhelfen. Um einen Pass zu bekommen, brauchte ich ihn nur bei einer Schmuggeloperation zu unterstützen. Dafür sollte ich einen Flug nach Frankfurt buchen, mit Zwischenaufenthalt in Dubai. Der Asylsuchende, der nach Deutschland wollte, würde in derselben Maschine sitzen. Sein Ticket würde jedoch nur bis Dubai reichen, und unterwegs würden wir unsere Bordpässe tauschen. Ich sollte dann in Dubai aussteigen, während er mit meinem Bordpass im Flieger bleiben und nach Deutschland weiterreisen würde, wodurch er bei der Einreise auf dem Frankfurter Flughafen der Visumkontrolle entginge. Anschließend würde er mein Ticket und all seine Papiere vernichten und bei den deutschen Behörden Asyl beantragen. Gemäß der deutschen Verfassung konnte man ihn nicht abweisen.

»Und dabei ist alles wahr«, versicherte mir der Mann. »Das ist das Schöne an dieser Lügengeschichte. Er wird tatsächlich verfolgt. In Indien.«

»Er will also in Deutschland arbeiten?«

»Natürlich! Er muss seine Frau und seine Kinder unterstützen.«

»Ich möchte nur helfen, genau wie du«, sagte ich. »Wie viel bekomme ich dafür?«

»Dreihundert Dollar.«

Dreihundert Dollar, dachte ich. Nicht gerade viel. Aber ein EU-Pass war nicht zu verachten.

»Plus den Pass«, meinte ich. »Am liebsten wäre mir ein französischer.«

Er nickte.

»Und du bezahlst die Tickets«, fuhr ich fort.

»Natürlich. Und auch ein Ticket deiner Wahl ab Dubai.«

Das klang zu einfach, dachte ich; irgendwo musste ein Haken sein.

»Was passiert, wenn ich erwischt werde?«, fragte ich.

»Erwischt? Wieso erwischt?«

»Von der Polizei.«

»Von der Polizei? Wie denn? Wo ist das Verbrechen? Du kaufst ein Flugticket und schenkst es einem Freund.« Er hob die Schultern. »Wie man bei uns sagt: Al-ibaha al-asliya. Was nicht verboten ist, das ist erlaubt.«

Heiliger Bimbam! Genau so hatten die Kaffeeliebhaber im frühen 16. Jahrhundert argumentiert, als eifernde Frömmler das Kaffeetrinken als Verbrechen brandmarken wollten. Heute mag das lächerlich erscheinen, aber man darf nicht vergessen, wie eng der Kaffee mit der mystischen Sufi-Sekte verknüpft war. Al-Shadhili aus Mocha war ein Sufi, genau wie Al-Dhabhani aus Aden. Zwar gehört der Sufismus zum Islam, aber doch so wie der Wal zu den Säugetieren, und das heißt – eigentlich nicht so richtig. Strenggläubige Muslime setzen in ihren Gottesdiensten weder Musik noch Tanz ein. Die Sufis nutzen beides. Der Sufismus ist eine ungewöhnlich vielschichtige Religion, zwar offensichtlich islamisch, doch einer älteren Traditionslinie entsprungen. Zahlreiche Bücher sind zur Erklärung dieses Phänomens geschrieben worden, doch der beste Weg zum Verständnis ist eine alte Geschichte aus dem Nahen Osten:

Ein Perser, ein Türke, ein Grieche und ein Araber unterhalten sich darüber, wie sie ihren letzten Schekel ausgeben wollen.
»Ich will Ouzo«, ruft der Grieche.
»Ich Angur (Wein)«, meint der Perser.
Der Araber und der Türke tun in ihrer Sprache kund, dass sie ebenfalls Wein haben möchten. Ein Streit droht auszubrechen. Da kommt ein Sufi vorbei, hört sich die Sache an und meint, sie sollten am besten ihm das Geld geben. Sie tun wie geheißen, und bald kommt er mit einem Rebenzweig voll glänzender Weintrauben zurück.
»Mein Ouzo!«, ruft der Grieche.
»Nein – mein Angur!«, sagt der Perser. Ebenso reagieren der Türke und der Araber. Alle sind zufrieden, denn sie haben bekommen, was sie wollten, nur in einem höheren Sinn.

In dieser Parabel steht Wein für den Rausch der Vereinigung mit Gott, das der Sufismus in seiner reinsten und universellsten Form sucht. Weiter kann man aus ihr schließen, dass die Sufis gewiss keine Kinder von Traurigkeit waren. Man könnte sie als die Hippies des Islam bezeichnen, und als die Sufis um 1480 mitten in der heiligen Stadt Mekka Kaffeegenuss in ihre Gottesdienste einbezogen, muss das gewirkt haben, als würde man sich heute im Vatikan einen Joint anzünden.

Die ersten Repressalien gegen die Kaffeetrinker setzten am 20. Juni 1511 ein, als der Chef der Religionspolizei von Mekka, ein Mameluke namens Khair-Beg, eine Gruppe von Männern beobachtete, die etwas tranken, und zwar, wie ihm vorkam, »nach der Art von Leuten, die ein Rauschmittel zu sich nehmen«, und dies zu später Stunde in der Nähe der Heiligen Moschee. Als er auf sie zutrat, um sich die Sache aus der Nähe anzuschauen, löschten sie rasch ihre Laternen. Wie Khair-Beg bald erfuhr, hatten die Männer Qahwa getrunken, ein Getränk, das man an Orten zu sich nahm, die Schenken glichen, so erzählte man ihm.

Am nächsten Tag berief er eine Versammlung von Religionsgelehrten ein, um zu erörtern, ob das neue Getränk mit den islamischen Geboten in Einklang stehe. Es gab hauptsächlich drei Bedenken. Der erste Vorwurf lautete, es handele sich um ein Rauschmittel, nicht anders als der Wein, und sei also zu verbieten. Zweitens ließen die Sufis ihre Tasse Kaffee vor dem Gebet von Hand zu Hand kreisen, eine Sitte, die ebenfalls mit dem Genuss von Alkohol in Verbindung gebracht wurde. Drittens wurden die Bohnen bis zur »Verkohlung« geröstet, was der Koran ebenfalls nicht gestattete. Das islamische Recht, die Scharia, wird im Wesentlichen durch den Koran geregelt, in dem insbesondere vergorene alkoholische Getränke verboten werden. Kaffee wurde nun aber gerade nicht aus vergorenen Früchten gewonnen, weshalb die Eiferer bei der Anhörung hauptsächlich ins Feld führten, er sei nicht erlaubt, weil er »den Geist berausche«. Eine Kanne mit Kaffee wurde gebracht, damit die Richter es im Selbstversuch ausprobieren konnten. Das war den trockenen Schriftgelehrten dann aber doch zu einfach: Sie weigerten sich, das Teufelsgebräu auch nur zu kosten.

Khair-Beg hatte das schon vorausgesehen und, wie uns aus einer *Arabischen Chrestomathie* des achtzehnten Jahrhunderts überliefert ist, zwei Ärzte mitgebracht, welche die erschreckenden Auswirkungen des Getränks bezeugen sollten. Hier wird die Sache langsam interessant, denn die beiden Ärzte steckten mit Khair-Beg unter einer Decke und hatten ihm »großen Ruhm und Ehre« versprochen, wenn er einen Bannspruch für Kaffee erreiche. Da überrascht es nicht, dass sie bezeugten, Kaffee beeinflusse den Geist dessen, der ihn trinke und sei daher eine »Art von Wein«. Andere trugen vor, Kaffee trübe das Urteilsvermögen. Jemand war auch so unbedacht, schlichtweg zu erklären, er könne Kaffee gar nicht von Wein unterscheiden, wofür er prompt ausgepeitscht wurde, hatte er damit doch gestanden, Wein gekostet zu haben.

Für die Erlaubnis zum weiteren Genuss von Kaffee wurde das gleiche Argument vorgebracht, das mein afghanischer Passfälscher angeführt hatte – »Al-ibaha al-asliya«, ein Prinzip aus der Hanafi-Schule der islamischen Rechtssprechung, das für erlaubt erklärt, was der Koran nicht ausdrücklich verbietet. Als die Konservativen argumentierten, Mohammed habe sämtliche Rauschmittel verboten, wiesen die Kaffeeliebhaber darauf hin, dass ihr Getränk zwar durchaus eine Wirkung auf den Geist habe, aber eher wie der Knoblauch, und überdies sei die traditionelle islamische Definition für den Rauschzustand, »dass man nicht mehr in der Lage ist, Männer von Frauen oder den Himmel von der Erde zu unterscheiden.«

Das ganze Verfahren war ein abgekartetes Spiel mit politischem Hintergrund. Khair-Beg und die beiden Ärzte gehörten zur herrschenden Riege der Mamelucken, die mit Argwohn den Glauben der Sufi betrachteten, in religiöser Ekstase – mithin in einem »Rauschzustand« – sei eine direkte Kommunikation mit Gott möglich. Der Einsatz von Kaffee als Anregungsmittel war Ausdruck dieses Denkens. Indem ihr Sheik oder Priester das Getränk an die anderen weiterreichte, betonte er symbolisch seine Rolle als geheiligtes Rauschmittel. Die Sufis hatten sogar ein Wort für das religiöse Hochgefühl, das ihnen der Kaffee bescherte: Marqaha. Dass dies weiterhin implizierte, man brauche weder einen Imam – also keinen Klerus – noch eine Moschee, machte ihnen die Autoritäten kaum geneigter.

Der Kaffee wurde in ganz Mekka verboten. Säckeweise wurden die Bohnen auf den Straßen verbrannt, und wer sich beim Kaffeegenuss erwischen ließ, der wurde auf der Stelle ausgepeitscht. Der Bann wurde später aufgehoben, aber 1525 in Mekka und 1539 in Kairo erneut ausgesprochen, wobei jede Unterdrückungswelle gewaltsamer als die vorangegangene verlief, bis hin zur grausamen Verfolgung der Türken im 17. Jahrhundert.

Ich hatte gelinde Zweifel, ob ich mit mittelalterlichen islamischen Rechtsgrundsätzen bei Interpol Gnade finden würde, falls ich dabei erwischt werden sollte, wie ich einen politischen Flüchtling über Landesgrenzen schmuggelte. Darüber musste ich noch einmal gründlich nachdenken.

kaffee in sana'a

> Wer mit Qahwa im Leibe stirbt,
> kommt nicht ins Höllenfeuer.
> *Sufi-Spruchweisheit aus dem 16. Jahrhundert*

An dem erstaunlichen Kaffeemangel, der mir bereits an meinem ersten Tag unangenehm aufgefallen war, sollte sich während meines gesamten Aufenthalts in Sana'a nichts ändern. Zwar gab es eine Menge Buden, einfache Hütten, die von durchgeknallten Arabern bewirtschaftet wurden, aber kaum Kaffee, zumindest nicht das, was ich mir unter arabischem Kaffee vorgestellt hatte – also etwas Starkes von schlammartiger Konsistenz wie der türkische Mokka. Im Jemen ist eine Tasse Kaffee nämlich etwas völlig anderes. Zwar stark, aber klar, und der Kaffee selbst ist nur eine Note in einer raffinierten Melange aus Nelken, Kardamom, Zucker und Wasser. Für den westlichen Gaumen ist dies zuerst eine ziemlich fade Mischung, doch allmählich lernte ich die duftende Köstlichkeit zu schätzen. Man kann sie auf zwei verschiedene Arten zubereiten. Bei der Shatter genannten wird ein gehäufter Teelöffel gewürzter, gemahlener Kaffee mit kochendem Wasser aufgebrüht. Dies trinkt man vorzugsweise am Nachmittag. Morgens werden Zucker und Kaffee in einem Topf mit langem Stiel, einem Ibrik, zusammen aufgekocht und glühend heiß serviert. Das Gebräu hat dennoch kaum etwas mit dem traditionellen türkischen Mokka zu tun, die Unterschiede spiegeln die gegensätzlichen Nationalcharaktere wider. So ähnelt der türkische Kaffee – streng, schwarz und bitter – einer in der Tasse geballten Faust. Die jemenitische Version hingegen wird goldfarben schimmernd in einem großen Glas serviert und ist ein leichteres, kapriziöseres, dabei wunderbar süßes Getränk (außer bei Beerdigungen, denn da ist der Zusatz von Zucker verboten). Milch wird kaum je hinzugegeben.

Statt Kaffee trinken viele Jemeniten Qisher, das aus der Umhüllung der Kaffeebohne und nicht aus der Bohne selbst aufgebrüht wird. Qisher ist das historische Kaffeegetränk des Jemen. »Personen von Rang bedienen sich einer anderen Methode, sie nutzen nämlich nicht die Bohnen, sondern Hülse und Fruchtfleisch ... «, schrieb Jean de La Roque 1715. »Sie behaupten, gut zubereitet käme kein anderes Getränk diesem gleich.«

Die Entwicklungslinie vom äthiopischen Blätterkaffee *Kati* zum jemenitischen Qisher hat Anlass zu der Spekulation gegeben, dass sich unser Bohnenkaffee verbreitete, weil diese Frühformen zu transportempfindlich waren. Ich fand Qisher ziemlich fade, allerdings durchaus trinkbar, wenn es als Mazghoul mit Ingwer gewürzt war. In unseren Breiten ist es am ehesten mit jener deutschen Heimsuchung vergleichbar, die Blümchenkaffee genannt wird, ein Kaffee, der so dünn ist, dass man bei voller Tasse noch das Blumenmuster auf dem Tassenboden erkennen kann.

»Ach was, du musst mal gutes Qisher trinken«, sagte Ibrahim und machte eine Geste, als wollte er die vor mir stehende Tasse vom Tisch wischen. »Das Qisher hier haben meine Jungs gemacht. Und die jungen Leute haben diese Kunst längst verlernt.«

Wir hatten uns auf Sitzkissen niedergelassen, die in seinem Muffraj verstreut lagen, jenem Raum im oberen Stock traditioneller jemenitischer Häuser, in dem Gäste empfangen und verköstigt werden. Ibrahams Muffraj lag allerdings im Erdgeschoss und protzte mit einem Satellitenfernseher, denn er hatte sein Haus vor kurzem zu einem Hotel umfunktioniert.

Es war mein dritter Besuch bei ihm, und wieder einmal beschrieb er mir die traditionelle Zubereitungsmethode. Dabei werden bis zu einem Dutzend verschiedene Qisher gebraut – manche bitter, manche süß, manche lange gekocht – und dann sorgsam zu der perfekten Tasse zusammengemischt. Es gebe eine Familie, erzählte er, deren Frauen im ganzen Jemen für ihren Qisher berühmt seien. Ob ich sie vielleicht kennen lernen könnte, fragte ich. Undenkbar, erwiderte er. Eine Frau aus Sana'a sollte einem Fremden zeigen, wie man Qisher zubereitete? Na ja, meinte ich, ob er mir dann zumindest das Rezept besorgen könne? Ebenfalls unvorstellbar. Und wenigstens ihre Namen? Nein, all dies war unmöglich. Aber er kenne ein Café, das gutes *Qisher* serviere, wenn auch nicht so exquisites und mit so viel Aufwand zubereitetes wie das jener Familie. O ja, das war ein *Qisher*! Doch das im Café sei auch gut. Gut genug für einen Fremden.

»Wenn du das erst mal gekostet hast, wirst du verstehen«, sagte er und erklärte mir noch einmal, wie ich zu diesem legendären Café gelangte. Wie schon die beiden letzten Male zeichnete er auch diesmal wieder eine Karte, aber auch mit dieser Hilfe war es mir nicht gelungen, das Café ausfindig zu machen.

»Du wirst es bestimmt nie finden«, meinte er schließlich.

»Warum führst du mich nicht dorthin?«, bat ich.

»Unmöglich.« Er zeigte auf das Fernsehgerät. »Heute ist zu viel los. Morgen.«

»Gut. Dann verrate mir den Namen von einem Lokal, das ich allein finden kann.«

Er beratschlagte sich auf Arabisch mit einem Freund. Plötzlich schlug sich Ibrahim mit der Hand an die Stirn.

»Natürlich! Mein Freund weiß Rat. Du musst nach alten Männern Ausschau halten.«

»Wie bitte?«

»Geh morgens nach dem ersten Gebet zur Moschee und sieh dich in den umliegenden Gassen um. Dort, wo du viele alte Männer etwas trinken siehst, gibt es das beste *Qisher*.«

Schau, wo sich in der Nähe der Moschee die Alten scharen, dachte ich. Das klang vernünftig. Denn schließlich waren die Cafés um die Moscheen herum entstanden, damit die Gläubigen während der Gottesdienste aufmerksam blieben.

»Das beste wird nach dem ersten Gebet gebraut«, erklärte er. »Und denk daran: Je älter die Männer, desto besser das *Qisher*.«

»Um wie viel Uhr findet denn das erste Gebet statt?«

»Gar nicht mal so früh. Etwa um fünf.«

Um fünf Uhr morgens! War das die Sache wert? Und warum nach dem Gebet? Wenn Cafés eingerichtet worden waren, damit die Gläubigen beim Wort Gottes nicht einnickten, warum fanden sich dann alle erst nach dem Gebet dort ein? Nun, dies sei zumindest der im Jemen erreichte Kompromiss nach der islamischen Kampagne gegen den Kaffeegenuss gewesen, erklärte man mir. So waren die Gläubigen bis nach dem ersten Morgengebet nicht von teuflischen Stimulanzien aufgestachelt, und das Wort des Propheten konnte ihre noch unvergifteten Herzen erreichen. Aber falls man unbedingt als Erstes ein Tässchen brauchte, sollte man es halten wie die Menschen in Istanbul im 17. Jahrhundert. Wenn sie das Getränk zu sich nahmen, riefen sie dabei: »Seele, verkriech dich in eine Ecke meines Körpers oder verlasse mich für ein Weilchen, damit du nicht von dieser Substanz verunreinigt wirst.«

So erzählte man es mir jedenfalls. Und es stimmte, es gab einen deutlichen Unterschied zwischen dem Qahwa, der am Morgen, und jenem, der am Nachmittag ausgeschenkt wurde. Nach dem Morgenkaffee standen einem schier die Haare zu Berge, wohingegen am Nachmittag, wenn die meisten Qat kauten, das leichtere Shatter genossen wurde. Weit mehr Leute tranken *Qisher.*

Der Plan mit dem Pass löste sich allmählich in Luft auf. Wie sich herausstellte, sollte ich zuerst nach Sri Lanka fliegen, um den Flüchtling in Empfang zu nehmen. Dort würde mir ein anderer Afghane, der Besitzer eines Reisebüros, die Tickets für Dubai ausstellen. Ich durchschaute, worauf ich mich damit einlassen würde: Es sah verdächtig danach aus, dass ich wochenlang in der am schlimmsten mit Terroristen durchsetzten Stadt der Welt festsaß, während irgendein Vetter oder der Vetter eines Freundes oder der Vetter eines Freundes vom Vetter eines Freundes auf der Jagd nach billigen Flugtickets war. Irgendwann würde er fündig werden, o ja. Bismillah.

»Ich muss aus diesem Land raus«, sagte Gulab. »Ich werde hier verrückt.«

Gulab war ein Archäologieprofessor aus dem Irak, der sich dem Wehrdienst entzogen hatte. Ich hatte ihn in dem Café kennen gelernt, in dem ich zum Frühstück Sandwiches mit *Foul* (einer leckeren Bohnenmasse) aß. Wie die meisten Flüchtlinge, denen ich hier begegnete, hasste er den Jemen; die Menschen waren zu rückständig, zu schmutzig, das Essen grauenvoll. Bla bla bla. Ich fand hier alle supernett und das Essen ausgesprochen schmackhaft. Zudem fühlte ich mich hier sehr sicher. Ich lief ohne Bedenken bis in die frühen Morgenstunden in den gewundenen, unbeleuchteten Gassen der Altstadt umher (vielleicht, weil Verbrecher hier noch heute gekreuzigt werden). Zu Gulabs Pech war der Jemen eins der wenigen Länder, für die ein Iraker nach dem Golfkrieg noch ein Visum bekommen konnte. Die anderen beiden waren Rumänien und Libyen. Zwar hätte Gulab nichts gegen Libyen einzuwenden gehabt, es gab auf den Bohrinseln dort jede Menge Arbeit, aber keine internationale Fluggesellschaft flog das Land mehr an, seit sich Gaddafi geweigert hatte, bei der Untersuchung des Lokkerbie-Attentats zu kooperieren. Und so war Gulab nur die Wahl zwischen dem Jemen und Rumänien geblieben, wenn er nicht doch noch eingezogen werden wollte. Er hatte sich für den Jemen entschieden, weil er gehört hatte, dass die sudanesische Botschaft dort Irakis manchmal Transitvisa ausstellte. Auf diesem Weg wäre es ihm möglich gewesen, nach Khartum zu gelangen, und von dort aus hätte er zumindest theoretisch zu Fuß nach Libyen gehen können, wenn auch durch ein vom Krieg zerrüttetes Gebiet. Es war eine beliebte Reiseroute pazifistischer Irakis, allerdings wusste er von einigen akademischen Kollegen, dass sie auf dieser Strecke spurlos verschwunden waren.

Galub war fraglos in der Klemme. Ich versuchte ihn aufzumuntern, indem ich ihm erzählte, dass die Sudanesen für ihre Gastfreundschaft bekannt seien. Ich zeigte ihm sogar die Seite in meinem Reiseführer, auf der das stand. Aber er war untröstlich und wiederholte nur immer wieder, er würde verrückt, wenn ich ihm nicht auszureisen half. Offenbar hatte es sich herumgesprochen, dass ich eine Agentur für internationale Fluchthilfe betrieb.

»Es ist so unglaublich schmutzig hier«, nörgelte er die ganze Zeit, die er mir durch die Altstadt folgte. »Wenn ich bleiben muss, werde ich verrückt.«

Doch schon bald entkam ich ihm. Der Strom war wie jede Nacht ausgefallen, aber der Souk wurde bei Kerzenlicht weitergeführt. Silberschmiede polierten Krummdolche, Handwerker fertigten Wasserrohre. Überall stapelten sich Weihrauch und Myrrhe. Während ich durch die beängstigend engen Gässchen schlenderte, dachte ich über die vor mir liegende Reise auf den Spuren des Kaffees nach. Sobald die Bohnen in Mocha oder Bay al-Faqih den Besitzer gewechselt hatten, wurden sie mit dem Schiff nach Dschidda in Saudi-Arabien gebracht. Doch wurde auch die Ansicht vertreten, dass die ersten Transporte entlang der alten Gewürzstraße durch die Wüstenlandschaft Rub el Khali, jenes berühmte »Leere Viertel«, und von dort nach Mekka verlaufen seien. Ich musste mich entscheiden, welche der beiden Routen ich nehmen wollte.

Da hörte ich einen Aufschrei des Entzückens. Der Strom war wieder da. Buchstäblich sämtliche Fenster in Alt-Sana'a sind aus Bleiglas gefertigt, mit bis zu vierzig Fenstern pro Gebäude. In den seltenen Nächten, da es Licht gibt, erzeugt das eine märchenhafte Wirkung. Ich war unerwartet in einen der offenen Gärten der Stadt hereingestolpert. So spannte sich über mir das sternenübersäte Firmament, und egal, in welche Richtung ich auch blickte, überall erhoben sich diese geisterhaften Wolkenkratzer aus Lehm, deren Fenster wie bunte Juwelen grün und rot und blau und bernsteinfarben funkelten. Aus jeder Gasse erschollen Gebetsrufe.

Ich entschied mich, die Gewürzstraße durch das Leere Viertel zu nehmen.

Doch als ich am nächsten Tag auf der Hauptpost in Sana'a eine Postkarte für mich vorfand, änderten sich meine Pläne. Sie stammte von Yangi, dem Rajasthani und Kunstschmied, den ich in Kalkutta kennen gelernt hatte. »Denk daran, dass wir immer Herzensfreunde bleiben wollten. Paris wartet.«

Ich stöhnte laut auf. Offenbar war unser »Geschäft« noch am Laufen. Ich konnte höchstens so tun, als hätte mich seine Nachricht nie erreicht, was wahrscheinlich das Klügste gewesen wäre. Yangi, Yangi, dachte ich und warf die Postkarte weg. Der Teufel sollte ihn holen! Aber trotz all dem Bockmist, trotz all dem Ärger, den er mir bereitet hatte, ich hatte für den Hundsfott einfach eine Menge übrig.

affendreck

> Man muss nur die gewalttätigen kaffeetrinkenden westlichen Gesellschaften mit den friedliebenden Teetrinkern des Orients vergleichen, um festzustellen, welch bösartige und schädliche Wirkung dieses bittere Gebräu auf die menschliche Seele hat.
> *Aus einem Hindi-Traktat über Ernährung, Verfasser unbekannt*

Ich hatte Yangi vor vier Monaten in einem höhlenartigen alten Kaffeehaus in Kalkutta kennen gelernt. Noch jetzt sehe ich die Szenerie glasklar vor mir: die Kellner mit ihren weißen Turbanen; die sozialistischen Plakate; das Meer sich langsam drehender, dick mit Dreck verklebter Ventilatoren. An einer Wand hing ein Ölporträt des Dichters Rabindranath Tagore, der hier Stammkunde gewesen war, damals, vor fünfzig Jahren, als er den Nobelpreis erhalten hatte, und der noch heute für die Studenten ein Vorbild zu sein schien, die hier massenhaft verkehrten – fette, backenbärtige Typen, die Samosas mampften und Chai schlürften, und Mädchen, die Jeans unter ihren Saris trugen. Kalkuttas progressiver Flügel. An dem Tag, als ich Yangi zum ersten Mal sah, waren auch auf der Galerie sämtliche Tische besetzt, und es war so laut, dass die Bestellungen, welche die Gäste von dort übers Geländer gebeugt hinunter schrien, im Getöse untergingen. Man konnte nur ihre verzerrten Münder sehen, und da das Meer der sich drehenden Deckenventilatoren ihre Gesichter zusätzlich entstellte, ähnelten sie flirrenden Wasserspeiern.

Yangi, ein strahlend schöner Mann mit mandelförmigen Augen, traumhaften Lippen, makelloser karamellfarbener Haut und langem, pechschwarzen Haar, saß allein an einem Ecktisch. Er rollte sich eine Zigarette. Und seufzte dabei. Als ich später erfuhr, was für ein fanatischer Bhang-Raucher er war, fand sein Benehmen eine einleuchtende Erklärung. Doch zum damaligen Zeitpunkt war ich total verblüfft, dass es irgendjemand derart interessant finden konnte, eine Dreiviertelstunde lang auf eine unangezündete Zigarette zu starren. Niemand versuchte, sich an seinen Tisch zu setzen oder sprach ihn an. Als ich ging, blickte er auf und bedachte mich mit einem schläfrigen Lächeln. Er schielte.

Damals arbeitete ich für Mutter Teresa. Am einen Tag fütterte ich ausgemergelte Männer, deren Leichname ich am nächsten hinaustrug, und dieses Café war mein Lieblingsplatz, an dem ich mich entspannte. Die meisten Leute können nicht verstehen, dass ich Kalkutta liebe. Aber man muss sich nur mal Paris in den dreißiger Jahren des 20. Jahrhunderts vor Augen rufen – diese billige, schmutzige Stadt voller ungewaschener Menschen, die herumsaßen und Unsinn schwafelten. Wie Paris zu seiner Blütezeit ist Kalkutta intellektuelle Hauptstadt des Landes und dieses spezielle Café vermutlich ihr Herz. Zwei der drei indischen Nobelpreisträger waren hier Stammgäste gewesen, und sogar sein Name – Indian Coffeeworkers Union Syndicate – ist Kalkutta pur. Dass an diesem Ort auch Kaffee ausgeschenkt wurde, darauf hatte der Besitzer, der sich völlig mit der politischen Seite des Betreibens eines Cafés identifiziert hatte, schlicht hinzuweisen vergessen. Dennoch ist es ständig überfüllt, und so war es auch bei meinem nächsten Besuch. Und wieder saß Yangi allein an seinem Tisch. Er winkte mich zu sich.

»Setz dich«, bot er an. »Die Tische sind alle besetzt.«

Er fragte mich, was ich von Kalkutta hielt. Ich antwortete, es sei schmutzig, aber interessant.

»So schmutzig!«, stimmte er zu. »Und diese Bengalen – ständig nur am Reden. Plapper, plapper, plapper!«

Er sprach schleppend und in gelangweiltem Tonfall. Seine Lider blieben offenbar immer halb geschlossen.

»Du bist kein Bengale?«, fragte ich.

»Ich? O nein. Ich komme aus Himal Pradesh.«

»Komisch. Du siehst aus wie ein Bengale.«

»Ja«, sagte er gedehnt und sah mich mit benebeltem Blick an. »Ich sehe aus wie ein Bengale.« Es entstand eine Pause, in der ich herauszufinden versuchte, was er damit sagen wollte. Er zeigte auf ein Gemälde an der Wand. »Kennst du diesen Mann?«

Es war das Porträt von Tagore. Ja, nickte ich, ich kenne ihn. Und ich erzählte Yangi, dass dieses Café auch Hauptquartier jener Kalkutta-

Clique gewesen war, die gegen die Briten revoltiert hatte, ein Flügel, der Gewalt befürwortete und dessen Anführer Subhas Chandra Bose sich schließlich mit den Nazis verbündet hatte. Auch erwähnte ich, dass der Geschäftsführer des Cafés sich geweigert hatte, über diesen Punkt der Geschichte zu sprechen, bevor ich nicht eine Spende für den »Wohlfahrtsfonds« gegeben hatte, und dann alles abstritt. »In diesem Café gab es keine politischen Zusammenkünfte«, hatte er behauptet. »Hier verkehrten nur Künstler.«

»Wohlfahrtsfonds, haha!«, schnaubte Yangi, als ich ihm das erzählte. »Diese Geschäftsführer sind doch alle Lügenmäuler. Bengalen machen nichts anderes als Politik. Alles ist hier politisch. Politik! Politik! Politik! Bla! Bla! Bla!«

»Du kannst die Bengalen wohl nicht leiden?«

»Doch. Sie sind in Ordnung.« Er lehnte sich in seinem Stuhl zurück, offenbar hatte ihn dieser kleine Ausbruch erschöpft. »Ich mache mir nur nichts aus Politik, Stewart. Da scheiß ich drauf. Aber ich mache mir viel aus Geld.«

»Nützlicher Rohstoff.«

»Haha – Rohstoff!« Mit einer lässigen Geste schlug er auf den Tisch. »Du gefällst mir. Du bist witzig.« Verschwörerisch beugte er sich zu mir. Sein Atem war würzig und süß zugleich. »Vielleicht hast du Lust, mit mir zusammen reich zu werden, hmm?«

Das Café als Ort der Verschwörung, so trat diese Institution als Erstes in Erscheinung, nachdem sie die religiösen Wurzeln hinter sich gelassen hatte. Und die übergroße Mehrheit dieser Verschwörungen waren politischer Natur. Allerdings hatte auch das Komplott zum Zwecke der Bereicherung, wie es Yangi gerade vorschwebte, eine lange Geschichte, von der eines der spannendsten Kapitel in den englischen Kaffeehäusern des 17. Jahrhunderts geschrieben wurde.

Es war einmal vor vielen Jahren, die meisten Europäer auf dem Kontinent glaubten noch, dass der Kaffee die Gehirnzellen austrockne, da war London die Kaffeehauptstadt der Welt. Etwa um 1680 gab es ein ganz bestimmtes Etablissement, Lloyd's Coffeehouse, in dem sich Hochseekapitäne und Kaufleute trafen, um die letzten Schiffsmeldungen zu erfahren. Damals gingen Schiffe mit unerbittlicher Regelmäßigkeit unter, und wenn dies geschah, war es jedes Mal ein großes Unglück für den Eigner. Eines Tages fingen einige Stammgäste bei Lloyd's an, Wetten darauf abzuschließen, welche Schiffe es bis in den Hafen schaffen würden. Blieb ein Schiff flott, verlor der Eigner die Wette und Lloyd's behielt sein Geld ein. Sank es aber, mussten die Burschen von Lloyd's für den Verlust aufkommen. »Kaffeehäuser wie Lloyd's schufen eine Atmosphäre, in der Ideen entwickelt wurden, wie sie in den nicht öffentlichen Gildehäusern und hirnvernebelnden Schankstuben nie hervorgebracht worden wären«, meint der Versicherungshistoriker F. H. Haines.

Zwar war Lloyd's damit nicht die erste Versicherung überhaupt, aber die erste moderne Version einer solchen. Da das Risiko nun kalkulierbar war, kam die Schifffahrt richtig in Schwung, und schon bald besaß Britannien die größte Handelsflotte der Welt. Den Burschen, die sich im Jerusalem Café trafen, ging es ebenfalls blendend, und ihre Gesellschaft, die East India Company, war schon bald die größte Reederei weltweit.

Nur Lloyd's Coffeehouse profitierte nicht davon. Inzwischen hatten die Kaufleute ihre Schalter zu kleinen Büros umgewandelt, und all das Kommen und Gehen führte dazu, dass kein Kaffee mehr ausgeschenkt werden konnte, sodass aus dem Café bald der Welt größte Versicherungsgesellschaft, Lloyd's of London, Ltd. geworden war.

Yangis »Geschäftspläne«, die er mir im Lauf der nächsten Wochen Stück um Stück enthüllte, waren nicht ganz so hochfliegend. Einer seiner Freunde war ein in der Nordwestprovinz Rajasthan lebender Künstler, der für eine Ausstellung in Paris eine Reihe angeblich antiker Bilder im Mogulstil malte. Nun stellte sich das Problem, dass Bilder, die als Antiquitäten verkauft werden sollten, offizielle Beglaubigungen brauchten, was enorme Exportsteuern zur Folge hatte. Ausländer hingegen durften Antiquitäten zu einem sehr viel niedrigeren Steuersatz ausführen, wenn sie nur als Geschenke deklariert waren. Sollte ich also bereit sein, einige der gefälschten »antiken Gemälde« dieses Freundes »als Geschenke« nach Paris zu bringen, und das rechtzeitig zu der geplanten Ausstellung, würde ich dreitausend Dollar dafür bekommen.

Mir gefiel die Vorstellung von Kunstschmuggel und Fälschung, das hatte so etwas Elegantes und Raffiniertes. Und ich hatte auch viel übrig für die Miniaturmalerei aus Rajasthan, Schmuckstücke mit Blattgold und phantastischen Tieren. Der Haken war allerdings, dass ich Yangi kein Wort glaubte.

»Wann wirst du denn in Paris sein?«, fragte er, nachdem er mir den Plan skizziert hatte.

»Vielleicht im Februar.«

Er schlug mit der Hand auf den Tisch. »Perfekt!«

Welch ein Zufall, ging es mir durch den Kopf. Plötzlich ergibt sich alles wie von selbst.

»Und würdest du es machen?«, fragte er. »Du würdest meinem Freund einen Riesengefallen damit tun ...«

»Hmmm ... es ist illegal.«

»Ja und nein. Du verkaufst die Gemälde. Sie gehören dir, also kannst du sie verkaufen, oder?«

»Aber das würde heißen, dass ich sie gekauft habe. Und ich dir also Geld dafür geben muss.«

Yangi machte eine wegwerfende Geste. »Nein, nein. Ich weiß nicht. Vielleicht wollen sie, dass du die Versicherung bezahlst, das wäre verständlich. Schließlich hast du die ganzen Gemälde in deiner Obhut.« Er strahlte mich glücklich an. »Sie sind wunderschön, echte kleine Juwelen. Wann kommst du nach Rajasthan?«

»Etwa im November.«

Nun schrieb er mir auf, wie ich zu einem bestimmten Café in der so genannten Rosa Stadt von Jaipur gelangen konnte. »Frag dort nach mir. Dann kannst du dich entscheiden.«

Ich hatte gar nicht vorgehabt, nach Jaipur zu fahren. Aber ich wollte den Plan auch nicht scheitern lassen. Die Vorstellung, mich als internationaler Kunstschmuggler zu betätigen, war schrecklich romantisch. Und dreitausend Dollar waren auch nicht zu verachten.

»Ich weiß nicht ...«

»Kein Problem!«, sagte er in seiner schleppenden Sprechweise und drückte mir die Wegbeschreibung in die Hand. »Wie du Lust hast. Wenn du in Jaipur bist, komm vorbei. Dir wird Jaipur gefallen«, flüsterte er. »Die Rosa Stadt!«

Die meisten Menschen denken bei Indien nicht an Kaffee. Chaotisch, schmutzig, ungebildet, faul, zerrüttet, arm und heruntergekommen – dazu noch abergläubisch! – gilt es eindeutig als ein Land der Teetrinker. Aber dennoch war Indien das erste nicht-islamische Land, in dem unsere geliebte Pflanze Wurzeln schlug. Das verdanken wir einem indischen Sufi namens Baba Budan, was Papa Budan bedeutet. Sein richtiger Name lautete Hazrat Shah Jamer Allah Mazarabi. Vor langer Zeit, niemand weiß mehr genau wann, unternahm Baba die Wallfahrt nach Mekka, wo er Sufis kennen lernte, die den Kaffee in ihre Riten einbezogen. Verständlicherweise beschloss Baba, diese wundersame Substanz mit nach Hause ins südliche Mittelindien zu bringen, um sie mit seinen Sufi-Brüdern zu teilen. Keimfähige Kaffeebohnen aus Mekka auszuführen wurde allerdings mit Enthauptung bestraft. Und so absolvierte Mr. B. zuerst die üblichen Mekka-Rituale: Er umrundete sieben Mal die Heilige Kaaba. Er küsste den Schwarzen Stein. Er trank aus der heiligen Quelle Zam-Zam. Und dann klebte er sich sieben grüne Kaffeebohnen auf den Bauch und schmuggelte sie nach Indien, um sie in großer Höhe im Bergland von Mysore einzupflanzen. Dies war die Basis für eine Produktion, die heute jährlich zweihunderttausend Tonnen beträgt, und lieferte außerdem dem holländischen Kapitän Adrian Van Ommeren den Ur-Setzling, mit dem er 1696 Indonesiens große Kaffeeplantagen begründete.[5]

Da ich so wenig über Baba wusste, fuhr ich von Kalkutta aus nach Süden in seine Heimat, ins Bergland von Mysor – eine Reise von fast zweitausend Kilometern, für die man mit dem Zug fünf Tage braucht. Aus dem Zug heraus registrierte ich die Unterschiede zwischen dem kaffeeliebenden Süden und dem teetrinkenden Norden. Die Bahnhöfe im Norden stanken nach Urin, waren schmutzig und mit obdachlosen Familien überfüllt. Eine nicht enden wollende Prozession von Bettlern schob sich durch die Gänge. Doch je weiter wir uns dem Süden näherten, desto seltener wurden die Bettler, desto sauberer die Bahnhöfe und desto pünktlicher trafen wir an unserem jeweiligen Bestimmungsort ein. Auch sahen die Menschen gesünder aus, was kein Wunder war, denn hier war die Analphabetenquote nur halb so hoch wie im Norden, Kaffeekonsum und Einkommen dafür doppelt so hoch.

Auch erlaubte der Service in den Zügen einen interessanten Blick auf die Folgen der Modernisierung im zweitgrößten Staat der Welt. Bisher wurden sowohl Tee als auch Kaffee von den Verkäufern in groben Lehmbechern serviert, die man nach Gebrauch mit dem Fuß zertrat, was Spaß machte, hygienisch und vollkommen biologisch abbaubar war. Doch mit dem verstärkten Aufkommen von Nescafé und ähnlichem Zeug ersetzen immer mehr schnapsglasgroße Plastikbecher diese traditionellen Gefäße. Ich fragte einen Verkäufer, was seiner Meinung nach geschehen würde, wenn sämtliche drei Milliarden indischer Bahnfahrer im Jahr zu Plastik übergegangen waren. Ob das nicht vielleicht ein kleines Müllproblem verursachen würde?

»Problem? Kein Problem!« Er zeigte auf einen Bettler, der weggeworfene Plastikbecher aufsammelte und in eine schmutzige Tüte stekkte. Ich beäugte die Tasse in meiner Hand. Hygiene kann auch reine Illusion sein, dachte ich. »Sehen Sie nur«, fuhr der Verkäufer stolz fort, »wir Inder sind Meister im Recycling.«

Mysore entpuppte sich als angenehm kühle Stadt mit breiten, schattigen Straßen und nur mäßigem Verkehr. Wir waren hingerissen. (Ich sage »wir«, weil ich mit meiner Freundin Nina zusammen unterwegs war, die aus Bescheidenheit nicht auf diesen Seiten erwähnt werden will.) Schon bald wurde ich mit den üblichen Falschinformationen konfrontiert: Baba sei ein muslimischer Heiliger gewesen. Nein, er war eine Hindu-Gottheit. Er war berühmt für seine Großzügigkeit. Er habe seine zahmen Tiger dazu dressiert, Kühe zu melken. Er hätte eine Bande wilder Affen seine Kaffeebohnen pflücken lassen. Eine Universität sei nach ihm benannt.

»Universität? Tiger? Unsinn«, sagte Mr. Chaterjee. »Es gibt lediglich den Tempel in Chickmagalur, und um die Wahrheit zu sagen, er ist eine Schande. Am besten fährt man gar nicht erst hin.«

Mr. Chaterjee, den ich in einem Café in Mysore kennen gelernt hatte, ähnelte ein bisschen einem wohlerzogenen Papagei. Aber er schien zu wissen, was Sache war. Und laut ihm gab es ungefähr dreihundert Kilometer entfernt tatsächlich einen Baba Budan gewidmeten Schrein. Doch da wir hier in Indien waren, war natürlich alles etwas verzwickter. Einerseits beteten zwar Muslime an diesem Baba-Schrein, andererseits war dieselbe Stelle, eine Höhle, auch ein Schrein für eine Hindu-Gottheit namens Dattatreya, die irgendwann einmal diese Höhle betreten hatte und mit deren Wiederkunft Anfang des neuen Jahrtausends gerechnet wurde.

»Aber wie gesagt, es ist eine Schande für das indische Volk«, warnte mich Chaterjee. »Bitte fahrt nicht hin.«

Das Problem war Babas Angewohnheit, seine Kleidung an Bettler zu verschenken, eine Tradition, die seine Anhänger fortführten, indem sie zuerst unter einem heiligen Wasserfall badeten und dann ihre Kleider für die Bedürftigen an Ästen hängen ließen. Leider vollzogen seine Verehrer diese Zeremonie in solchen Lumpen, dass selbst die Ärmsten der Armen sie nicht nehmen mochten und der Wald um den Schrein laut Chaterjees Worten inzwischen mit einem Meer aus dahinschimmelnden, verflohten Fetzen vollgehängt war.

»Es gab im *Deccan Herald* sogar einen Leserbrief zu diesem Thema.« Chaterjee zog einen Zeitungsausschnitt aus seiner Aktentasche. »Schau – mein Freund hat eine Verbesserung gefordert. Aber es gibt noch keine befriedigende Lösung.«

In dem Brief wurde verlangt, dass »die Behörden diesen heiligen Ort säubern« und zur offiziellen Pilgerstätte erklären sollten.

»So etwas ist hier ein Thema?«, fragte ich.

»Vielleicht nicht für jeden. Aber Baba war ein großer Heiliger.«

Chaterjee erzählte mir auch, dass er einmal in Kaffeegeschäften in einem Ort namens Shrevenoot gewesen war.

»Exzellenter Kaffee. Du weißt natürlich, dass in Karnataka die besten Bohnen der Welt gedeihen?«

»Ich habe davon gehört«, erwiderte ich höflich. »Obwohl ich den Kaffee hier ehrlich gesagt zu milchig finde.«

»Na ja, Milch ist eine völlig andere Sache.«

Ich ging darüber hinweg und erkundigte mich stattdessen nach dem Wahrheitsgehalt einiger Geschichten, die ich aufgeschnappt hatte.

»Weißt du irgendetwas darüber, wie Baba seine Tiger dressiert hat, Kühe zu melken?«

»Das ist nur Mythologie.«

»Wie das mit den Affen wohl auch.«

»Ich weiß nichts von Affen.«

»Du hast nicht gehört, dass er seine Affen angelernt haben soll, die Bohnen für ihn zu pflücken?«

»Auch so ein Quatsch.« Chaterjee trank einen Schluck Tee. »Es gibt natürlich die kaffeepflückenden Affen von Shrevenoot.«

Ich lachte. »Halt mal – es gibt also tatsächlich Affen, die zu Kaffeepflückern dressiert wurden?«

»Selbstverständlich nicht. Sie sind nicht dressiert. Es ist ein natürliches Phänomen. Sie pflücken die Kirschen vom Baum und fressen sie. Daraus gewinnt man dann Affenkaffee. Davon hast du doch bestimmt schon gehört?«

Darüber hatte ich tatsächlich etwas gelesen. Affenkaffee wurde im 19. Jahrhundert getrunken und stand im Ruf, das beste Getränk der Welt zu sein.

»Das gibt es also wirklich?«, vergewisserte ich mich.

»Aber ja, das ist doch allgemein bekannt. Ich habe gelesen, dass er in manchen Ländern als Delikatesse gilt.«

»Ja, das habe ich ebenfalls gelesen. Es soll daran liegen, dass die Affen nur die besten und reifsten Kirschen aussuchen, stimmt's?«

»So heißt es. Andere wiederum behaupten, dass es an einer chemischen Darmreaktion liegt.«

»Einer Darmreaktion?«

»Na ja. Die Affen fressen die Bohnen, und die passieren dann ihr Verdauungssystem. Erst dann ist es Affenkaffee.«

»Willst du damit sagen, es ist, ähm, Affendreck?«

»Wie gesagt, hier trinkt das niemand. Affen sind unreine Tiere.« Er rümpfte die Nase. »Aber in Shrevenoot war es ein Riesenproblem. Denn die Affen haben die besten Bohnen weggefressen.«

Ich wusste nie genau, ob ich diese Geschichte glauben sollte, bis ich viel später – wieder zurück in den Vereinigten Staaten – entdeckte, dass Affenkaffee seit neuestem als Gourmetkaffee im Angebot ist. Allerdings stammt er weder von Affen noch aus Indien, sondern von einem kleinen indonesischen Tier, dem Palmenroller[6], einem nachtaktiven Baumbewohner mit einer Vorliebe für frische Kaffeekirschen und den alkoholisch vergorenen Baumsaft, aus dem Palmwein gewonnen wird. Ob die Verdauungssäfte des Tiers den Bohnen (vielleicht aufgrund der vorwiegend alkoholischen Ernährung) ein spezielles Aroma geben oder der Grund einfach darin liegt, dass sie nur die besten, reifsten Kirschen fressen, jedenfalls soll der gereinigte Kot der Palmenroller nach Meinung vieler den besten Kaffee der Welt ergeben. Heutzutage kauft Japan das meiste davon auf, aber die US-amerikanische Firma M. P. Mountanos verkauft das Zeug unter dem Namen Kopi Luwak für vierhundert Dollar das Pfund, was die teuerste Tasse der Welt ergeben dürfte.[7] Eine andere Firma, Raven's Brew Coffee, verkauft das Viertelpfund für fünfundsiebzig Dollar und verschenkt dazu nach großartiger amerikanischer Sitte ein T-Shirt, auf dem sich die Tierchen mit einer Tasse unter dem Hintern abplagen. »Gut bis zum letzten Köttel«, lautet die Bildunterschrift.

Abgesehen vom zweifelhaften Vergnügen seines Affenkaffees produziert Indien beharrlich das widerlichste Kaffeegebräu der Welt. Denn Kaffee wird hier nie frisch aufgebrüht, sondern aus in Milch, Zucker und Muskat aufgekochten Instantflocken hergestellt. Am besten lässt sich das daraus entstehende Gemisch als widerlich süßer, kochend heißer Milchshake beschreiben. Die Erinnerung daran treibt mir noch heute Tränen in die Augen. Das Ganze ist nicht nur grässlich, sondern entbehrt jeglicher Logik. Denn sämtliche anderen tropischen Länder meiden Milchprodukte wie die Pest. Aber hier wird Milch kultisch verehrt. Wie kann ein Land mit solch exzellenter Küche sich denn mit einer solchen Perversion abfinden? Dieser Widerspruch war einfach nicht zu begreifen.

Doch als ich eines Tages eine einsame Wüstenstraße nahe bei Jodhpur entlangmarschierte, sollte mir eine Antwort zuteil werden.

»Komm, Freund«, sagte eine Stimme. »Komm trink.«
Ich hatte das kleine Haus am Straßenrand gar nicht bemerkt.
»Komm!« Der Mann auf der Veranda bedeutete mir, mich neben ihn zu setzen. »Tee!«
»Wie viel kostet das?«, fragte ich.

»Oh, nichts. Kein Preis. Umsonst. Komm, setz dich.« Er zeigte auf einen Hocker neben sich. »Es wartet auf dich.«

Der Mann war dick und hatte ein fröhliches Gesicht, vorne aus der Knopfleiste seines Hemds lugten Haarbüschel heraus. Ich setzte mich.

Er erzählte mir, dass sich in diesem Haus dreiundachtzig Stahlkannen mit Wasser befänden. »Das Metall hält die Flüssigkeit kühl«, erklärte er. »Sogar in der größten Hitze. Die beste Methode, um den Durst von Fremden wie dir zu löschen.«

Dies sei seine Geas, seine Pflicht, führte er aus, wie es zuvor die Pflicht seines Vaters gewesen sei. Sie müssten den Durst eines jeden vorbeiziehenden Fremden lindern, ohne sich daran zu bereichern.

»Der Mensch braucht im Leben nur drei Dinge«, erläuterte er. »Luft, Wasser und Essen. Ist es nicht wundervoll, dass Gott für ersteres, das Wichtigste, gesorgt hat, und das völlig umsonst?«

Meine Erinnerungen an diesen Tag sind völlig surreal. Ich weiß noch, dass Fliegen seinen Bart wie Juwelen zierten, sie krabbelten an seinem Gewand hoch und balancierten auf dem Rand meiner Teetasse. Ich erinnere mich an den Schmutz. Meine Tasse war geradezu Ekel erregend klebrig und von dunklen Rissen durchzogen. Und ich erinnere mich, dass ich dennoch trank.

Dann erwähnte er den Gott Krishna.

»Für das dritte Grundbedürfnis, das Essen, rackern wir uns den ganzen Tag ab, rennen hierhin und dorthin. Und warum? Wo wir doch nur stumpfe Zähne haben.« Er lächelte zu mir hinunter. »Verstehst du? Wir sind nämlich keine Fleischesser und sollten dem Beispiel des Gottes Krishna folgen und unsere Tage auf Erden genießen, indem wir die Früchte und Gemüse essen, die die Natur uns schenkt, und die Milch der Kühe trinken, die uns überall begegnen.«

Krishna ist der Name, den diese orange gekleideten Typen auf den Flughäfen in endlosem Singsang wiederholen, ein koketter Gott, der Späße und gutes Essen schätzt – insbesondere Milch, Sahne und süße Butter. Als Kind verdarb er sich laufend den Magen, weil er öfter mehr als fünfzig Liter Sahne auf einmal trank. Als er älter wurde, begann er mit langen, kompliziert gereimten Predigten das Credo einer universellen Liebe zu verbreiten. Die Kuh behielt einen besonderen Platz in seinem Herzen. Kühe, so lehrte er, sind schön. Sie sind von lieblichem Naturell. Ihre Milch ist voller Vitamine. Mit Liebe behandelt, wird Butter, Sahne oder Quark daraus. Werden ihre Exkremente fachmännisch getrocknet, liefern sie exzellenten Brennstoff für den Herd. Kurz gesagt, die Körperöffnungen der Kuh sind reinste Quellen der Freude und liefern, was zum Leben notwendig ist. Und alles, was daraus träufelt, tropft oder trieft, ist gut – sowohl für den Köper als auch für das Karma.

Jetzt endlich verstand ich die indische Art der Kaffeezubereitung. Jede Religion hat ihr heiliges Getränk. Bei den Christen und Juden ist es der Wein, bei den Buddhisten der Tee (der einer Wimper Siddhartas entsprossen sein soll), bei den Muslimen der Kaffee. Und für die Hindus ist es die Milch ihrer heiligen Kühe. Was mich bisher verwirrt hatte, fand plötzlich eine Erklärung: Warum ein Mann einen Kaffeesieder dafür gerügt hatte, »Wasser in seine Milch zu schütten«; die riesigen Fässer fettreduzierter Sahne, aus der man einen »Spezialkaffee« braute; die Verblüffung der Verkäufer, wenn ich meinen Kaffee schwarz verlangte.

Jeder Fremde hat in Indien seine Erleuchtung. Dies war die meine. Der dicke Mann war mein Guru.

»Und deshalb, Baba, schüttet der Inder viel zu viel Milch in den Kaffee?«, fragte ich.

»Ja, mein Sohn.« Missbilligend schnalzte er mit der Zunge. »Aber du solltest nur Tee trinken. Kaffee ist ein bitteres Gebräu, das die Gedärme in Aufruhr bringt.«

mutter kalkutta

»Beständig benahm er sich
'Fantee', beschäftigte sich also
mit der Magie der Eingeborenen,
an die doch selbstverständlich
niemand mit gesundem
Menschenverstand glaubt.«
*Schlichte Geschichten aus
Indien,* »*Miss Youghals Sais*«

Als Rudyard Kipling dies 1886 schrieb, bedeutete »zum Eingeborenen werden« (oder »sich Fantee benehmen«), dass ein Engländer in aller Öffentlichkeit im Pyjama herumlief. Das erste Anzeichen, dass ich begann, mich zum Eingeborenen zu entwickeln, war meine »Erleuchtung« nahe Jodhpur. Das nächste war der immer brennender werdende Wunsch, mir ein Paar purpurfarbene Nylonhosen zu kaufen. Die sieht man in Indien ziemlich häufig, und so sehr ich mich gegen den Drang wehrte, ich erlag ihm schließlich doch, und zwar in Bikaner, einer Stadt in Rajasthan, in der lebende Ratten verehrt werden. Eigentlich kann man einen solch geschmacklosen Kauf kaum entschuldigen. Zu meiner Verteidigung kann ich lediglich vorbringen, dass meine Freundin Nina, die mich sonst sicher durch die trügerischen Gefilde der Mode geleitet, in die Staaten zurückgeflogen war. Zudem hatte mich eine Krankheit zu einem Schatten meines früheren Selbst gemacht. Ich hatte fast zwanzig Kilo abgenommen, beinahe ein Drittel meines Gewichts, und war sowohl körperlich als auch geistig ziemlich geschwächt. So geht es vielen Reisenden hier, und bestimmt trägt es dazu bei, dass so viele Leute aus dem Westen in Indien religiöse Anwandlungen bekommen.

Glücklicherweise beschränkte sich meine Bekehrung aber auf die Mode. Ich kam mir ziemlich schick vor, als ich in Jaipur ankam: In leuchtenden Hosen, mit schmutzigen Sandalen und meinem Strohhut, der mittlerweile fast nur noch aus staubigen Lederflicken bestand.

»Tolle Hosen«, war Yangis erste Bemerkung. »Du siehst echt stark aus.«

Nachdem er mich einem Sikh namens Happy vorgestellt hatte, dessen Gesicht von Aknenarben verunstaltet war, führte er mich durch ein Labyrinth von Gässchen zu einer kaum mehr als einen halben Meter hohen Tür. Wir krochen hindurch und kamen in einen langgestreckten, leeren Raum, an dessen gegenüberliegender Wand sich eine weitere winzige Tür befand. Wir quetschten uns auch dort hindurch und standen nun im Atelier seines Freundes, einer fensterlosen Kammer, die mit leuchtend bunten Rajasthani-Miniaturen ausgekleidet war. Sie stellten sprechende Ratten und elefantenköpfige Gottheiten dar. Es war, als hätte man einen Rubin mitten in einem Misthaufen gefunden, so glänzte all das Blattgold und strahlte das Rot im Kerzenlicht. Ich war hingerissen.

Wie bereits erwähnt, bestand die Abmachung darin, dass ich diese »antiken« Gemälde (sprich Fälschungen) dem Künstler, der sie in Paris ausstellen wollte, zu einem bestimmten Termin überbringen sollte. Dafür sollte ich Geld bekommen, und er würde die horrenden Steuern für die Ausfuhr von Antiquitäten sparen.

Geschäfte in diesem Teil der Welt sind eine langwierige, komplizierte und unlogische Angelegenheit. Ich will hier nicht sämtliche Details schildern, wie etwa mein Treffen mit dem Engländer, der schon einmal eine ähnliche Transaktion abgewickelt hatte. Oder die bizarre Zeremonie im Tempel des Affengottes mit der Kokosnussschale der Freundschaft. Auch auf meine Begegnung mit einem »Beamten«, der mir die nötige Unterschrift gab, will ich nicht näher eingehen.

Ich überspringe also drei Tage bis zu dem Moment, als ich in einem schmuddeligen Geschäft in einer Seitengasse Kreditkartenbelege über zwölfhundert Dollar für ein Paket mit Bildern unterschrieb, die ich eigentlich nie zu Gesicht bekommen hatte. Das Paket wurde dann auf meinen Namen postlagernd zur Pariser Hauptpost geschickt.

»Im Februar musst du es abholen«, mahnte mich Yangi, als wir uns verabschiedeten. »Bis morgen in Delhi.«

Zu meinen eindrücklichsten Erinnerungen an Indien gehören schlichte Rikschafahrten, Fahrten wie jene, die ich an diesem Tag unternahm – mitten durch Träger, die drei Meter hohe Bündel auf dem Kopf balancierten, zwischen Eselskarren und muhenden Kühen hindurch, überholt von verrückten Tuk-Tuks (dreirädrigen Motorrädern), und zwischen all dem trottete hier und da ein Elefant. Meine Fahrt zum Bahnhof an diesem Tag hat sich mir besonders eingeprägt, denn als wir uns dem Bahnhof näherten, schälte sich ein Motorroller mit zwei Sikhs aus dem Chaos heraus und schloss längsseits meiner Fahrradrikscha auf.

»He, du da«, schrie der dicke Sikh auf dem Sozius. »Amerikaner, kennst du mich?«

»Sollte ich?«, rief ich zurück. Alle Sikhs tragen, den Geboten ihrer Religion entsprechend, den gleichen Turban. Wenn mir einer begegnet, habe ich daher oft das Gefühl, ihn erst vor kurzem irgendwo gesehen zu haben.

»Wir haben uns in dem Café getroffen – Freund von Yangi!« Tatsächlich hatte mir Yangi einige Sikhs vorgestellt. »Du hast ihm Geld gegeben, stimmt's?«

Bei dem Wort Geld wandte sich mein Fahrer, neugierig geworden, um.

»Kann schon sein.«

»Tut mir leid, aber dein Geld siehst du nie wieder«, schrie der Sikh. »Ich wollte dich nur warnen.«

Wir wichen beide nach rechts aus. Ein Elefant, beladen mit Palmblättern, trottete vorbei. Ich bezwang den Drang, mich zu übergeben.

»Danke!« schrie ich. »Aber das kommt ein bisschen spät, meinst du nicht?«

Er hob die Schultern. »Er ist ein alter Freund von mir.« Ein ganzer Schwarm schwarzgelber Tuk-Tuks knatterte vorbei. »Wie viel hast du ihm gegeben?«

»Zuviel«, rief ich. »Rutsch mir den Buckel runter.«

Er grinste nur und verschwand im Verkehrsgewühl. Sofort wies ich meinen Fahrer an, das nächste Telefoncafé anzusteuern, wo ich versuchte, die Auszahlung zu stoppen. Wie befürchtet, war das nicht möglich. In einem Wutanfall zerstörte ich meine Kreditkarte. Mit so etwas konnte ich offensichtlich nicht umgehen. Während der vierstündigen Rückfahrt nach Delhi überlegte ich fieberhaft, wie ich mir mein Geld wiederbeschaffen könnte. Aber sie hatten mich gründlich geleimt. Ich konnte weder Yangi erreichen, noch die Auszahlung verhindern. In diesem Gewirr von Gässchen, durch das sie mich geführt hatten, würde ich den Maler nie und nimmer wiederfinden, ebenso wenig den Laden, in dem ich meine Karte eingesetzt hatte. Noch nie war ich mir so blöd vorgekommen. Was für ein Idiot ich doch war! Schwachkopf, Schwachkopf, Schwachkopf tönte es ununterbrochen in mir. Die Vororte von Delhi glitten am Fenster vorbei; Lehmhütten, verputzt mit getrocknetem Kuhdung, Kinder in Lumpen, faulig stinkende Tümpel, in denen schwarzes Wasser stand. Da sah ich mein Spiegelbild in der Scheibe aufleuchten. Mir war eine Idee gekommen.

Den nächsten Tag verbrachte ich in dem Café, in dem ich mich zuletzt mit Yangi getroffen hatte. Die Wartezeit vertrieb ich mir mit einem *Jeeves*-Roman von P.G. Wodehouse. Als ich auf Seite 89 angelangt war, saß mir am Tisch plötzlich Yangi gegenüber.

»Ich wusste, dass ich dich hier finden würde«, sagte er gedehnt.

Einen Augenblick lang wurde ich unsicher. Hatte ich den Mut, meinen Plan durchzuziehen? Dann sprang ich auf.

»Yangi!«, rief ich außer mir. »Was geht da eigentlich vor?«

»Was soll sein? Ich bin etwas spät dran. Wir hatten eine Autopanne.«

»Ach, wirklich? Und kannst du mir vielleicht auch verraten, warum mich gestern abend die Polizei in meinem Hotel erwartet hat?«, blaffte ich ihn an. »Hast du dafür vielleicht eine Erklärung?«

»Die Polizei? Wieso denn die Polizei?«

»Willst du behaupten, du weißt nichts davon?«

»Was soll ich denn wissen?« Er wirkte gekränkt. »Nein, natürlich nicht ...«

Folgende Geschichte hatte ich mir ausgedacht: Kaum hatte ich in Delhi mein Hotel betreten, als auch schon fünf Polizisten über mich herfielen und mich auf die nächstgelegene Polizeiwache schleppten, wo sie mich die ganze Nacht über meine »Aktivitäten« in Jaipur befragten. Ob ich dort etwas gekauft hätte? Ob ich Freunde hätte in Jaipur, Sikhs? Ob ich letzte Woche per Post irgendwelche Pakete ins Ausland geschickt hätte? Das Verhör hätte bis zwei Uhr morgens gedauert, erzählte ich Yangi.

Der war völlig verdattert.

»Was hast du ihnen gesagt?«

»Nichts, rein gar nichts – aber sie haben mich wegen Steuern befragt.«
»Steuern?«
»Ja.« Ich senkte die Stimme. »Und Drogen.«
»Drogen?« Er bekam große Augen. »Aber wie kommen sie denn auf Drogen?«
»Woher soll ich das denn wissen? Aber sag du mir – waren vielleicht Drogen in dem Paket?«
»Nein, keine Drogen! Drogen ganz bestimmt nicht!« Er stöhnte auf. »Das ist ja völlig verrückt!«
»Ich habe dich geschützt, weißt du«, fuhr ich fort, »ich habe alles abgestritten – aber wenn da wirklich Drogen drin waren ...«
»Nein, nein. Du hast doch selbst gesehen ...«
»Eben nicht. Erinnere dich, ich habe nie in das Paket geschaut.« Plötzlich kam mir eine Idee. »Hast du die Bilder selbst eingepackt?«
»Nein. Der Gehilfe des Malers hat das gemacht.« Er sah nicht gerade glücklich aus. »Ob er vielleicht ... nein, das ist absurd. Da waren keine ... keine Drogen.«
»Die Polizei hat dauernd von Heroin aus Pakistan geredet.« Jaipur ist ein bekannter Umschlagplatz dieser Droge.
»Heroin?«
»Könnte sonst jemand Heroin in die Kiste getan haben?« Ich tat nun einfach so, als stünde das fest. »Und wie hat die Polizei mein Hotel herausgefunden? Nur du und Happy wussten, wo ich wohne.«
»Nein, nein, nein.« Er legte den Kopf in die Hände. »Ich verstehe nicht, wie das passieren konnte ...«
Ich redete weiter auf ihn ein. Yangi war fix und fertig.
»Hör mal«, sagte ich schließlich. »Eigentlich ist das doch alles kein Problem. Solange keine Drogen im Spiel sind.« Ich legte ihm die Hand auf die Schulter und sah ihm tief in die Augen. »Du schwörst, dass keine Drogen drin waren?«
»Ja, ja, ja doch ...«
»Kein Heroin?«
»Nichts, rein gar nichts!«
»Dann ist es auch kein Problem. Sie haben nichts in der Hand. Ich

habe keine Namen genannt.« Das schien ihn zu erleichtern. Da schnippte ich mit den Fingern, als würde ich mich an etwas erinnern. »O nein ...«

»Was denn?«

»Ich habe doch hoffentlich nicht mit Kreditkarte bezahlt, oder?«

»Doch, mit der Karte ...«

»Dann haben wir ein Problem.«

»Aber es ist kein Verbrechen, eine Kreditkarte zu benutzen.«

»Nein. Bloß habe ich ihnen gesagt, ich hätte in Jaipur nichts gekauft. Jetzt wissen sie, dass ich gelogen habe.« Ich schüttelte betrübt den Kopf. »Hätte ich doch nur bar bezahlt.« Ich machte eine Pause. »Ihr habt die Belege natürlich schon eingereicht?«

»Ja, heute morgen.«

»Pech. Hätten wir sie noch rechtzeitig zurückbekommen, hätte ich dir stattdessen Bargeld geben können.«

Yangi spitzte die Ohren. »Bargeld?«

Ein paar Minuten später war er auf dem Weg nach Jaipur, um zu versuchen, die Belege zurückzuholen. Er versprach, mich am nächsten Tag wieder hier zu treffen, gleich, ob es ihm gelungen war oder nicht. Bevor er davoneilte, gab er mir noch einen Rat.

»Vielleicht ist es besser, wenn du Indien verlässt, Stewart.« Er ergriff meine Hand. »Vielleicht ist das sicherer für dich.«

»Ich kann nicht«, sagte ich mit gespielter Verzweiflung. »Die Polizei hat mir den Pass abgenommen.«

Mein Plan war, die Belege zurückzubekommen, sie zu zerreißen und mich mit der nächstbesten Maschine aus Indien abzusetzen. Das Problem war, dass ich fast kein Bargeld mehr hatte, und da ich meine Kreditkarte unbrauchbar gemacht hatte, konnte ich kein Ticket bezahlen.

Die nächsten beiden Tage verbrachte ich damit, ganz Delhi nach einer Möglichkeit abzuklappern, an ausländisches Geld zu kommen. In einer Straße, durch die ich Dutzende von Malen kam, lag, von Fliegen umschwirrt, ein schrecklich ausgemergelter Mann. Er starb; ich kannte diesen Blick von meiner Arbeit bei Mutter Teresa. Aber wie all die vielen tausend anderen Menschen ging ich achtlos an ihm vorüber. Ich interessierte mich nur für mein Geld.

Yangi und ich hatten uns im Wimpy-Hamburgerrestaurant am Connaught Place verabredet. Dieses Mal war er pünktlich. Außerdem hatte er Happy im Schlepptau, dazu einen muskelbepackten »Freund«, den ich noch nie zuvor gesehen hatte. Sie erklärten mir, die Zahlung sei bereits durch und es gäbe keine Möglichkeit, sie rückgängig zu machen. Dann nahmen sie mich ins Gebet. Sie wollten genau wissen, was die Polizei mich gefragt hätte, in welcher Wache wir gewesen seien und was für eine Uniform die Polizisten getragen hätten. Ich spürte deutlich, dass Yangi meine Geschichte anzweifelte. Also log ich, dass sich die Balken bogen, baute spontane Einfälle und Halbwahrheiten ein. Ich legte sogar noch einen drauf, indem ich behauptete, die Polizei hätte mir noch einmal ihre Aufwartung gemacht und mir weitere Fragen gestellt. Zum Beweis präsentierte ich ihnen ein gefälschtes Dokument, das angab, meine Kreditkarte sei von der Polizei gesperrt worden.

Die Jungs waren perplex.

»Aber warum das denn?«

»Woher soll ich das wissen?«, fragte ich. Dann zog ich meinen Pass hervor. »Aber wenigstens haben sie mir den zurückgegeben.«

So ging die Lügerei noch eine Stunde weiter. Sie forderten mich auf, mit ihnen zur Polizeiwache zu gehen; ich verlangte, sie sollten mir zuvor einen Anwalt besorgen. Sie behaupteten, den hätten sie; ich sagte, ich wolle ihn erst sprechen.

Schließlich war das Verhör zu Ende. Eine Pause trat ein, und Happy zog einen Umschlag aus seiner Tasche.

»Wir wollen dir etwas zeigen.« Er zog die Kreditkartenbelege hervor.

»Also sind die Belege doch nicht eingereicht worden.« Ich schaute Yangi in die Augen. »Du hast mir nicht geglaubt?«

Er hob nur die Schultern.

»Kann ich sie mal sehen?«, fragte ich.

Alle drei gingen in Lauerstellung, als Happy sie mir zögernd reichte. Die Belege waren vollzählig. Jetzt brauchte ich sie nur noch zu zerreißen. Was konnten sie schon dagegen tun? Das halbe Restaurant, einschließlich der Wachleute, schaute zu uns herüber. Sie hätten es nicht gewagt, Hand an mich zu legen. Doch ... ich zögerte. Von der vergangenen halben Stunde mit all der Lügerei, den Lügen über die Lügen, die neue Lügen vorbereiteten, war mir ganz schwindelig geworden. Meine Spielernatur ging mit mir durch; mein Ziel war jetzt nicht mehr, mein Geld zurückzugewinnen, sondern zu beweisen, dass ich der ausgebuffteste Zocker am Tisch war.

»Hier.« Ich gab Happy die Belege zurück. »Wenn ihr glaubt, die Sache ist sicher, löst sie ein. Puh, ich muss mal kurz verschwinden.«

Als ich zurückkam, zischelten Happy und Yangi wie zwei Teekessel, Yangi machte ja, ja, ja, Happy nein, nein, nein. Ihr »Freund«, dem nur die Aufgabe zukam, mich bei Bedarf zu vermöbeln, hielt sich bedeckt.

»Wir wollen dir noch etwas zeigen«, sagte Yangi, als ich mich wieder setzte. Wieder holte er die Kreditkartenbelege hervor und zerriss sie.

Happy schlug die Hände vors Gesicht und stöhnte auf.

Ihr neuer, verbesserter Plan sah Folgendes vor: Sie würden Fälschungen der Originalgemälde anfertigen (das heißt von den originalen Fälschungen) und sie den Leuten aushändigen, die im Hintergrund die Fäden zogen, zusammen mit einem Brief von mir, der erklärte, ich würde ihnen hiermit die Gemälde vereinbarungsgemäß abliefern. Dann würde ich in Paris die Originalfälschungen der »Antiquitäten« möglichst teuer verscherbeln. Wir drei würden uns den Gewinn teilen. Ihrer Meinung nach konnte ich die Gemälde für etwa zehntausend Dollar losschlagen.

Der einzige Haken an der Sache war, dass es ungefähr achthundert Dollar kosten würde, die neuen Fälschungen anfertigen zu lassen. Vierhundert konnten sie aufbringen, aber den Rest sollte ich berappen.

Ich tat so, als würde ich mitspielen, während ich nur daran dachte, mich mit dem nächsten Flieger aus Indien abzusetzen. Aber schließlich gab ich ihnen doch das Geld. Wenn sie mich wirklich leimten, so hatte ich doch zuvor sie geleimt. In diesem Sinne waren wir also quitt. Aber falls nicht, dann hätte ich sie übel reingelegt, und vierhundert Dollar waren nicht allzu viel, um mir die Gewissheit zu verschaffen, unschuldige Leute nicht um eine Summe betrogen zu haben, die in Indien ein kleines Vermögen darstellt. Und ich fühlte mich Yangi immer noch verbunden. Er war es gewesen, der Happy überredet hatte, die Kreditkartenbelege zu zerreißen, da war ich mir ganz sicher. Bevor ich mich endgültig verabschiedete, bat ich ihn noch um einen letzten Gefallen.

»Wenn das alles nur Schmu gewesen ist und ich gar nicht dringend nach Paris muss, um die Gemälde abzuholen, schick mir diese Postkarte«, sagte ich und überreichte ihm eine frankierte Karte mit meinem Namen, adressiert an das Hauptpostamt von Sana'a im Jemen. »Ich bin dann schon nicht mehr im Land und kann euch keine Scherereien mehr machen.«

die rote
kaffeekanne

> Kaffee muss schwarz sein wie die Hölle, stark
> wie der Tod und süß wie die Liebe
> *Türkisches Sprichwort*

Eben das war die Postkarte, die ich zwei Monate später in Sana'a erhielt. Yangi teilte mir darauf mit, dass unser »Geschäft« noch am Laufen war. Ich musste also den Plan aufgeben, die alte Gewürzstraße entlang in die Türkei zu reisen und stattdessen den Flieger nehmen.
Obwohl ich also viele gute Gründe hatte, nicht den Landweg zu nehmen, überkamen mich doch Schuldgefühle, als ich über die arabische Halbinsel hinwegflog. Ich hatte mir so fest vorgenommen, auf dem gleichen Weg zu reisen, auf dem auch vier bis zehn Jahrhunderte zuvor der Kaffee gekommen war. Dies war nun doch etwas ganz anderes. Zum Ausgleich versuchte ich mir vorzustellen, wie ich dort unten durch die Wüste stapfte und mich die Hitze und der Durst plagten, den dort einstmals die Kaffeekarawanen erdulden mussten. (»Stewardess? Könnte ich noch etwas Eis für meine Cola haben, bitte?«) Dabei hielt ich Ausschau nach Trilithen, alten steinernen Wegzeichen, die immer noch die Routen der Karawanen vom Jemen nach Mekka markieren. Ich trieb es sogar so weit, mir auszumalen, der labbrige Kaffee aus der Bordküche sei echter Beduinen-Qahwa und die Stewardess eine nubische Kaffeesklavin.
Aber es war einfach nicht dasselbe.

Als das Flugzeug in der Hafenstadt Izmir landete, ging dort gerade eines der schlimmsten Unwetter seit Jahrzehnten nieder. Ich nahm sofort den nächsten Zug nach Konya. Vierundzwanzig Stunden später stieg ich aus meinem Waggon und kletterte in den erstbesten Bus, der in die Stadt fuhr. Der Regenschleier war so dicht, dass ich kaum etwas sehen konnte, aber nach zwanzig Minuten hatte ich das Gefühl, wir müssten im Zentrum angekommen sein, und stieg aus. Da ich kein Wort Türkisch spreche, hielt ich dem Gehilfen des Fahrers einfach meine geöffnete Geldbörse hin, und nachdem er mir einen erstaunten Blick zugeworfen hatte, nahm er sich das Fahrgeld. Anschließend sprang er aus dem Bus, fasste mich an der Schulter und gab mir einen leichten Klaps.

Der Regen war eiskalt. Alles versank im Schlamm. Aber niemand belästigte mich. Die Freundlichkeit der Türken, denen ich bislang begegnet war, setzte mich in Erstaunen. Da hatte ich nun Sodomie und *12 Uhr nachts* erwartet, stattdessen ging es hier zu wie im Mädchenpensionat. Das ganze Flugzeug hatte applaudiert, als unser Pilot in Izmir die Maschine sicher gelandet hatte! Der einzige Wermutstropfen waren die Warnungen eines Mitreisenden gewesen, der mir erzählt hatte, in Konya wären Hotels so rar, dass ich wohl am ehesten im Gefängnis eine Schlafstelle finden würde.

»Mein Freund«, sprach mich jemand auf Englisch an. »Wo willst du hin?«

Ein Junge in einer Lederjacke verstellte mir den Weg. Ich sagte ihm, ich wüsste nicht, wo ich unterkommen könnte. Er führte mich zu einem baufälligen Haus, das nach Urin stank. Man zeigte mir ein Zimmer mit einem Holzofen. Eine Million Lira, hieß es. Eine Million?, dachte ich schläfrig. Dann fiel mir ein, dass das ja nur fünf Dollar waren. Besser als Gefängnis, dachte ich, als ich mich auf die raue Wolldecke legte. Im nächsten Augenblick war ich schon eingeschlafen.

Franzosen, Holländer und Äthiopier streiten sich um die Ehre, den Kaffee zur populärsten Droge der Welt gemacht zu haben. Dabei fällt sie ganz klar den Türken zu. Sie hatten in der Blütezeit des Kaffees den Hafen von Mocha kontrolliert. Es war ein türkischer Botschafter gewesen, der die Franzosen mit dem Kaffee bekannt gemacht hatte. Die abziehenden türkischen Truppen hatten vor den Toren von Wien jene schicksalhaften Säcke voller Kaffeebohnen hinterlassen, und türkische Kaufleute waren es gewesen, die die gesamte Adriaküste in Abhängigkeit gebracht hatten.

Ich war jedoch wegen unserer alten Freunde, der Sufi-Mystiker, nach Konya gekommen. Es waren die Sufis aus dem Jemen gewesen, die den Kaffee entdeckt hatten, und die türkischen Sufis hatten ihn in ganz Nordafrika und im Nahen Osten verbreitet. Konya war der Sitz der berühmtesten Sufi-Bruderschaft, der Mewlanas, bekannt als die tanzenden Derwische, die sich erst mit einer Kanne zeremoniell zubereiteten Kaffees laben, um dann stundenlang im Kreis umherzuwirbeln und sich in religiöse Ekstase zu bringen. In der Woche, in der ich nach Konya kam, fand gerade ihr größtes Fest statt, die »Hochzeitsnacht«, mit der sie den Todestag ihres vor siebenhundert Jahren verstorbenen Gründers begehen.

Als ich erwachte, hatte ich vollkommen die Orientierung verloren. Alles, woran ich mich von meiner gestrigen Fahrt erinnerte, war die Ebene um Konya, ein Meer aus Grün, das sich in endlosen Wellen bis in die graue Dämmerung hinein erstreckte. Keinerlei Erinnerung hatte ich dagegen daran, wie ich aus dem Zug gestiegen oder ins Hotel gekommen war. Auf meinem Bett lag eine Visitenkarte.

> ***Hervorragende Qualität!***
> ***Unschlagbare Preise!***
> ATATÜRK SHOPPING CENTER
> **Türkische Teppiche**

Da fiel es mir wieder ein: Die hatte mir der Junge gegeben, der mich hierher geführt hatte. Er verkaufte also Teppiche. Mir stand der Sinn mehr nach Frühstück.

»Mein Freund!« Draußen wartete der Junge auf mich. »Hast du gut geschlafen?«

Ich warf ihm einen finsteren Blick zu. Woher wusste er, dass ich geschlafen hatte?

»Achmed ist mein Name. Kommst du mit zu meinem Laden, einen Tee trinken? Ist ganz hier in der Nähe.«

»Ja, hmm ...«, antwortete ich. »Du hast einen Teppichladen, oder?«

»Ja – aber ich will nichts verkaufen! Geld ist nicht alles!«

»Da sind wir uns einig.« Ich legte ihm die Hand auf die Schulter, um ihn gegen die schlechte Nachricht zu wappnen. »Weißt du, ich bin nicht im geringsten daran interessiert, einen Teppich zu kaufen.«

»Natürlich!« Er versuchte sich aus meinem Griff zu winden. »Kein Problem!«

Ich packte ihn noch fester. »Nein, nein. Ich komme gerne auf einen Schwatz vorbei. Ich trinke auch mit dir Tee. Aber ich kaufe keinen Teppich.«

»Ja, ja ...«

»Auch keinen Kelim und keinen Gebetsteppich ...«

»Nein ...«

»Und auch keinen Schal.«

»Keine Schals!«

»Ich habe es dir also deutlich gesagt, und du hast mich verstanden?«

»Jajaja! Keine Schals kaufen. Jetzt komm!«

Das Ende vom Lied war, dass ich mit dem Ladenbesitzer, einem trübsinnigen Mann mittleren Alters, Tee trank. Wir sprachen über die Geschäfte (»Furchtbar!«), dann über das Wetter (»Entsetzlich!«). Um ihn ein wenig aufzuheitern, erzählte ich ihm von New York. Jedermann trägt dort eine Schusswaffe, sagte ich ihm. Alle sind ständig von Drogen benebelt. Es ist ganz normal, dass sich jemand durchs Fenster schwingt und einen ausraubt, während man bei Tisch sitzt.

Er schüttelte entsetzt den Kopf. »Aber es kommen doch immer noch Touristen?«

»Ich kann es nicht empfehlen«, antwortete ich. »Es ist wirklich viel zu gefährlich. Und erst die Preise!«

Ein Junge brachte uns Tee auf einem Tablett.

»Zum Beispiel?«, fragte er. »Eine Tasse Tee kostet wie viel?«

»Dreihunderttausend Lira«, antwortete ich. Ein Dollar fünfundzwanzig. »Aber warum trinkst du überhaupt Tee? Ich dachte, die Türken trinken nur Kaffee.«

»Nein, vielleicht früher. Heutzutage trinken sie Tee. Das ist unsere Kultur.« Er schüttelte traurig den Kopf. »Die Türkei ist jetzt ein modernes Land.«

»Das ist der Lauf der Dinge. Aber man hat mir gesagt, dass sich in der guten alten Zeit, im osmanischen Reich, eine Frau von ihrem Mann scheiden lassen konnte, wenn er sie nicht mit genügend Kaffeebohnen versorgte. Kennst du diese Geschichte?«

»Bohnen?«

»Ja, du weißt schon.« Ich zeichnete die Form in die Luft.

»Sie sehen ...«

»Ja, ja. Ich weiß, was Bohnen sind.« Er machte einen angewiderten Eindruck. »Das ist das Lächerlichste, was ich je gehört habe.«

Und damit wandte er sich einem anderen Gesprächspartner zu und beachtete mich nicht weiter. Er sah nicht einmal auf, als ich ging. Ich fragte Achmed, der vor dem Laden herumlungerte, ob ich seinen Boss mit der Frage nach den Bohnen beleidigt haben könnte.

»Bohnen?« Er hob die Schultern. »Wer weiß? Hör zu, mein Freund. Da ist ein französisches Mädchen in deinem Hotel.«

»Wirklich?«

»Ja – wenn ich es dir doch sage! Du hilfst mir, sie zu schnappen, ja?« Er legte mir den Arm um die Schulter. »Du schnappst sie dir und bringst sie hier in den Teppichladen für mich? Wir schnappen sie gemeinsam!«

»Ich werd ihr sagen, dass du ein Auge auf sie geworfen hast«, dämpfte ich seine Hoffnungen. »Jetzt lass uns über die Derwische reden ...«

»Karten gibt es im Distadyum.«

»Distadyum?« wiederholte ich. »Was soll denn das sein?«

»Distadyum!« wiederholte er und machte dazu mit beiden Händen eine Bewegung, als würde er einen Ball in Richtung eines Korbs werfen. »Distadyum! Biskuitball.«

Die tanzenden Derwische hielten ihre Gebetszeremonien in einem Basketballstadion ab? Erst dachte ich, dies wäre eine spezielle Touristenvorstellung, doch wie ich dann erfuhr, war das der einzige Veranstaltungsort, an dem die türkische Regierung die Zeremonie erlaubte. Die tanzenden Derwische waren 1925 vom Vater der modernen türkischen Republik, Mustafa Kemal Atatürk, verboten worden. Als Mustafa Kemal Atatürk an die Macht kam, schaffte er Sultanat und Kalifat ab und betrieb eine Europäisierung der Türkei. Er verordnete eine

Sprachreform, verbot das Tragen von Bärten und legte das Wochenende vom islamischen Freitag auf den Sonntag. Die tanzenden Derwische, ein Symbol der alten Verhältnisse, wurden kurzerhand verboten und die Ausübung ihres Rituals auf eine einzige Vorstellung jährlich in Konya beschränkt, die sich zudem als »Volkstanz« ausgeben musste.

Dies zu wissen half mir, einen Vorfall zu verstehen, dessen Zeuge ich später im Mewlana-Museum wurde, das der Geschichte der tanzenden Derwische gewidmet ist. Es begann damit, dass eine ältere Frau, die ihr Gesicht mit einem schwarzen Schleier verhüllte, am Eingang des Museums auf die Knie sank und einen Singsang anstimmte. Sofort eilten zwei Wächter herbei und zogen sie hoch. Nach einer hitzigen Diskussion gewährten sie ihr Einlass. Ich bemerkte, dass ihr ein Wachmann in Zivil auf Schritt und Tritt folgte, an ihrem Schleier zupfte und ihr ins Ohr zischelte. Schließlich drückte sie ihm etwas in die Hand, und er verschwand. Ich hatte einen türkischen Geldschein aufleuchten sehen – Bakschisch.

Auch bemerkte ich einige Leute, die diskret vor einem überreich geschmückten Sarg beteten, auf dessen einem Ende ein über ein Meter hoher Turban thronte. Wie ich erfuhr, war dies der Turban des Gründers der Bruderschaft, Mewlana Dschalaleddin Rumi, im Westen hauptsächlich durch seine Gedichte bekannt. Dem Turban und dem Sarg, in dem er ruht, werden magische Kräfte zugeschrieben. Dieses Museum war ursprünglich eine Moschee gewesen, einer der heiligsten Orte der Türkei, auch wenn jeder Muslim, der hier beten wollte, die Wärter bestechen musste, welche strenge Anweisung hatten, jede Form von Religionsausübung auf dem Gelände zu unterbinden.

Die Säkularisierung ist immer noch ein heikles Thema, vor allem, seit rechtsgerichtete islamistische Kräfte in der Türkei an Einfluss gewinnen. Als ich an diesem Abend die »Volkstanzvorführung« besuchte, erfuhr ich aus dem Programmheft lediglich, Atatürk habe nach der Abschaffung des Sultanats Rumis Grab besucht und erklärt: »Die große Zahl von Kunstgegenständen ... in der Kloster- und Grabanlage macht es zu einem wertvollen Museum.« Weder das Verbot des Derwisch-Kults noch daraus resultierende Spannungen wurde erwähnt. Hingegen wurden alle Besucher der Veranstaltung nach Waffen durchsucht.

Es entzieht sich meiner Kenntnis, wie populär Basketball in der Türkei ist, aber der Veranstaltungsort dieses Abends war stilecht bis hin zu den großen Coca-Cola-Bannern, die von der Decke hingen. Das Einzige, was nicht ins Bild passte, war das Orchester, das zwölf Köpfe zählte (alle mit Fez) und sich in der Nordkurve aufgebaut hatte. Das Stadion war ausverkauft, und kaum hatte ich mich gesetzt, gingen die Scheinwerfer aus. Ein meditatives Flötensolo erklang. Im Lichtkegel eines rosafarbenen Strahlers erschien ein Mann im Anzug, der einen der längsten und langsamsten Songs anstimmte, die ich je gehört habe. So sehr er tiefe Leidenschaftlichkeit zum Ausdruck brachte, für meine Ohren klang es doch ein wenig schmalzig. Die Gestik, der Anzug, das schnurlose Mikrophon, alles erinnerte mich an eine Kleinbühne in Las Vegas. Erst allmählich wurde mir klar, dass ich hier tatsächlich einer modernen Version der traditionellen Kaffee-Zeremonie der Sufis beiwohnte. Das Lied entsprach den »Rufen der Hingabe«, welche die Derwische von sich gaben, wenn sie den Kaffee aus der Hand ihres Sheykah-Priesters empfingen und die Marqaha oder Kaffee-Ekstase erreichten, die für die nächtelange Zeremonien unverzichtbar war. Es gibt viele Beschreibungen der Zeremonie aus dem 18. Jahrhundert, die alle mehr oder weniger dem folgenden Auszug aus *The City of Dancing Dervishes* von H. C. Lukach entsprechen:

Bei den gemeinen Derwischen trinkt man Kaffee aus einer roten Kanne, jeder erhält seine Tasse direkt aus der Hand des *Sheykah*. Alle hocken im Kreis, preisen Gott, rufen: »Hilf uns, o Allah«, und fangen dann an herumzuwirbeln. »Ya Meded, Ya Allah! Ya Meded!« Dies steigert sich immer mehr, die Schreie werden lauter, immer schneller wirbeln sie herum, und nun rufen sie: »La ilaha illa, Ilah, la ilaha illa, Ilah! Es gibt keinen Gott außer Gott!«, schließlich: »Ya hu!« (O Gott!). Andere Gruppen, wie die heulenden Derwische, bringen sich nur mit Gesang in Ekstase. Die Bedeutung, welche die frühen Sufis dem Kaffee beimaßen, schlägt sich nicht nur in seinem Genuss zu Beginn ihrer Gebetszeremonie und durch das Kreisenlassen der Tasse von Hand zu Hand nieder, Gebräuche, die sich im Islam den Vorwurf des Rauschrituals zuzogen. Der hohe Stellenwert des Kaffees wird auch durch die Farbe des Gefäßes unterstrichen, aus dem er ausgeschenkt wird. Beinahe alle frühen Aufzeichnungen stimmen darin überein, dass der *Sheykah* das Getränk aus einer rituell roten Kanne ausschenkt. Rot nämlich hatte für die Derwische eine besondere Bedeutung, es symbolisierte die mystische Vereinigung mit Gott, das Ziel all ihres Betens, und Gegenständen dieser Farbe wurde zugesprochen, auf der »Schwelle zur geistigen Welt« zu stehen. Bei der Zeremonie, die ich gerade verfolgte, saß der *Sheykah* auf einem roten Fell und wurde so, kraft der Farbe, zur lebendigen Verkörperung von Rumi. Auch hier wurde der heiße Trank vom *Sheykah* persönlich aus einem rituell roten Gefäß ausgeschenkt, also als geheiligtes Rauschmittel, unerlässlich für die Vorbereitung der Gläubigen auf die Vereinigung mit der Höchsten Realität. Manche Sufi-Gruppen nutzen heute noch Haschisch zu diesem Zweck.

Als der Betgesang nach fünfundvierzig Minuten endete, kamen zwölf Männer, alle in schwarze Tücher gehüllt und mit Fez, langsam, Schritt für Schritt, auf die Spielfläche. Das waren die Derwische. Der Mann, der sie vor der Nordkurve an der Freiwurflinie erwartete, war ihr *Sheykah*. Jedes Mal, wenn ein Derwisch dem *Sheykah* direkt gegenübertrat, kam es zu zahlreichen Verbeugungen – der Derwisch verbeugte sich vor dem *Sheykah*, der *Sheykah* vor dem Derwisch, die Derwische voreinander, das alles im wiegenden Rhythmus der klagenden Musik. Dann trat eine Pause ein. Die Derwische ließen ihre schwarzen Schals zu Boden gleiten und standen nun in blendend weißen Westen und Röcken da. Wieder begannen sie, langsam über die Spielfläche zu schreiten. Diesmal erhielt jeder Derwisch, wenn er beim *Sheykah* vorbeikam, einen Wangenkuss, worauf er ins Zentrum der Spielfläche abdriftete und sich zu drehen begann. Bald war sie zur Gänze von heiter lächelnden Männern erfüllt, deren weiße Röcke sich in weitem Schwung bauschten und die sich scheinbar mühelos drehten und drehten und drehten.

Jedes Detail der Zeremonie hat eine ganz bestimmte symbolische Bedeutung. Die schwarzen Schals der Derwische stehen für ihre Gräber, die weißen Westen für ihre Leichentücher, und die Feze, die Atatürk verboten hatte, stellen ihre Grabsteine dar. Die Bey, eine Schilfrohrflöte, welche die Zeremonie einleitet, kündet von ihrer Sehnsucht nach der Wiedervereinigung mit dem Schilf und versinnbildlicht damit das Verlangen des menschlichen Geistes nach der Heimkehr zu Gott.

Nachdem sie zwanzig Minuten im Kreis herumgewirbelt waren, hielten die Derwische inne, und die Prozedur des Schreitens, Verbeugens und Küssens begann erneut. Der ganze Ablauf wiederholte sich vier Mal, wobei jeder Zyklus, Selam genannt, einen höheren Grad von Erleuchtung zu bringen versprach. Im letzten Selam sind die Derwische lebende Inkarnationen der Sterne geworden, die an den Himmeln kreisen, eine Hommage an jenen Koranvers, in dem es heißt: »Es preist Allah, was in den Himmeln und auf was auf Erden ist.«

Die Zeremonie stellt eine Form des Gebets dar und ist eigentlich nicht zur Vorführung vor Publikum gedacht. Ich schwankte zwischen Faszination und Langeweile, zeitweise verfiel ich auch in eine Art hypnotischen Zustand. Traditionelle Sema-Zeremonien dauern bis zum Morgengrauen. In manchen Sekten fügt man sich in tiefer Trance mitten im Herumwirbeln mit Schwertern gegenseitig Wunden bei. Bei anderen fangen die Tänzer in der Ekstase zu schreien an. Wohl aus Rücksicht auf das Publikum erreichten die Derwische, die an diesem Abend das Ritual gestalteten, die Höchste Wahrheit bereits nach nur drei Stunden Wirbeltanz. Am Ende der Zeremonie hüllten sie sich wieder in ihre Schals und kehrten ins Hier und Jetzt zurück. Dann begann der *Sheykah*, ein kleiner Mann mit Hakennase, der den ganzen Abend still geblieben war, zu sprechen.

> Dogu da bati da Allah'indir,
> nereye donerseniz Allah'in yonu orasidir.
> Dogrusu Allah her yeri kaplar ve her seyi bilir.

Das war aus der zweiten Sure, *Die Kuh*, Vers 115. Die versammelten fünfzehnhundert »Freunde des Volkstanzes« erhoben sich und stimmten ein.

> Und Allah ist der Westen und der Osten;
> Daher: Wohin ihr euch auch wendet, dort ist Allahs Angesicht.
> Siehe, Allah ist allumfassend und wissend.

Alle hatten mich davor gewarnt, den Nachtzug von Konya nach Istanbul zu nehmen. Er brauche doppelt so lange wie der Bus (Unsinn), er sei unsicher (Quatsch) und so überheizt, dass die Kleidung der Passagiere Feuer fange (das allerdings war wahr). Der Zug war um 1920 erstmals auf die Gleise geschickt worden, die Polster rochen muffig und für die Beleuchtung sorgten jene unvermeidlichen türkischen Neonlampen, die jedermann wie einen Leichnam aussehen lassen – und so fühlte ich mich auch, als ich in Istanbul ausstieg. Am nächsten Morgen nahm ich gleich vom Bahnhof weg die Fähre, die mich direkt in die Stadt brachte. Massige Moscheen, umstanden von nadelspitzen Minaretten, bewachten die Küste. Rechts konnte ich im Schneetreiben die dräuenden Ruinen der alten Stadtmauern von Istanbul ausmachen. Linker Hand lagen die Paläste der Sultane und Kalifen. Die Stadt machte einen schwermütigen und düsteren Eindruck auf mich, und wie das Boot durch die schwarzen Wasser des Bosporus glitt, beschlichen mich Müdigkeit und Schwermut.

Zwei Syrer namens Hakm und Shams hatten zur Blütezeit des Osmanischen Reiches um das Jahr 1555 ein Kaffeehaus eröffnet und so der Stadt den Kaffee gebracht. Kaffeehäuser gab es zwar schon vielerorts im Iran, doch in Istanbul wurde der geheiligte Trank zum ersten Mal in rein weltlichen Gasthäusern ausgeschenkt, ohne den Anspruch, sich in religiöse Ekstase zu versetzen; die Männer machten es sich einfach bequem, rauchten und nippten an ihren Tassen. Einige Kaffeehäuser boten auch Dichterlesungen an; in anderen trugen Mädchen Lieder vor oder man zeigte den Gästen ein Puppenspiel. Doch die meisten dienten Tratsch und Klatsch. Selbst Abd al-Qadir al-Jaziri, ein Gelehrter, der sich ansonsten für den Kaffeegenuss aussprach, klagte 1558 darüber, dass die Kaffeezeremonien der Sufis ganz der Belustigung und dem Geschichtenerzählen Platz gemacht hätten.

»Es kam so weit, dass sich die Kaffehäuser mit Gelehrten, heuchlerischen Mystikern (Sufis) und Müßiggängern füllten, die jede Arbeit scheuten ... nirgends war mehr ein Platz zu bekommen«, schrieb im 16. Jahrhundert der Historiker Ibrahim Pecevi. »Die Leute behaupten, es gäbe keinen Ort, an dem man sich besser vergnügen und ausruhen könne.«

Als besondere Attraktion boten die Kaffeehäuser von Istanbul ihren

Gästen »Spezialkaffees« mit Faz 'abbas an, einer Mischung aus sieben Drogen und Gewürzen, darunter Pfeffer, Opium und Safran. Beliebt waren auch Honigbällchen mit Haschisch oder Sheera, eine Mixtur aus Haschisch und Marihuana mit Tabak, die man ebenso in Wasserpfeifen rauchen wie auch im Kaffee auflösen konnte, ein orientalischer Speedball, ein »Lebensspender ... für den sie (die Süchtigen) zu sterben bereit sind«, wie der berühmte türkische Schriftsteller Katib Çelebi vermerkt.

Das am weitesten verbreitete Laster war jedoch der Sex. Der englische Reisende George Sandys berichtet, dass im 17. Jahrhundert die Kaffeehäuser nicht selten Bordelle waren: »Viele Kaffeewirte hielten sich schöne Jünglinge, um durch diese Lustknaben mehr Kunden zu gewinnen.« Moralisten jener Tage sprachen von »Lasterhöhlen ... mit Knaben, die jedermanns Lust befriedigen«. Zur Steigerung des Genusses parfümierten reiche Türken manchmal ihre Tassen, indem sie sie mit der Öffnung nach unten über ein Räucherbecken mit Myrrhe hielten. Ähnlich taten es traditionell die Beduinenfrauen vor dem Liebesspiel mit ihrem Geschlecht. Manche Männer tranken bis zu dreißig Tassen am Tag, in denen sie Anbar lösten, einen Stoff, den wir als Ambra kennen. »Meist tat man Ambra von ungefähr einem Karat Gewicht in einen Kaffeetopf und schmolz es über dem Feuer; den Kaffee bereitete man dann in einem anderen Topf«, schrieb Edward Lane 1836 in *Modern Egyptians*. »Andere legen ein Stückchen auf den Boden einer Tasse und gießen den Kaffee darüber; ein Stück von oben genanntem Gewicht reicht für zwei oder drei Wochen.«

Das hätte ich sehr gerne selbst einmal gekostet. Nach einigen Besuchen in modernen türkischen Cafés gelangte ich zu der traurigen Erkenntnis, dass der aphrodisische Kaffee der Vergangenheit angehörte. (»Liebeskaffee wollen Sie?«) So machte ich mich denn auf zum Istanbuler Gewürzmarkt, einer ehemaligen Moschee an den Ufern des Bosporus, wo jetzt hauptsächlich Körnerkram verkauft wurde. Im Vergleich mit den ursprünglicheren Souks im Jemen wirkten die Istanbuler Basare auf mich mehr wie moderne Einkaufszentren. Es war der Bürgersteig, der in meinen Augen den Unterschied ausmachte. Anstelle der jemenitischen Straßen mit ihrem groben Pflaster, in dessen

Ritzen sich der Schmutz verfing, waren die Steine, die man hier in der Türkei verlegte, so glatt wie ein Kinderpopo. Das schuf eine ganz andere Atmosphäre. Im Jemen galt es, die Stände vor dem Staub der Straße zu schützen, die Istanbuler Händler konnten es sich hingegen erlauben, ihre Waren bis auf den Gehweg hinaus überquellen zu lassen. Dieses Mehr an Raum machte eine größere Vielfalt an Waren möglich, die wiederum eine aufwändigere Präsentation, also einzeln verpackte Produkte erforderte. Auch die Händler waren aus einem anderen Holz geschnitzt. Einen jemenitischen Kaffeehändler erkennt man auf Anhieb. Er duftet märchenhaft. Sein türkischer Vetter dagegen stinkt nach Geld.

Allerdings kann er Englisch.

»Yes, yes, of course I speak English. Sprechen Deutsch, parle français.«

»Habla español?«

Dies fragte ich nur, weil mir aufgefallen war, dass hier auf dem Misir Carisi, dem Gewürzmarkt, alle Händler auf ihre Spanischkenntnisse hinwiesen, während sie in Istanbuls großer Basarhalle auf den Schildern stets nur behaupteten, Deutsch zu sprechen.

»Ach was«, meinte der Ladenbesitzer. »Der Wettbewerb! Einer stellt ein Schild auf, dass er Spanisch spricht, und alle machen es nach.«

Ich fragte ihn, ob er Ambra hätte.

Er sah mich verständnislos an und winkte einem Jungen, der besser Englisch sprach.

»Ambra?« Er hatte das Wort noch nie gehört. »Was macht man damit?«

»Ein Aphrodisiakum«, erklärte ich. »Ein Liebesmittel.«

»Ah, Liebe!« Er zog eine Flasche unter dem Tisch hervor. Auf dem quietschrosa Etikett in Herzform war ein muskulöser, ölig glänzender Mann abgebildet. »Das ist besser«, sagte er, »das Aphrodisiakum der Sultane.«

»Kein Ambra?«, fragte ich. »Früher haben es die Leute in den Kaffee getan …«

Er schüttelte verächtlich den Kopf. »Altmodischer Kram – das hier ist wissenschaftlich! Alle Türken nehmen das. Hast du schon türkische

Familien gesehen? Große Familien! Nicht ein, nicht zwei, sondern drei, vier Ninas! Nimm jeden Tag davon, zwei Löffel. Das hier ist die große Familienflasche. Hast du eine Familie?«

»Nein.« Ich zeigte auf die afrikanische Figur, die mit ihrem riesigen erigierten Glied den Deckel schmückte. »Hübsch. Schau mal, hier, der Inhalt, da steht es ja – Ambra.«

»Ja, da sind viele Sachen drin«, meinte er. »17 Zutaten. Die Formel des Sultans.«

»Tatsächlich?«

»Deshalb ist es so gut. Der Sultan hatte die größte Familie. Dreihundert Frauen!« Er fuchtelte begeistert mit den Armen. »Hast du den Topkapi-Palast gesehen? Die Sultane hatten eigene Werkstätten um die beste und frischeste, äh, wie heißt das, Medizin zu machen. Eine Werkstatt für die Männer, eine für die Frauen.«

Ich kaufte eine Flasche. »Aber Ambra, das man in den Kaffee tut, hast du nicht?«

»Ambra für Kaffee?« Er schnippte mit den Fingern. »Was du suchst, ist nicht Ambra, sondern Anbar, vom Fisch.«

Natürlich. Ich hatte das arabische Wort Anbar vergessen. Ambra entsteht in Pottwalen, die zu viele Tiefsee-Tintenfische gefressen haben (sie vertragen die festen Bestandteile der Tintenfische nicht). Das schwarze, stinkende Sekret wird an der Luft zu einem harzigen, duftenden Stoff, von dem ein Tröpfchen, auf ein Stückchen Papier aufgetragen, vierzig Jahre lang Wohlgeruch verbreitet. Es wurde hauptsächlich an einsamen Stränden gefunden und war bei den Türken so begehrt, dass jedem der Tod drohte, der es nicht beim Sultan ablieferte. Niemand wusste allerdings, woher die Substanz stammte. Die Chinesen nannten sie »Lung sien hian« – Drachenspeichel-Parfüm – weil sie glaubten, es tropfe am Strand schlafenden Ungeheuern aus dem Maul.

Zum Schutz der Wale unterliegt der Stoff heutzutage einem Handelsverbot, doch dem jungen Mann gelang es, ein Stückchen aufzutreiben, das ungefähr halb so groß war wie ein m&m. Es war dunkel und leicht klebrig, und wir versuchten es mit Kaffee aus einem nahegelegenen Imbiss. Der intensive Geruch erinnerte mich an Trüffel: Warm, gehaltvoll und ledrig. Ich verstand auf der Stelle, warum man ihm eine erotisierende Wirkung zuschrieb.[8]

Ich schnitt noch einmal die Frage der alten türkischen Sitte an, dass eine Frau sich von ihrem Mann scheiden lassen konnte, wenn er ihr nicht eine genügende Menge an Kaffeebohnen zur Verfügung stellte – und bekam eine aufschlussreiche Erklärung.

»Mein Freund, das Problem ist die Übersetzung«, sagte der Junge. »Bohnen – zu wenig Bohnen!« Er griff sich an die Hoden. »Das nennt man 'Bohnen'. Wenn kraftlos ...« – er klopfte auf die Flasche mit dem Sultanstrank – »dann das hier.«

Die Annahme, Kaffee stärke, mit oder ohne Ambra, die sexuelle Leistungskraft, ist zwar nicht richtig, doch in gewissem Sinne auch nicht ganz unbegründet. Zwar hat der Kaffee weder bei Frauen noch bei Männern Auswirkungen auf das Liebesleben, doch werden Spermien unter Koffein-Einwirkung schneller, womit die Wahrscheinlichkeit steigt, dass sie ein Ei befruchten, was die »Bohnen« des Mannes potenziell potenter macht. Merkwürdigerweise jedoch steht dieser türkische Volksglauben im Widerspruch zu den medizinischen Theorien der damaligen Zeit. Nach der Humoralpathologie des Hippokrates, der Lehre von der Bedeutung der Körpersäfte, galt Kaffee als »trockenes« Element, das dem Körper Flüssigkeiten entzieht, insbesondere Samen, und »den Mann zeugungsunfähig macht«, wie der Gelehrte Simon Paulli feststellte. Man glaubte, die Kaffeetrinker würden sich regelrecht zu Tode pissen, »ihr Körper wird ein bloßer Schatten seiner selbst, der immer mehr verfällt und schließlich ganz verschwindet«, so zumindest wird es in einem Traktat mit dem Titel *Istifa'al-safwa* beschrieben. Ärzte an der medizinischen Fakultät von Marseilles behaupteten Ende des 17. Jahrhunderts, die »Asche«, die im Kaffee enthalten sei, entwässere den Körper, besonders die Nervenstränge, die »austrocknen ... was allgemeine Erschlaffung und Impotenz zur Folge hat«.

Vor allem die weibliche Bevölkerung von London fand solche Szenarien welker und schlaffer Männlichkeit wenig erbaulich. In den siebziger Jahren des 17. Jahrhunderts gab es an jeder Ecke der Stadt Kaffeehäuser. Als diese medizinischen Erkenntnisse dann Allgemeingut wurden, reichte eine Gruppe von Frauen beim Bürgermeister eine Petition ein, um ein Verbot des »Höllentranks« Kaffee zu erreichen und so ihr Liebesleben zu retten. Die siebenseitige Bittschrift führt zwingende Gründe an. Die britischen Gentlemen, so heißt es dort, seien »die kunstfertigsten der Christenheit ... die mit munterer Männlichkeit seit achthundert Jahren Söhne und Töchter gezeugt haben.« Mit diesen sexuellen Großtaten sei es jedoch vorbei, seit »das schreckliche Heidengetränk namens KAFFEE ... sie saft- und kraftlos gemacht habe ... und das einzig Feuchte an ihnen ihre tropfenden Nasen, das einzig Steife ihre Kniegelenke sind.«

Es lohnt sich, davon einen längeren Auszug zu lesen.

Demütige Bittschrift und Gesuch mehrerer Tausend strammer Dirnen, deren Sehnsüchte unbefriedigt bleiben ...

Gewähret Gnade

So sehr es unserem Lande bislang zum Ruhme gereichte, ein Paradies für die Weiber zu sein, stellen wir zu unserem unaussprechlichen Kummer fest, dass in jüngster Zeit unsere Galane reine Spätzchen geworden sind, flatternde Wesen, die schnell auffliegen, doch ebenso rasch wieder abstürzen ... all dies können wir auf nichts anderes zurückführen als den übermäßigen Genuss jenes so schädlichen Kaffees, der die Natur schwächt und unsere Männern zu Rohrkrepierern macht ... die viel zu früh in Stellung gehen, doch dann keinen Schuss abgeben ... Offenbar sind die Gaumen unserer Herrschaften ebenso auf Abwege geraten wie ihre Gehirne. Wie sonst sollte es möglich sein, dass sie ohne jede Vernunft ihr Geld und ihre Zeit auf ein bisschen gewöhnliches, schwarzes, scheußliches, bitteres, stinkendes, ekelerregendes Dreckwasser verschwenden (auch bekannt als Tölpelbrühe oder Türkensuppe), so dass manche, die kaum zwei Pence haben, um ihren Kindern Brot zu kaufen, jeden Abend einen davon für dieses abscheuliche Gebräu ausgeben ...

Deshalb bitten wir inständig darum, dass der KAFFEE allen Personen unter sechzig Lenzen verboten werden soll und statt dessen Malzbier und Hahnenbier[9] für den allgemeinen Gebrauch empfohlen werden ... so dass unsere Ehemänner uns (möglichst bald) ein anderes Zeugnis ihrer Männlichkeit geben können als nur ihre Bärte, und sie nicht mehr Gefahr laufen, von Liebesknüppeln gehahnreit zu werden.

In der Hoffnung auf eine Glorreiche Reformation,
London, 1674

krieg

> Wenn in jenen Tagen ein Mann seinen Frauen den Kaffee verweigerte oder es versäumte, sie ausreichend damit zu versorgen, war dies bei den Türken ein anerkannter Scheidungsgrund.
> *William H. Ukers, 1873 – 1945*

Normalerweise engagiere ich nie Fremdenführer, doch als Roger (»Sag einfach 'Roger'!«) sich in Istanbul vor dem Topkapi-Palast an meine Fersen heftete, konnte ich nicht widerstehen. Er hatte diesen leicht verrückten Touch, bei dem man sich fragt: Ist das eine Nervensäge? Ist der amüsant? Oder zieht er einen lediglich über den Tisch – dieser kleine Mann mit der riesigen Hakennase, der wie ein Quietscheentchen spricht?

Roger erklärte mir sogleich, der Topkapi-Palast sei früher das Zuhause des Sultans gewesen. Er bot allen modernen Komfort – beheizte Fußböden, Schwimmbäder im Haus und in den Freiluftanlagen, Blick aufs Flussufer und natürlich kastrierte Türsteher. Die fünfzehn Küchen des Palastes sind heute ein Museum für kulinarische Geschichte, das einen exzellenten Überblick darüber gibt, wie die günstige Aufnahme des Kaffees durch die Eliten in den islamischen Ländern unserem modernen Kaffee den Weg bereitet hat. Ursprünglich nippten die Türken ihren Qahwa aus ganz ähnlichen Gefäßen wie die Äthiopier, nämlich aus einem eierbechergroßen henkellosen Schälchen. Doch für den Sultan entwarf jemand einen Schälchenhalter, den so genannten Zarf, der dann wirklich wie ein Eierbecher aussah. In der kulinarischen Abteilung des Topkapi-Museums sind ein paar erlesene Exemplare ausgestellt, mit Gold und Diamanten verziert, aber trotzdem für den alltäglichen Gebrauch geeignet. Im Lauf der Jahre brachten die Türken dann kleine Henkel an den Seiten des Zarf an. Und irgendwann setzte irgendein Einstein die Henkel direkt an die Tassen an, ließ den Zarf weg, und tatata-ta: Die moderne Espressotasse war erfunden!
Die türkische Technik des Kaffeekochens zeigt Anklänge an die

äthiopische Kaffeezeremonie, bei der eine Kanne gebraut wird, aus der man zur Besiegelung der Freundschaft drei Mal ausschenkt. Die Türken kochen gemahlenen Kaffee, Wasser und Zucker in rascher Folge drei Mal hintereinander auf und gießen das Gebräu samt Kaffeesatz in ein Mokkatässchen. Sind Gäste zu bewirten, ist es besonders wichtig, dass eine dicke Wesh beziehungsweise Crema den gekonnt zubereiteten Espresso krönt.[10] Danach wird erwartet, dass der Gastgeber den Kaffeesatz auf eine Untertasse kippt und den Gästen daraus die Zukunft liest. Der Sultan, für seine Freunde die Pforte des Ewigen Lichts, pflegte eine etwas aufwendigere Kaffeezeremonie, für die er bis zu dreißig Leute, darunter eine Oberste Kaffeemeisterin, benötigte. Leila Hanoum schreibt in *Souvenir sur le harem imperial*:

Er wurde bereits fertig zubereitet in einer goldenen Kaffeekanne (Ibrik) gebracht, die auf Kohlen in einem goldenen Becken stand, welches an drei Ketten hing, oben von einer Sklavin zusammengefasst und gehalten ... Zwei andere Mädchen trugen goldene Tabletts mit kleinen Kaffeetässchen aus feinstem Savoyer oder chinesischem Porzellan ... Die Kaffeemeisterin nahm einen Zarf vom Tablett, stellte ein Tässchen hinein und goss dann den Kaffee durch ein kleines Stück gesteppten Linnens, das stets auf dem Tablett bereit lag ... Danach ergriff sie mit ihren Fingerspitzen den Zarf, dessen Unterseite, vom Daumenende gestützt, auf der Spitze ihres Zeigefingers ruhte, und bot ihn dem Sultan kunstfertig mit einer Geste unendlicher Anmut dar.

Roger hielt das alles für ziemlich langweilig.

»Hier ist das Wichtigste!«, sagte er und schob mich durch eine Gruppe malaiischer Muslime in weißen Jogginganzügen, die sich über etwas beugten, was wie ein alter Teppichläufer aussah. »Hier ist der Bart Mohammeds.«

Ich möchte mich keiner Respektlosigkeit gegenüber dem Barte des Propheten schuldig machen (Mögen seine Haare stets weiter wachsen!), aber ich war doch mehr am Harem des Sultans interessiert, einem Gebäudekomplex mit zweihundert Zimmern, zu denen wohl kein Mann außer dem Sultan je Zugang gehabt hatte. Doch sogleich musste ich erfahren, dass dies nicht ganz stimmte.

»Hier haben die schwarzen Eunuchen geschlafen«, leierte Roger herunter, als wir gleich hinter dem Haremseingang eine Reihe von

Zimmern passierten. »Draußen waren die weißen Eunuchen. Aber drinnen wurden nur schwarze Eunuchen geduldet.«

»Ja!«, fuhr er fort, noch bevor ich meine Frage stellen konnte. »Dafür gab es einen sehr guten Grund. Denn nicht immer war die Operation erfolgreich.«

»Entschuldigung, Roger«, warf ich ein, »von welcher Operation sprichst du?«

»Na, vom Entfernen des Dingsda«, er zwinkerte, »der Männlichkeit. Wenn die Operation erfolglos verlaufen war, konnte der Mann manchmal einer Frau ein Baby machen.«

»Du meinst, sie waren pflichtvergessen?«

»Denkbar war es. Und deshalb waren nur schwarze Eunuchen im Harem zugelassen. Man hielt es für möglich, einem Baby anzusehen, ob sein Vater ein Schwarzer aus Afrika oder der Sultan war.«

Ich war beeindruckt. »So weit hätte ich nie gedacht.«

Rogers Blick sprach Bände: Und deshalb, mein Freund, war der Sultan der Sultan und du bist nur ein Tourist.

Im Harem war immer mächtig was los. Frauen vergifteten gegenseitig ihre Kinder, Söhne erdrosselten ihre Mütter, Brüder stachen einander die Augen aus. Einer der am stärksten abgeschotteten Bereiche war »der Käfig«, vier im Innersten gelegene Zimmer, in denen die Brüder des Sultans von Geburt an bis zu ihrem Tode eingekerkert waren. Auf diese Weise wollte man Thronstreitigkeiten vermeiden; der Käfig galt als humanitäre Alternative zu der früheren Sitte, derzufolge der Sultan bei der Thronbesteigung all seine Geschwister ermordete.

Einer der widerwärtigsten Sultane war der 1612 geborene Kaffeehasser Murad IV., der im Alter von elf Jahren den Thron bestieg. Mit zwanzig hatte er bereits fünfhundert Soldaten zum Tod durch den Strang verurteilt. Dazu entledigte er sich noch zwei seiner Brüder und verschonte den dritten nur, weil ihn seine Mutter überzeugte, dieser sei ohnehin viel zu bekloppt, um je Anspruch auf den Thron zu erheben. Seinen Spitznamen »der Eilige« erhielt Murad schon in jungen Jahren, nachdem er eine Gruppe von Frauen exekutieren ließ, nur weil sie in der Öffentlichkeit gesungen hatten. Es heißt, besonders gern habe er zugesehen, wenn Männer mit feistem Nacken geköpft wurden.

Oft schlenderte er verkleidet durch die Stadt, um Verräter ausfindig zu machen. Und so schlichen er und (wahrscheinlich) sein Wesir auch eines Abends im Jahr 1633 als vorgeblich einfache Einwohner durch die dunklen Straßen. Da der Sultan Alkoholiker war, machten sie zuerst in einer Kneipe Halt, die, wie der englische Reisende John Ellis im 18. Jahrhundert beschreibt, voller »zechender und Liebeslieder singender Menschen« war. Als Nächstes steuerten sie eins der vielen Cafés von Istanbul an, wo sie laut Ellis »mehrere vernünftige und ernsthafte Menschen beobachteten, die nüchtern über Angelegenheiten des Reichs debattierten und über die Regierung klagten«, die sie für eine ganze Reihe von Problemen verantwortlich machten. Nachdem Murad eine Weile gelauscht hatte, schlich er zum Palast zurück.

Kurz darauf verbot Murad den Kaffee. Die Kaffeehäuser in Istanbul wurden dem Erdboden gleichgemacht. Auf den Genuss von Kaffee stand die Prügelstrafe. Bei wiederholtem Vergehen wurde der Schuldige in einen Ledersack eingenäht und in den Bosporus geworfen, wo er jämmerlich ertrank. Schiffe, die Kaffee geladen hatten, wurden versenkt. Angeblich stellten die Kaffeehäuser ein Brandrisiko dar, doch Murads eigentliche Sorge war, dass sie den Ungehorsam förderten, indem sie seinen Untertanen einen Treffpunkt boten, der zu nüchternen Debatten einlud. Seine Anti-Kaffee-Kampagne war im Gegensatz zu den früheren religiös motivierten die erste Kaffeebekämpfung aus rein weltlichen Gründen und vielleicht sogar die erste politische Kampfansage gegen eine bewusstseinserweiternde Droge überhaupt. Aber er hegte auch persönlichen Groll gegen die Wasserpfeife, die unweigerlich zu einem Tässchen türkischen Mokkas gehörte. Ausländische Besucher berichteten, dass Murad nach dem Verbot zusammen mit seinem Henker durch die Straßen streifte und jeden auf der Stelle köpfen ließ, der Kaffee trank oder ein Pfeifchen schmauchte.[11]

»Wohin der Sultan auch reiste ... an allen Rastplätzen stieg entsetzlich die Zahl der Exekutionen an«, schrieb sein Zeitgenosse Nicolo di'-Conti. »Selbst auf dem Schlachtfeld überraschte er seine Männer gern dabei, wie sie rauchten (oder Kaffee tranken), um sie dann unverzüglich köpfen oder ihnen Hände und Füße zermalmen zu lassen.« Andere berichteten, dass er Raucher gern demütigte, indem er ihnen eine

Pfeife durch die Nase stieß und sie kreuz und quer durch Istanbul reiten ließ, bevor er ihnen eigenhändig den Kopf abschlug.

So unglaublich es klingt, wegen solcher »Verbrechen« wurden zwischen zehntausend und hunderttausend Menschen hingerichtet. Und viele mehr wurden verstümmelt. Islamische Historiker dieser Zeit berichten, dass in Istanbul jahrzehntelang »an Cafés solch trostlose Ödnis herrschte wie im Herzen eines Gottlosen«. Kneipen wurden zwar argwöhnisch beobachtet, durften aber weiter geöffnet bleiben.

Nachdem Murad endlich einer Alkoholvergiftung erlegen war, tauchte im Istanbuler Stadtbild auch wieder das eine und andere Café auf. Doch der Schaden war bereits angerichtet. Enteignete Kaffeeverkäufer waren ins Ausland gegangen, um dort ihr Glück zu machen, und schon nach einem Jahrzehnt fand man ihre Niederlassungen in Frankreich, Österreich und Italien.

Murads harte Hand zeitigte die erwünschte Wirkung, die Ordnung in seinem Reich war wieder hergestellt. Nachdem die Osmanen ihre Herrschaft im Osten konsolidiert hatten, richteten sie den begehrlichen Blick auf Rumänien und Bulgarien. Bereits dreißig Jahre nach Murads Tod beherrschen sie ganz Osteuropa und marschierten im Jahr 1683 auf Wien, den Sitz des Habsburgischen Reiches, damals die größte politische Macht des christlichen Abendlandes. Kaum standen sie vor den Stadttoren Wiens, schossen sie einen Kissenbezug mit der Forderung nach Kapitulation über die Stadtmauer.

Generale, Kommandanten, vornehme Bürger Wiens. Gemäß den Befehlen, die wir vom ehrwürdigsten, mächtigsten und gefürchtetsten Herrscher des Universums erhalten haben, unserem Herrn, dem wahren Ebenbild Gottes auf Erden, der in der Nachfolge unseres heiligen Propheten Mohammed Mustafa, dem Ehre, Ruhm und Dank gebühren, durch die Gnade des Höchsten und durch die Fülle Seiner Wunder zum gewaltigsten aller Herrscher in dieser und in jener Welt erkoren wurde und zum majestätischsten Kaiser von allen, und der unsere unzähligen, von der göttlichen Vorsehung stets beschützten Truppen bis hierher hat ziehen lassen, tun wir euch hiermit kund: Wir sind entschlossen, Wien einzunehmen.

Ergebt euch gefälligst, sollte das heißen. Doch die Wiener lehnten ab. Woraufhin sämtliche dreihunderttausend Türken etwa fünfundzwanzigtausend Zelte aufschlugen und sich für die Sommerfrische vor der Stadt einrichteten.

Zwei Tage nach der Besichtigung des Topkapi-Palastes verließ ich Istanbul in Richtung Wien. Es war der 23. Dezember. Als wir uns aus der Stadt herausschlängelten, presste ich die Nase an die Fensterscheibe, um durch das dichte Schneetreiben hindurch etwas zu erkennen, doch vergeblich. Noch bei Tageslicht schlief ich ein. Am nächsten Morgen hatte der Schneefall nachgelassen, und ich konnte die Landschaft erkennen: kahle Bäume, langweiliger klitschnasser Ackerboden. Aber auch jungfräulicher Schnee, der dem Tag etwas Glitzerndes gab und in der Nachmittagsdämmerung leuchtend blau schimmerte. Nach einem Jahr in den Tropen hätte ich bei diesem Anblick beinahe Freudentränen vergossen.

Allerdings hatte ich ein Problem: Meine Fahrkarte trug das falsche Datum. Die türkischen Schaffner winkten mich mit einem ärgerlichen »Bismallah!« durch. Die Bulgaren wollten mich als Spion verhaften, ließen sich aber bestechen. Doch der rumänische Schaffner schien entschlossen, mich mit seinem Genörgel ins Grab zu bringen. Alle halbe Stunde erschien er erneut und wollte nochmals meine Fahrkarte sehen, dabei brummte er: »Gehen nix, gehen nix!« Er war unverkennbar auf ein Bestechungsgeld aus. Doch ich habe meine Grundsätze: Mehr als ein Mal am Tag kaufe ich mich nicht frei.

Mein rumänischer Abteilgefährte beruhigte mich: »Viel rumänisch«, radebrechte er über den Schaffner. »Nix, nur Worte.« Der Bursche gefiel mir. Er sah aus wie Roman Polanski, seine Schuhe stanken noch schlimmer als meine, und was das Beste war, er konnte kein Englisch. Auch der Schaffner war mir sympathisch mit seiner feschen blauen Schaffnersmütze und seinem Doppelkinn, das vor bürokratischer Entrüstung zitterte.

Polanski sollte Recht behalten. Als wir am Weihnachtsmorgen die Transsylvanischen Berge hinter uns gelassen hatten, saßen wir drei zusammen in unserem Abteil und verspeisten meine türkischen Mandarinen. Der Schaffner zauberte köstlichen pechschwarzen Mokka von sirupartiger Konsistenz herbei, den wir aus dicken Porzellantassen mit dem schicken roten Logo der rumänischen Eisenbahngesellschaft tranken. Es war schön, wieder in Europa zu sein.

Ich hatte die Route durch Transsylvanien nach Wien gewählt, weil ich den Kosovo wegen des Konflikts so weit wie möglich umfahren wollte. »Plus ça change, plus ça reste la même«, wie ein französisches Sprichwort die gegenwärtige Situation nur allzu gut beschreibt: Je mehr sich ändert, desto mehr bleibt alles beim Alten. Heute töten und vergewaltigen die Christen die Muslime, zu Zeiten der osmanischen Herrschaft hatten die Muslime die Rolle der Bösewichter gespielt. Die Osmanen hatten im Balkan ihre Janitscharen rekrutiert, Männer verschleppt und die Frauen in ihre Harems gezwungen, die zurückgelassenen Kinder hatte man einfach verhungern lassen. Gräueltaten, die in vielerlei Hinsicht den ethnischen Säuberungen der Serben ähneln.

Doch ich bemerkte nichts davon. Als ich am 25. Dezember spätabends in Wien ankam, lag der Westbahnhof verlassen da. Eine ganze Stunde schlenderte ich durch die so saubere und gut erhaltene, so sterile und leere Stadt mit ihren prächtigen alten Gebäuden, die sich so grundlegend von der Türkei, dem Jemen oder Indien unterscheidet. Alles hier war mindestens hundert Jahre alt, sah aber aus, als habe man es erst gestern erbaut. Und selbst die Straßen waren makellos rein. Leere Straßenbahnen fuhren vorbei. Nirgends war jemand zu sehen. Man hätte glauben können, die Menschen hätten die Stadt verlassen.

Ungefähr das war die Situation im zweiten Monat der türkischen Belagerung. Wer konnte, war geflohen, so auch König Leopold. Nur noch siebzehntausend Menschen harrten in Wien aus. Es gab nichts zu essen. Die Pest brach aus. Inzwischen hatten die türkischen Belagerer damit begonnen, eine Reihe geheimer Tunnels zu bauen, um Sprengstoff unter der Stadtmauer zu platzieren. Was die türkischen Feldherren jedoch nicht wussten, war, dass sich eine Armee von fünfzigtausend Mann, vorwiegend Polen, der Stadt näherte. Und sie ahnten auch nicht, dass die Wiener alles über ihre Tunnelbauten wussten, teilweise dank eines Spions namens Franz Kolschitzky, der früher in Istanbul gelebt und sich als türkischer Soldat verkleidet hatte. Nachdem Kolschitzky die Wiener in Kenntnis gesetzt hatte, wann genau die Türken ihre Stadtmauer sprengen wollten, gelang es ihm, sich auch hinter die türkischen Linien durchzuschlagen und die polnischen Generäle zu informieren. Am 8. September war es dann so weit. Die Türken sprengten die Tunnels, durchbrachen die Wiener Stadtmauer an vier verschiedenen Punkten und drangen in die Stadt ein. Die Wiener hielten bis zum Abend die Stellung, dann entzündeten die Polen während einer letzten Attacke der türkischen Elitetruppen auf einem nahe gelegenen Berg ein riesiges Feuerwerk und griffen an. Die Tatsache, dass ihnen die Türken an Zahl um das Sechsfache überlegen waren, spielte keine so große Rolle, wie man dies hätte erwarten können. Der Sultan hatte nämlich sämtliche Kampfeinheiten in die Stadt befohligt, sodass seine Nachhut ohne Deckung war. Die herbeistürmenden Polen fügten seinen Reihen schwere Verluste zu. Dann brach die Nacht herein. Als die Polen wieder aufwachten und sich schon beträchtliche Sorgen machten, nun von den Türken niedergemetzelt zu werden, stellten sie fest, dass diese geflohen waren. Eine dreihundert Jahre währende islamische Expansionspolitik hatte abrupt ihr Ende gefunden.

Es war ein historischer Wendepunkt, allerdings nicht nur aus den auf der Hand liegenden Gründen. Fanden die Wiener doch bei den fünfundzwanzigtausend Kamelen, die die Türken zurückgelassen hatten, Dutzende Säcke mit seltsamen grünen Bohnen, die alle für Kamelfutter hielten. Doch der Spion Kolschitzky erkannte darin Kaffeebohnen. Als er nun gefragt wurde, was er als Belohnung für seine Rolle bei der Rettung der Stadt haben wolle, bat er um nichts weiter als um besagte Säcke Kaffee, mit denen er Wiens erstes Kaffeehaus eröffnen wollte. Später ergänzte er seine Wunschliste um ein Gebäude, in dem er sein Café unterbringen konnte. Und noch später verlangte er auch noch ein bisschen Startkapital. Vielleicht auch noch ein paar Leiharbeiter, die als Kellner schuften mussten? Oder die Schlüssel für den Keuschheitsgürtel der Königin?

»Kolschitzky war ein Spion und Betrüger, ein Geizkragen und ein Schwindler – so sagen manche.« Herr Diglas strahlte. »Aber eine gute Geschichte ist immer etwas wert.«

Die Wiener befassen sich sehr ernsthaft mit der Geschichte ihrer Nahrungs- und Genussmittel, und Kolschitzkys Bedeutung für das Entstehen der städtischen Kaffeehauskultur war in letzter Zeit Gegenstand beträchtlicher Auseinandersetzungen. Die allgemein anerkannte Version lautete bisher immer, Kolschitzky habe mit den zurückgelassenen Kaffeebohnen Wiens erstes Café »Zur Blauen Flasche« eröffnet. Doch einige, die versucht hatten, der Sache historisch auf den Grund zu gehen – darunter auch Herr Diglas, ein Cafébesitzer von birnenförmiger Gestalt und Vorsteher der Fachgruppe Wien der Kaffeehäuser – behaupten, dass in Wahrheit ein halbes Dutzend Spione beteiligt gewesen seien und ein Spion namens Johannes Diodato das erste richtige Kaffeehaus Wiens eröffnet habe.

Wie auch immer. Wichtig ist schließlich nicht, wer das erste Wiener Kaffeehaus führte, sondern was sich dort abgespielt hat, denn immerhin fand hier die türkische Sitte, den Kaffeesatz mit auszuschenken, ihr Ende. Die Begleitumstände zu diesem Meilenstein bleiben jedoch im Dunkel der Zeiten verborgen. Wir können nur spekulieren, dass es den etepeteten Wienern entgegenkam, die nicht schon morgens in einer schlammig-trüben Brühe rühren wollten.

Laut Diglas wurde es ebenfalls zuerst in Wien üblich, Milch oder Sahne in den Kaffee zu geben. Dies allerdings ist reine Vermutung. Wir wissen lediglich, dass es sich dabei um eine europäische Neuerung handeln muss, weil die Türken (wie auch die Hindus) glaubten, mit Milch versetzter Kaffee erzeuge Lepra. Und wir wissen ebenfalls, dass die Zugabe von Milch auch in London anfangs unter den Kaffeetrinkern nicht verbreitet war. Dies beschränkt die möglichen Erfinder auf die Italiener oder die Wiener, die beide zu den ersten Kaffeekonsumenten Kontinentaleuropas zählen.[12] Diglas wies darauf hin, dass in beiden Ländern ein Kaffeegetränk mit Milch existiert, das sich jedoch grundlegend voneinander unterscheidet, auch wenn es den gleichen Namen trägt: der Cappuccino in Italien, der *Kapuziner* in Wien.

»Manche älteren Damen kennen dieses Getränk noch«, erzählte Diglas. »Sie kommen herein, bestellen einen *Kapuziner* und wissen genau, was sie wollen – den exakt richtigen Farbton, braun wie eine Mönchskutte.« Er zuckte die Achseln. »Ach ja. Aber ich glaube, von meinen Kellnern weiß heutzutage höchstens noch einer, was für ein Getränk das eigentlich ist. Die anderen sind zu jung und der *Kapuziner* außer Mode gekommen ...«

Er winkte einen älteren Kellner herbei und fragte ihn, ob er noch wisse, wie man einen *Kapuziner* mache. Nein. Niemand in Diglas Café – einem traditionellen Wiener Kaffeehaus voller Gäste, die Kaffee trinken und sich mit üppigen Torten voll stopfen – wusste, wie man einen Kapuziner herstellt. Dabei muss man in Betracht ziehen, dass diese Kellner über fünfzig oder auch schon sechzig Jahre alt waren und sämtliche über zwanzig Wiener Kaffeegetränke zubereiten konnten.

»Es gibt nämlich kein Rezept dafür, wissen Sie«, erzählte Diglas weiter. »Die Farbe ist das A und O. Man muss den genauen Braunton der Mönchskutte kennen, denn es hängt von der Stärke der Bohne ab, wie viel Milch man dann hinzugeben muss.«

Den von Diglas erwähnten Mönchen, Mitglieder des katholischen Kapuzinerordens, verdanken sowohl Kapuziner als auch Cappuccino ihren Namen. Die Geschichte der Verbindung dieses Ordens mit dem Kaffeegetränk hat ihre Anfänge in dem kleinen italienischen Ort Assisi. Hier geschah es, dass sich etwa um 1210 ein Bursche namens Giovanni etwas seltsam benahm. Er lief plötzlich nackt herum. Er sprach mit den Vögeln. Heutzutage würde man ihn aufgrund solchen Verhaltens in eine Anstalt einweisen. Aber da dies im Mittelalter geschah, wurde er heilig gesprochen. Wir kennen ihn als Heiligen Franziskus von Assisi.

Seine Lehren ließen binnen kurzem einen religiösen Orden entstehen, der beinahe ebenso rasch in ein ganzes Dutzend Fraktionen zerfiel, die ihre Zeit damit zubrachten, übereinander herzuziehen. Doch dann trat der kleine Matteo da Bascio auf den Plan, ein stiller Franziskanermönch, dem Heiligen Franziskus vor allem seiner Armut, seiner Vögel und seiner Einfachheit wegen von Herzen zugetan. Eines Tages suchte ihn der Geist des Heiligen auf, um sich über das unwürdige Betragen seines Ordens zu beklagen. Was jedoch Matteos Aufmerksamkeit besonders fesselte, war die Kleidung des heiligen Franziskus, denn dieser trug eine spitze Haube und nicht die vom Orden vorgeschriebene kastenförmige. Empört verlangte Matteo vom Vatikan das Recht, ebenfalls eine spitze Haube tragen zu dürfen, was ihm vom Papst auch gewährt wurde. Seine Franziskanerbrüder waren erzürnt über diesen Streber und warfen Matteo in den Kerker. Aber Matteo weigerte sich beharrlich, von seiner neuen Kopfbedeckung abzulassen, weshalb ihn die Franziskaner weiterhin gefangen hielten. Das Ganze nahm so lächerliche Ausmaße an, dass der Papst einschritt und einen völlig neuen Orden nur für Matteo gründete, womit dieser nicht mehr seinen Oberen bei den Franziskanern unterstand.

Dies war die Geburtsstunde des Kapuzinerordens, dessen Name sich von eben jener Kapuze herleitet, von der Matteo nicht lassen wollte und die später als Kapuze aus geschlagener Sahne oder aufgeschäumter Milch (vielleicht sollten wir sie lieber einen Heiligenschein nennen?) den Cappuccino krönte. Der Wiener Kapuziner allerdings trägt keine Kappe und wurde vermutlich erfunden, als ein ortsansässiges Mitglied dieses modebewussten Ordens Milch in seinen Kaffee tat, damit dieser perfekt mit seiner dunkelbraunen Kutte harmonierte. Doch als ich im Wiener Kapuzinerkloster diesbezügliche Nachforschungen anstellen wollte, wurde ich barsch weggeschickt.

»Wir sind keine Kaffeehauskette, verstanden?«, stieß ein Mönch empört hervor. »Wir sind ein religiöser Orden!«

Die Kapuziner sind über diese Geschichte verärgert, weil die Cappuccinokrone aus Sahne beziehungsweise aufgeschäumter Milch ihrer Meinung nach eine Beleidigung des Ordens darstellt, lässt sie doch die Kapuzinermönche als Luftikusse erscheinen.

»Hier in Wien ist ein Cappuccino eine ernste Sache«, erklärte mir Diglas, als ich ihm die Reaktion des Mönchs schilderte. »Wir erlauben uns keine Späße mit unserem Kaffee.«

Was mir meine Freundin, die Gräfin, am nächsten Tag bestätigte.

»Wie man etwas zu sich nimmt, ist genauso wichtig wie was man zu sich nimmt – oh, ihr Amerikaner trinkt den Cappuccino ja wie eine Coca-Cola. Nein, o nein!« Verächtlich wedelte die Gräfin mit ihrem Löffel in Richtung meiner Tasse, wo schmutzige Sahneklumpen auf einem grauen Espresso-See herumdümpelten und geschmolzene Schokoladensplitter am Tassenrand klebten. »Das war einmal das Getränk der Habsburger. Und sehen Sie nur, was Sie daraus gemacht haben!«

Ich lernte die Gräfin, wie ich sie bei mir nannte, im Café Demel kennen, wo man stolz behauptet, den Cappuccino noch genauso zu servieren wie um die Jahrhundertwende: ein starker Kaffee, kein Espresso; eine Schale geschabte Schokolade; und ein Berg Schlagobers auf einem Silberteller. Die Gräfin war so entsetzt über meinen Umgang mit diesem kunstvollen Arrangement, dass sie sich erbot, mich im richtigen Verzehr zu unterweisen.

»Ihr Amerikaner seid verwöhnt von diesem Strohhalm«, sagte die Gräfin, die ein bisschen war wie die Stadt: alt, aber schön oder zumindest gut erhalten. Zweifellos reich. Doch auch ein grausamer Zug, vor allem um die Lippen, die glänzend wie ein Porsche lackiert waren. Milchig schimmerten weiße Perlen zwischen den »Viecherln« hindurch, die sie sich um den Hals drapiert hatte.

Eine der schwarz gekleideten Kellnerinnen des Café Demel stellte einen neuen Cappuccino auf unseren Tisch, und die Gräfin setzte meinen Unterricht fort. Zuerst hievte sie Schlagobers auf den Kaffee, dann bestreute sie ihn mit leichter Hand mit den Schokoladenspänen. »Das trinkt man so.« Sie machte eine grazile Bewegung mit dem Löffel, dann stach sie heftig und entschlossen durch die Sahnehaube. »Nicht so. Sie wollen doch niemanden umbringen?«

Ich hatte den Löffel durch das Schlagobers gestoßen, um die Sahne mit dem Kaffee zu verrühren. Richtig aber war es laut der Gräfin, die Schlagsahne langsam im Kaffee schmelzen zu lassen, während man daran schleckte und an den Schokoladenspänen knabberte. Erst wenn die Sahnehaube nur noch einen Zentimeter hoch war, durfte man sie zerstören, indem man die Tasse dann an die Lippen setzte. Doch unter keinen Umständen durfte man jetzt einfach trinken oder mit den Lippen die Schlagsahne berühren. Nein, man inhalierte das Elixier, schlürfte den Kaffee durch das Schlagobers hindurch und benetzte so die Geschmacksknospen mit einer Patina aus Kaffeearomen. Ganz leise durfte man das Schlürfen sogar hören.

»Erst wenn alles sicher und kein Schlagobers mehr da ist, dürfen Sie trinken. Der Kaffee in der Tasse sollte dann diesen Braunton haben, sehen Sie?«

Und sie erläuterte: »Der erste Teil, wenn Sie das Schlagobers vom Cappuccino schlecken, Stewart, ist wie die Kindheit – süß, leichtfertig und unbeschwert. Der zweite Part ist wie die mittleren Jahre.« Die Gräfin machte eine Pause. »Doch dazu fällt mir nichts Poetisches ein.«

»Zum Schluss kommt dann das Alter«, fuhr sie fort, »das ja schwarz und bitter sein mag, aber vielleicht auch der beste Teil für diejenigen, die Geschmack entwickelt haben.«

An meinem letzten Tag in Wien stolperte ich bei meinem Besuch im Städtischen Museum über ein Porträt des Wesirs, der 1683 die Belagerung der Stadt befehligt hatte. Kara Mustafa sieht darauf aus wie ein pausbäckiger Knabe. Mit sorgenvoller Miene. Ganz und gar nicht wie ein Tyrann. Doch vielleicht war das Gemälde angefertigt worden, als er bereits auf dem Rückzug nach Istanbul war, da hatte Kara natürlich allen Grund gehabt, kleinlaut dreinzuschauen. Der Sultan hatte ihn ganz schön runtergeputzt, als er ihm gegenübertrat. Ja, er hatte Kara vor den Augen seiner Familie erdrosselt und dann seinen Kopf ausstopfen lassen.

Die synergetische Verbindung zwischen dem Niedergang des Osmanischen Reichs und der Verbreitung des Kaffees fand mit der Belagerung von Wien noch lange nicht ihr Ende. 1670, zehn Jahre vor der Belagerung, stammten die Ingredienzien für jede Tasse Kaffee, die irgendwo auf der Welt getrunken wurde, aus dem Osmanischen Reich. Die Bohnen kamen aus dem Jemen, der Zucker aus Afrika. Doch 1671 ließ der französische Minister Jean Baptiste Colbert in Marseille eine Zuckermühle bauen. Und in der Neuen Welt gedieh der Kaffee, den man den Türken hundert Jahre zuvor gestohlen hatte. 1730 brühten selbst die Türken ihren Kaffee mit Rohstoffen aus dem christlichen Abendland auf.

Neben dem Porträt des Wesirs hing eine alte türkische Fahne, ein roter Halbmond auf weißem Grund. Bemerkenswert ist, dass sogar diese Mondsichel auf der Flagge der Türken zu einem Symbol ihrer Niederlage wurde.

Als der Bäcker Peter Wender 1683 während der türkischen Belagerung Wiens spätabends in seiner im Keller gelegenen Backstube arbeitete, hörte er ein merkwürdiges »Tick-tick«. Das waren die Türken, die heimlich ihre Tunnels gruben. Er warnte die Stadtoberen und erfand später eine Semmel in Form des türkischen Halbmonds, um seinen Beitrag am Kampferfolg öffentlich zu machen. Es war damals nicht ungewöhnlich, Brot als politisches Propagandainstrument einzusetzen: Nur fünfzig Jahre zuvor hatte König Gustav Adolf II. von Schweden Deutschland verwüstet, und bald schon zierte sein Gesicht – zu einem Kinderschreck verzerrt – jeden Lebkuchen.

Nach dem Abzug der Türken wurde es in Wien Sitte, Wenders kleine halbmondförmigen Semmeln, Kipferln genannt, zum Morgenkaffee zu verspeisen. Und das wäre auch schon das Ende der Geschichte, hätte nicht ein Jahrhundert später eine siebzehnjährige Wiener Prinzessin namens Marie Antoinette, die in Paris Louis XVI., den König von Frankreich geheiratet hatte, von Heimweh gequält verlangt, dass die französischen Bäcker ihr Kipferln zum Frühstück lieferten. Da es undenkbar war, dass die Königin von Frankreich etwas anderes als »französische« Backwaren aß, fügten die französischen Bäcker Butter und Hefe hinzu und nannten das Gebäck Croissant, was nichts anderes als Mondsichel heißt.

So entstand eine Mahlzeit berstend vor politischen Anspielungen – das europäische Frühstück: mit von den Türken gestohlenem Kaffee und einem Hörnchen, das ihre Flagge verspottet. Doch wenn Millionen von Europäern ihren Tag mit dieser Kombination beginnen, gedenken sie damit nicht nur unwissentlich der türkischen Niederlage vor Wien. Sie nehmen auch teil an einem Ritus, der den Kern der umwälzendsten pharmakologischen Revolution in der europäischen Geschichte bildet.

die revolution

> In einem Kaffeehaus,
> unter den Pöbel gemischt,
> fragt' ich ganz ungeniert
> nach der Verräter Tisch.
>
> Malone, 1681

Zu dem Zeitpunkt, da die Türken säckeweise jene Kaffeebohnen vor Wien stehen ließen, war der Kaffee in Venedig und London, aber auch in den Hafenstädten Frankreichs und Hollands nicht mehr gänzlich unbekannt. Die erste schriftliche Erwähnung eines Europäers, der Kaffee trank, findet sich in einem Brief von 1615. Dennoch ist es unwahrscheinlich, dass irgendjemand vor 1650 dieses Getränk regelmäßig süffelte, nicht einmal die unerschrockensten Gourmands.

Um die Bedeutung dieser neuen weichen Droge zu ermessen, muss man sich vor Augen rufen, wie rückständig und provinziell Europa vor vierhundert Jahren war. Es gab kaum Bücher. Noch weniger war an Film zu denken. Die Musik klang grauenhaft. Und erst das Essen ... Pfeffer war unbekannt, Salz rar und Zucker gerade erst im Kommen. Im Grunde stand man Tag für Tag vor der Wahl, die sich an einem öden Wochenende in Nebraska bietet – Kirche oder Bier. Doch die Europäer hatten genügend Verstand, beides zu kombinieren. So gab es 1660 in Paris mehr als einhundert religiöse Feiertage, und der Höhepunkt eines jeden bildete einer dieser damals so beliebten Marathon-Trinkwettbewerbe. »Das muss es Halb, zu Ganz, zu einem Trunk, zu einem Suff ausgesoffen sein, ohne Schnaufen und Bartwischen«, schrieb ein Deutscher 1599. »Und gleichwie zwei Helden an einander bestehen, also saufen diese ein Wett mit einander.«[13]

Das Trinken erhöhte den sozialen Status, daher auch die Redewendung: »Trinken wie ein Herr.« Und das Ausbringen von Trinksprüchen war eine Möglichkeit, seinen Wohlstand zu demonstrieren. Dabei wurde derjenige, der am meisten trank, mit einem Stück getoastetem Brot im Glas geehrt (daher heißt es im angelsächsischen Raum auch

»einen Toast ausbringen«). Dem Schriftsteller Fortunatus zufolge kamen diese »Toast«-Wettbewerbe allerdings einem Selbstmord gleich, denn die Zecher »tranken sich um die Wette Gesundheiten zu wie Rasende«, so dass man »sich glücklich preisen musste, mit dem Leben davonzukommen.«[14] Nachts waren die europäischen Städte voller Trunkenbolde, »sie taumeln von einer Seite zur anderen, stolpern, fallen in den Kot und spreizen die Beine, als sollte zwischen diesen ein Wagen hindurchfahren.«[15]

Bier war nicht nur wesentlichster Bestandteil bei allen Festlichkeiten, es war nach dem Brot auch das Hauptnahrungsmittel überhaupt. Jede Hausfrau buk Brot, und jede Hausfrau braute Bier. »Manche leben von diesem Getränk mehr als vom Essen«, schrieb Jakob Brettschneider alias Placutomus 1551.

Bier mit verschlagenem Ei, über Brot gegossen, war auf dem europäischen Kontinent das ursprüngliche Frühstück und wurde in Deutschland bis Mitte des 18. Jahrhunderts genossen. Da heiße Getränke selten waren und das Wasser meist verunreinigt, legten die Arbeiter am Vormittag eine Bierpause ein. Hausbier zum Frühstück, ein Helles zum Mittagessen, Starkbier zum Abendbrot und ein paar Halbe zwischendurch. Der durchschnittliche Nordeuropäer, ob Männlein, Weiblein oder Kind, trank täglich drei Liter Bier, also knapp zehn Dosen! Wobei das Bier damals meist einen deutlich höheren Alkoholgehalt aufwies. Respektspersonen wie Polizisten tranken wesentlich mehr. Und einem finnischen Soldaten stand täglich die Ration von fünf Litern starkem Hellen zu, was dem in dreißig Dosen enthaltenen Alkohol entspricht. Mönche in Sussex kamen mit zehn Dosen aus.

Auch in beinahe allem anderen war Alkohol enthalten, vor allem in Arznei. Denn was nicht vergoren war, verdarb in der Sommerhitze. Im Winter fror das Bier, wodurch sich der Alkohol als hochprozentiger Schnaps absetzte. Wir können sicher sein, dass dieser »Schwarzbrand« nicht weggeschüttet wurde. Und das war noch nicht alles. Heute glaubt man, dass das nichtalkoholische Hauptnahrungsmittel, nämlich das Brot, mit dem halluzinogenen Mutterkornpilz vergiftet war, einer Grundsubstanz des LSD. Betrunkene Ärzte, beschwipste Politiker, verkaterte Generäle: Pest, Hunger und Krieg. Dazu noch ein Papst auf dem Trip, und das mittelalterliche Christentum ist uns plötzlich kein Rätsel mehr.

So überrascht es nicht, dass Martin Luther als Erstes den Schnaps ins Visier nahm, als er im 16. Jahrhundert die Kirche reformieren wollte. Andere, die ähnliche Ziele verfolgten, beispielsweise die Kapuziner, druckten Plakate, auf denen ein betrunkener Dämon mit Schweinekopf und Vogelkrallen abgebildet war, der »Saufteufel«, und bekämpften das Wetttrinken. Die einzige Reaktion hierauf war die Bildung der ersten europäischen Temperenzlerbewegung, eine Gruppe von Deutschen, die ihren Alkoholgenuss auf sieben Glas Wein pro Mahlzeit zu beschränken versprach. Ansonsten torkelte Europa weiter wie gehabt. Ärzte rieten ihren Patienten auch fürderhin, sich mindestens einmal im Monat sinnlos zu betrinken, weil dies das Wohlbefinden fördere. Auf einem Drittel des englischen Ackerlandes wurde Gerste zum Bierbrauen angebaut; jedes siebte Gebäude war eine Kneipe.

Martin Luthers Bemühungen, den Alkoholkonsum einzudämmen, schlugen fehl, weil er keine Alternative zu bieten hatte. Doch dann gab es um 1640 die große Anti-Kaffee-Kampagne im Osmanischen Reich, und kaum zehn Jahre später wurde in Oxford das erste europäische Kaffeehaus eröffnet.[16] Schon bald eröffneten auch Cafés in London, wo zufällig just zur selben Zeit die Puritaner die Parlamentsmehrheit stellten.

> Nachdem das süße Gift der Reben
> Manch Unheil für die Welt ergeben, ...
> kam der Kaffee, das schwarze Wunder,
> und machte Körper und Geist wieder munter.
> Unbekannter Puritaner, 1674

Die abstinenten Puritaner stürzten sich geradezu auf den »schwarzen Wein«, diese von Gott gesandte Alternative zum Bier. Ja, besser noch als nur eine Alternative, denn man glaubte damit die Trunksucht heilen zu können. Philippe Sylvestre DuFour behauptet in einer Abhandlung, die 1682 auch in Übersetzung unter dem deutschen Titel »Drey Neue Curieuse Tractätgen von Dem Trancke Cafe, Sinesischen The, und der Chocolata« erschien, dass Kaffee einen auf der Stelle ernüchtere, »jedenfalls diejenigen, die nicht völlig berauscht sind«. Das ist natürlich Unsinn, obwohl neuere Untersuchungen zeigen, dass zwei Tassen Kaffee tatsächlich einige der harmloseren Wirkungen des Alkohols ins Gegenteil verkehren, sofern die betreffende Person nicht mehr als 0,4 Promille Alkohol im Blut hat (ab 1 Promille gilt man als betrunken). Dieser zarte alkoholische Schleier jedoch war es, der Europa zu jener Zeit am meisten zusetzte, »der leichte Schwindel«, der die Schreiber schon nach dem Morgenbier im Kontor heimsuchte, wie aus privater Korrespondenz jener Zeit hervorgeht. Die zunehmende Verbreitung der Kaffeehäuser machte nicht nur diese Schreiber wieder nüchtern, sondern dem Biergenuss am Vormittag allmählich ganz den Garaus, wie der Historiker James Howell beobachtete. 1652 existierte in London nur ein einziges Kaffeehaus. 1700 waren es bereits mehr als zweitausend.

Auf dem europäischen Kontinent indes fehlte dieses Zusammenspiel aus puritanischer Gesinnung und Kaffeehausblüte. Anfang des 17. Jahrhunderts wurde Papst Klemens VIII. sogar von seinen Kardinälen gebeten, den »teuflischen Höllentrank« zu verbieten, angeblich weil seine schwarze Farbe sowie sein Einsatz bei den Riten der Sufis ihn zu einer diabolischen Persiflage auf den Messwein machten. Doch nachdem der Papst eine Tasse probiert und diese ihm geschmeckt hatte, lehnte er das Ersuchen ab. Dennoch sorgten katholische Angsthasen dafür, dass die Europäer auf dem Kontinent beinahe hundert Jahre länger als die Inseleuropäer zum Frühstück ihre Biersuppe löffelten.

Abgesehen von dem ernüchternden Effekt auf die Arbeitswelt boten die Kaffeehäuser den debattierfreudigen Briten eine Alternative zur Kneipe. Wirtshäuser waren nun einmal nicht der sicherste Ort, um politische oder religiöse Fragen zu erörtern. Die Gäste waren entweder bewaffnet oder betrunken, meist beides, sodass die Wirte bei hitzigen Diskussionen vernünftigerweise einschritten. Kaffeehäuser wiederum forderten zu politischen Debatten geradezu heraus, und genau das war auch der Grund, warum König Karl II. sie 1675 verbot (ein Verbot, das nur elf Tage dauerte). Noch verstörender müssen aus Sicht

der Monarchie allerdings die im Café ausgehängten Regeln gewesen sein:
> Vornehme, Händler, kommt alle herein,
> an diesem Ort ist ein jeder frei
> gibt's einen Platz, nehmt ihn ruhig ein,
> und wenn ein stolzer Herr schaut vorbei,
> so lasst gefälligst das Aufstehen sein.

Diese demokratische Gesinnung zeigte sich am kraftvollsten in Londons berühmtem Turk's Head Coffeehouse, wo zum ersten Mal eine Wahlurne – dieser Grundpfeiler der modernen Demokratie – aufgestellt wurde, damit die Gäste ihre Meinung zu kontroversen politischen Themen ungefährdet kundtun konnten. Diese Neuerung wurde kurz nach den Repressalien des großen Cromwell eingeführt, so konnten die Regierungsspitzel, die dieses Café heimsuchten, keine »Verräter« dingfest machen.

Natürlich gab es auch das ein oder andere Problem. Heiße Getränke waren zu jener Zeit nicht sehr verbreitet. So musste DuFour seinen Lesern den Tipp geben, die Flüssigkeit weder wie ein Hund aufzuschlecken »noch die Zunge in die Tasse zu hängen«. Vielen gab auch die Rolle des Löffels Rätsel auf. Diente er dazu, die merkwürdige heiße Brühe abzukühlen, indem man sie damit herausschöpfte und wieder zurück in die Tasse goss? Oder sollten sie den Kaffee wie Suppe essen? Sie taten Senf, Champagner und Minze und gebratene Karotten hinein. (Erstaunlich, aber wahr: Der englische Kaffee, so grässlich er war, muss dennoch besser geschmeckt haben als der erste Tee, denn die Briten aßen die Teeblätter zunächst als gekochtes Gemüse.)

Kaffee war jedenfalls weit mehr als nur ein Ersatz für das Bier. Er stimulierte Körper und Geist, und die Verdrängung der alkoholischen Beruhigungsmittel zeitigte Wirkungen, als werde jenes alte Gebet der äthiopischen Kaffeekauer wortwörtlich erhört:

> Kaffeekanne, gib uns Frieden,
> Kaffeekanne, lass die Kinder gedeihen,
> mehre unseren Wohlstand,
> beschütze uns vor Unheil
> und schenke uns Regen und Gras.

Gerade in Großbritannien bewies der Kaffee seine Fähigkeit, »Wohlstand zu mehren«, wurden doch Kaffeehäuser zu Geschäftszentralen einiger der mächtigsten Firmen der Welt, beispielsweise Lloyds Coffeehouse zu Lloyd's of London, das Baltic Coffeehouse zur London Shipping Exchange und das Jerusalem Café zur East India Company. Und die Einrichtung eines britischen Kaffeehauses wurde wegweisend für die Gestaltung moderner Büros. So hatte man manche Tische für bestimmte Händler der größeren Privatsphäre wegen zuerst beiseite gerückt und später durch Vorhänge vom Gastraum abgetrennt. Daraus entstanden die Büros beziehungsweise Bürozellen, wo man sich bis heute um eine gemeinsame Kanne schart. Bis vor kurzem wurden die Boten in der britischen Börse auch noch Waiter, also Kellner genannt, eine Bezeichnung, die sich aus jenen nicht allzu fernen Tagen hinübergerettet hatte, da die Börse ein echtes Kaffeehaus war.

Andere Cafés entwickelten sich zu Zentren der Kunst und der Wissenschaften. So traf man Isaac Newton häufig im Grecian Coffeehouse an; Will's Café war Stammlokal für Schriftsteller wie Jonathan Swift und Alexander Pope; Maler wie Hogarth besuchten das Old Slaughter's. Doch je mehr sich die Cafés spezialisierten, desto schwieriger wurde es, durch ihren Besuch auf dem Laufenden zu bleiben. Also entschloss sich ein Mann namens Richard Steele, wöchentlich eine Zusammenstellung des interessantesten Klatsches zu publizieren, der in den Kaffeehäusern die Runde machte. Damit die Café-Atmosphäre nicht gänzlich verloren ging, hatte jedes Ressort einen »Korrespondenten-Schreibtisch« im entsprechenden Etablissement. Lyrik kam aus Will's Coffeehouse, Nachrichten aus dem Ausland stammten aus St. James Coffeehouse, für Kunst und Unterhaltung war das White's Lieferant. Steele ließ seine »Reporter« sogar in Dialogform schreiben, um beim Leser die Illusion zu nähren, er sitze tatsächlich in einem Café und sei Zeuge einer realen Unterhaltung. Bis zu diesem Zeitpunkt war das Schreiben eines lebensechten Dialogs schlicht unter der Würde eines Autors gewesen. Bis dahin »hatten weder Schriftsteller noch Leser sich mit der durchdachten Einfachheit wahrer Konversation vertraut gemacht«, schreibt der englische Literaturhistoriker Harold Routh. »Hier (im Kaffeehaus) war es, wo ... die Leute lernten, literarische Gedanken in einem Stil, der ebenso zwanglos wie feingebildet war, zur Entwicklung zu bringen.«[17]

Kluge Menschen diskutieren interessante Dinge auf verständliche Art und Weise. Was für eine großartige Sache. Steeles Wochenpostille war der *Tatler*, die erste moderne Zeitschrift; seine Vorstellung von Korrespondenten und Ressorts prägte die moderne Zeitungslandschaft, jene für eine lebendige Demokratie unbestritten lebenswichtige Institution (Londons zweitälteste Zeitung ist die *Lloyd's News*, die aus der Anschlagtafel in Lloyd's Coffeehouse entstand). Was Wunder, dass es in einer Flugschrift jener Tage heißt: »Kaffee und Gemeinwohl kamen Hand in Hand ... daraus erwuchs eine freie und nüchterne Nation.« Die Kaffeehäuser hatten die gepflegte Konversation zu einem Volkssport gemacht.

Es ist nahezu unmöglich, exakt zu messen, inwiefern weiche Drogen eine Gesellschaft verändern. Ein bisschen einfacher ist es, die Wirkungen auf eine Einzelperson zu untersuchen. Nach dem Genuss von drei Litern Bier sinkt die Fähigkeit, sich an etwas Erlerntes zu erinnern, um bis zu 80 Prozent. Im Gegenzug steigert Kaffee das Erinnerungsvermögen. In betrunkenem Zustand neigt man stärker zur Gewalttätigkeit. Und noch einschneidender: Wenn schwangere Frauen nur ein Drittel der damals durchschnittlich konsumierten drei Liter Bier am Tag tranken (und da der Biergenuss als gesund galt, werden sie das ja wohl getan haben), verminderte dies den Intelligenzquotienten ihrer Babys um sieben Prozent. Schon bei einem Liter über dem Durchschnitt lief durch den schädlichen Einfluss des Alkohols knapp jedes zweite Kind Gefahr, mit einer geistigen Behinderung zur Welt zu kommen.

Aus all dem könnte man schlussfolgern, dass der durchschnittliche Europäer im Mittelalter ein geistig zurückgebliebener Rabauke gewesen sein muss. Das ist natürlich albern. Aber trinken Sie morgen früh mal einen Liter Starkbier zum Frühstück und stellen Sie selbst fest, welche Auswirkungen das auf Ihren Tagesablauf hat. Wir alle wissen, welchen Aufschwung Europa genommen hat, als es von den sedierenden Suchtmitteln abließ und zu einer Zivilisation wurde, die (zumindest tagsüber) Aufputschmittel bevorzugt. Zweihundert Jahre nach der ersten Tasse Kaffee in Europa waren Hunger und Pest nur noch Fußnoten der Geschichte, Regierungen demokratischer als zuvor, die Sklaverei abgeschafft. Der Lebens- und Bildungsstandard schoss in ungeahnte Höhen. Kriege wurden seltener, dafür umso grausamer. Das alte äthiopische Kaffeegebet wurde sowohl im positiven als auch im negativen Sinne machtvoll erhört.[18]

Als ich diese kaffeezentrierte Geschichte der Menschheit zu schreiben begann, tat ich dies mit einem Augenzwinkern. Immerhin haben andere schon Ähnliches auf der Basis tiefer und höher rutschender Rocksäume versucht. Aber auch ich muss einräumen, dass historische Ereignisse stets das Ergebnis ganzer Myriaden verschiedenster Umstände sind, alles andere wäre absurd. Manchmal jedoch scheint die Beweislage überwältigend eindeutig. So befand sich die arabische Zivilisation im Stadium unerreichter Blüte, als der Kaffee noch ausschließlich in diesem Kulturkreis getrunken wurde. Sobald die Osmanen die Bohne in die Hand bekamen, entwickelten sie sich zur mächtigsten und zugleich tolerantesten Nation auf Erden. Das frühe Auftauchen des Kaffees in Großbritannien gab dem Empire den notwendigen Schub, zur beherrschenden Weltmacht aufzusteigen. Die französische Revolution wurde in den Cafés von Paris vorbereitet. Napoleon, ein Kaffeeliebhaber par excellence, führte seine Landsleute siegreich durch ganz Europa; doch kaum verbot er dummerweise den Parisern ihren geliebten petit noir, wurde er auch schon gestürzt. Er bereute, und seine Bitte auf dem Sterbebett auf St. Helena galt einem Tässchen Espresso. In der Kolonialzeit boykottierten die Amerikaner den Tee, ersetzten ihn durch Kaffee und leiteten damit eine Machtverschiebung ein; die findet nun in Japan ihre Fortsetzung, traditionell ein Land der Teetrinker, das aber heute mehr und mehr dem erlesenen Blue-Mountain-Kaffee aus Jamaika verfällt.

Nur drei bewusstseinsverändernde Mittelchen hat sich der Westen bislang gegönnt: seit grauer Vorzeit Alkohol; im 17. Jahrhundert Koffein; und Ende des 20. Jahrhunderts psychedelische Drogen. Wie Alkohol die Frühgesellschaft beeinträchtigt hat, können wir unmöglich sagen, und was die psychedelischen Drogen betrifft, sind sich die Geschworenen noch nicht einig. Aber es ist bemerkenswert, dass der Kaffee (beziehungsweise das Koffein) und die psychedelischen Drogen mit verblüffend ähnlichen »Kulturrevolutionen« in Zusammenhang gebracht werden. Ein kaffeetrinkender Richard Steele, der über die Notwendigkeit parliert, die Monarchie zu reformieren, ist nicht weit entfernt von einem Abbie Hoffman, der bei einem Joint überlegt, wie man den Vietnamkrieg beenden kann. Voltaires koffeingewürzter Zynismus war ebenso symptomatisch für den Zeitgeist seiner Epoche wie der von Allen Ginsburg für jenen der unseren. Die antimonarchistische Menschenrechtsbewegung im 18. Jahrhundert und die Bürgerrechtsbewegung im 20. Jahrhundert erzielten erst dann politische Ergebnisse, als die mit ihnen verknüpften Wirkungsmittel populär wurden. Und die vom Kaffee aufgestachelten Massen der französischen Revolution ähnelten in vielerlei Hinsicht den bekifften Anti-Vietnamkriegs-Demonstranten Ende der sechziger Jahre. Das ist nebenbei erwähnt auch der Grund, warum all die selbst ernannten amerikanischen Experten sich über die Beliebtheit von Drogen wie Kokain freuen sollten: Trotz aller negativen Auswirkungen zeigt dies doch, dass die Yankees auch weiterhin am liebsten aufgedreht und hellwach sein wollen. Sie sollten ihr Wehklagen lieber für den Tag aufheben, an dem Heroin und heiße Milch zu den beliebtesten Drogen werden.

Drogen beeinflussen Verhalten, Effektivität und sogar den Verstand eines Menschen. Damit will ich nicht sagen, dass die Menschen im Mittelalter dümmer waren als die neuzeitlichen Ausgaben. Sie lebten nur eben koffeinfrei und waren daher wie du und ich vor unserer ersten Tasse: mürrisch und leicht beduselt. Und ist es nicht bemerkenswert, dass die dem Alkoholgenuss zugeschriebenen Mankos (verlangsamte Reaktionsfähigkeit, Leichtgläubigkeit und Gefühlsduselei) die Laster des Mittelalters waren, wohingegen die Folgen exzessiven Kaffeegenusses (Überrationalisierung bei verkürzter Aufmerksamkeitszeit) scheinbar die Plage unserer Zeit sind? Einige Historiker haben sogar die These aufgestellt, dass sich der Mensch, der vor der Verbreitung des Kaffees in Europa lebte, physiologisch vom »Homo coffea« unterschied. So behauptet der renommierte Wolfgang Schivelbusch in seinem Buch *Das Paradies, der Geschmack und die Ver-*

nunft: »Die massigen schweren Körpertypen, die die nordeuropäische, insbesondere die niederländische Malerei des 17. Jahrhunderts bevölkern ... sind nahrungsphysiologisch mit dem hohen Bier- und Biersuppenkonsum zu erklären«[19]. Und er fährt fort: »Er (der Kaffee) infiltriert den Körper und vollzieht pharmakologisch, was Rationalismus und protestantische Ethik ideologisch-geistig bewirken«, nämlich die Austrocknung der biergesättigten Bäuche mit dem Resultat »rationalistischer, bürgerlich-fortschrittlicher Körper«, typisch für die mageren Zyniker des 19. Jahrhunderts.

Lächerlich? Vielleicht. Doch wenn Sie wirklich eine lächerliche These hören wollen, wie wär's damit? Kaffee und Menschheit haben ihren Ursprung in derselben Gegend Ostafrikas. Was, wenn manche dieser Affenmenschen an den leuchtend roten Kirschen geknabbert haben? Und die darauf einsetzende mentale Stimulation ihnen neue Möglichkeiten aufgezeigt hätte, alte Probleme zu lösen, wie dies später auch bei den Europäern der Fall war? Könnte diese Gruppe von Kirschenessern vielleicht das Missing Link sein und jene Erinnerung an die leuchtende, aber bittere Frucht der Archetypus für die Geschichte vom Garten Eden?

Nein, das wäre nun wirklich zu lächerlich.

Natürlich stimmt nicht jeder mit obigen Thesen überein. Ein bekannter deutscher Soziologe hat sogar das glatte Gegenteil behauptet, nämlich dass der Kaffee den Niedergang der großen Kulturen zu verantworten habe. Also bestieg ich in Wien einen Zug in Richtung Deutschland. Zuerst wurde ich von der österreichischen Polizei untersucht. Dann filzten mich die Deutschen. Die Menschen rochen nicht mehr. Keiner lächelte. Alles war nur zu typisch.

Dass besagter Soziologe in München lebte, war für mich keineswegs eine Überraschung. Schließlich findet dort jenes berühmte Oktoberfest statt, bei dem jährlich Tausende von Bierliebhabern aus aller Welt zusammenströmen, um sich hemmungslos ins Stadium der Idiotie zu saufen. Es ist das letzte mittelalterliche Trinkfest, das bis heute überdauert hat, und die perfekte Kulisse für den letzten großen Propagandisten gegen den Kaffee, Dr. Josef Joffe.

»Nun, das Oktoberfest ist schon ein Erlebnis«, lautete Dr. Joffes unverbindlicher Kommentar. »Aber Sie haben meine Theorie missverstanden. Ich nenne sie die Joffe-Kaffee-Theorie der Expansionspolitik.«

Dr. Joffe war gleich in doppelter Hinsicht eine Überraschung. Ich hatte mit einem exzentrischen Spinner gerechnet. Doch es stellte sich heraus, dass er nicht nur studierter Soziologe, sondern auch Leiter des Ressorts Außenpolitik bei der *Süddeutschen Zeitung* war, dem deutschen Äquivalent zur *The New York Times*. Und er war ein wohltuend brummiger Bursche, ganz offensichtlich den Genüssen des Lebens zugetan, so auch dem Kaffee, den seine Sekretärin sofort servierte. Also war er zumindest ein sehr gut bezahlter Spinner.

Aber auch seine Theorie entpuppte sich als etwas anderes, als ich erwartet hatte. Er hatte sie entwickelt, als er sich während eines Besuchs im damals noch sowjetischen Russland bei seinem KGB-Schatten über den grässlichen Kaffee beschwerte. Der KGB-Pinkel erwiderte, dies sei die wahre Antwort des Kreml auf Amerikas Neutronenbombe – beides würde die Menschen töten, aber die Gebäude unversehrt lassen.

»Da hatte ich zum ersten Mal diese Anmutung, diese Vision«, sagte Joffe. »Schlechter Kaffee steht für Expansionspolitik, Imperialismus und Krieg; guter Kaffee tröpfelt einher mit Höflichkeit, Pazifismus und Schlaffheit. Das kann ich Ihnen beweisen. Schnell – wo gibt es den besten Kaffee der Welt?«

»In Italien?«

»Und wann haben die Italiener zum letzten Mal einen Krieg gewonnen?«

»Hmmh – 300 vor Christus?«

»Wann habt ihr Amerikaner endlich Kaffee kochen gelernt?«

»Oh, ich schätze, irgendwann in den sechziger Jahren.«

»Und wann war der Vietnamkrieg?«

»Ich verstehe«, sagte ich. »Aber wollen Sie damit auch sagen, dass beispielsweise die gegenwärtige chinesische Expansionspolitik darauf zurückzuführen ist, dass die Chinesen nicht in der Lage sind, eine anständige Tasse Kaffee zu kochen?«

»Aber ja.« Joffe zeigte zum Fenster. »Wenn wir die aktuelle Aggression der Chinesen wirklich stoppen wollten, würden wir sie mit Gaggia-Espressomaschinen bombardieren.«
»Vielleicht sollten die UN-Friedenstruppen mit Melitta-Kaffeeautomaten und äthiopischem Sidamo ausgerüstet sein?«
»Anstatt mit Maschinengewehren? Genau!«
»Wie schmeckt denn der Kaffee bei der UNO, wissen Sie das?«
Traurig schüttelte er den Kopf. »Ein unschönes Thema.«
Also sprach sich seine Theorie doch für den Kaffee aus, oder? Seine Sekretärin brachte frischen herein, und Joffe nahm einen Telefonanruf an. Vielleicht lag es am Klang seiner Stimme, als er deutsch sprach, diese elegante und doch auch so grausame Sprache, dass mich etwas daran zu stören begann. Ganz offensichtlich war Dr. Joffe ein Kaffeeliebhaber, und seine Theorie schien das Produkt eines erleuchteten Geistes zu sein. Doch als ich die von ihm aufgestellten Kernsätze genauer durchdachte, trat die verhängnisvolle Wahrheit zutage: Wenn schlechter Kaffee Kriegslüsternheit hervorbrachte, guter Kaffee hingegen Weicheier, dann war jeder Kaffee schädlich.

Das war nichts anderes als die Wiedergeburt der alten deutschen Anti-Kaffee-Propaganda. Seit Friedrich der Große 1777 ein Kaffeeverbot verhängt hatte, waren in Deutschland die fanatischsten Kaffeegegner Europas zu Hause gewesen. »Es ist widerwärtig mitanzusehen, wie stark der Kaffeekonsum meiner Untertanen steigt«, schrieb er. »Viele Schlachten wurden geschlagen und von Soldaten gewonnen, die sich an Bier labten, und der König bezweifelt, dass man sich auf kaffeetrinkende Soldaten verlassen kann.« In den Bistümern gab es Verordnungen, alles zum Kaffeekochen notwendige Gerät zu zertrümmern. Friedrich heuerte sogar Veteranen an, in den Straßen dem Geruch frisch gerösteten Kaffees nachzugehen. Diese »Kaffeeschnüffler« waren so erfolgreich, dass es in Deutschland bald zwei verschiedene Sorten Kaffee gab: echten Bohnenkaffee und Ersatzkaffee (aus verbranntem Brot, karamellisierten Karotten, Zichorie und Gott weiß nicht was).

»Ja, daran erinnere ich mich«, sagte Joffe, nachdem er sein Telefongespräch beendet hatte. »Wir nannten es Muckefuck, eigentlich Mocca faux, falscher Kaffee. Und Sie kennen doch auch bestimmt dieses Lied, das auf die entsprechenden Noten gesungen wird: 'C-A-F-F-E-E, trink nicht so viel Caffee'? Ich glaube, die Melodie stammt von Mozart.«

Das Lied ist eine Erinnerung an eine zweite (!) Anti-Kaffee-Kampagne, mit der die Deutschen ermuntert werden sollten, ausschließlich Zichorienkaffee zu trinken, weil sie mit dem Kauf des echten die Taschen der französischen und holländischen »Feinde« füllten. Die Verpackung trug eine Vignette, auf der im Vordergrund ein deutscher Bauer Zichoriensamen sät und dabei das Segelschiff mit Kaffeesäcken im Hinter- grund zurückweist. Darüber stand: »Ohne Euch gesund und reich!«

Der Ersatzkaffee war so erfolgreich, dass Deutschland bis zum ersten Weltkrieg das einzige koffeinfreie und undemokratische Land Europas blieb, zwei Mängel, die den Nazis mit den Boden bereiteten. Bemerkenswert ist in diesem Zusammenhang auch, dass Hitler seine Anhänger mit Reden in Wirtshäusern und nicht in Cafés gewann. Fairerweise muss allerdings erwähnt werden, dass Gandhi – wie Hitler Vegetarier – ebenfalls nichts vom Kaffee hielt.

Aber wir sollten nicht auf alten Fehlern herumreiten. Deutschland hat sich geändert, und heute bekommt man dort mit den besten Kaffee überhaupt.

»Was meine Theorie ebenfalls bestätigt«, sagte Dr. Joffe. »Vor dem Krieg kochten die Deutschen den schlechtesten Kaffee der Welt, und sie schafften es bis vor Moskau! Seit wir aber gelernt haben, wie man eine ordentliche Tasse aufbrüht, sind wir gerade noch so aggressiv wie Faultiere. Zugegeben«, setzte er noch hinzu, »für Amerika sind das keine guten Aussichten.«

»Wieso das?«

»Früher kochten die Amerikaner grauenhaften Kaffee und bauten großartige Bomben. Doch seit es Starbucks gibt, haben sie keinen Krieg mehr gewonnen. Wenn Starbucks unkontrolliert weiter expandiert, wird das Zeitalter amerikanischer Größe in einem Meer aus Haselnuss und Amaretto untergehen – man kämpft eben nicht mit einem Frappuccino in der Hand.«

»Klingt gut, Joffe«, sagte ich, bevor ich meinen Verdacht äußerte: »Aber wenn guter Kaffee Dekadenz und schlechter Kaffee Krieg bedeutet, wie kann Kaffee dann etwas anderes sein als ein teuflischer Trank?«

»Aber nein, mein Freund, nein.« Er schüttelte seine Silbermähne. »Beantworten Sie sich eine Frage: Ist Krieg etwas Gutes?«

»Natürlich nicht«, murmelte ich und trank noch einen Schluck. »Krieg ist schlecht.«

»Dann ist guter Kaffee etwas Gutes.« Er wickelte einen Zigarillo aus und zündete ihn an. »Und schlechter Kaffee etwas Schlechtes. Was wäre logischer?«

»Sie gefallen mir, Joffe«, erwiderte ich. Und das stimmte. Ich meine, ich wollte ihn nicht gerade küssen, aber ich hätte mich ohne Sträuben auf seinen Schoß gesetzt. »Haben Sie Ihre Theorie schon mit anderen Soziologen diskutiert?«

»Meine Kollegen würden sie als scheinlogische Tatsachenverknüpfung abtun. Aber in der Soziologie weiß man natürlich nie so genau, was Ursache und was Wirkung ist.«

paris

> Ich habe versucht, das Café als einen Ort darzustellen,
> an dem man verrückt werden kann.
> Vincent van Gogh

In Paris angekommen, führte mich mein erster Weg zur Hauptpost, wo ich meine gefälschten Rajasthani-Gemälde abholen wollte. Ich war einfach ein Idiot. Daran hatte ich keinen Zweifel mehr, jetzt, da ich von lauter Franzosen mit ernsten Mienen und ihren grauen Häusern umgeben war. Nicht nur, dass diese ganze Kunstschmugglerei ein Schwindel war, auch die Existenz von Indien selbst – mit all diesen grellbunten Affengöttern – schien mir auf einmal wie ein Traum. Was hatte ich mir eigentlich gedacht? Welcher Dorftrottel gab schon zwei minderjährigen Schmalspurganoven zwölfhundert Dollar für einen Haufen neonbunten Kitsch? Bevor ich das Postamt betrat, ging ich noch rasch in ein nahe gelegenes Café, um mich mit etwas entschieden Koffeinfreiem zu stärken. Es war eine dieser typischen Pariser Kneipen voller Messing, falschem Marmor und Leuten, die sich das Nichtstun gönnten. Die meisten Amerikaner finden es hinreißend, dass die Pariser tagelang vor einem Fingerhut voll Raketentreibstoff sitzen können, ohne den Zorn der Bedienung fürchten zu müssen. Sie wissen einfach nicht, dass diese Leute nicht schlicht auf ihren Stühlen sitzen, sondern dass sie sie »mieten«. Nicht »Joie de vivre«, Lebensfreude, hält sie auf ihren Plätzen, bis ihnen Spinnweben von der Nase hängen, sondern der Geiz. Die gesamte Philosophie des 20. Jahrhunderts ist das Produkt pfennigfuchsender Pariser, die irgendwelchen Hirngespinsten verfallen sind, wie sie aus Langeweile, Koffeinrausch und Selbstüberschätzung entstehen, den Hauptsymptomen von Kubismus, Surrealismus und Existentialismus. All diese weltbewegenden Theorien entsprangen im Grunde der Anstrengung, vor sich selbst eine Ausgabe von zehn Franc zu rechtfertigen. Natürlich kann man auch völlig umsonst am Tresen stehen, doch muss man dafür in Kauf nehmen, durch ganze Berge von Zigarettenkippen zu waten (es gibt offenbar ein Gesetz, das Aschenbecher am Tresen verbietet – kein Mensch weiß, wieso).

Ich stürzte im Stehen einen Calvados hinunter und betrat dann das Postamt.

»Nein, Monsieur, wir haben nichts für Sie.« Der Mann am Schalter für poste restante war sich seiner Sache sicher.

»Das verstehe ich nicht«, meinte ich. »Ich habe sogar eine Versicherung.« Ich hielt ihm meine Quittung unter die Nase. So richtig nach einem offiziellen Dokument hatte sie eigentlich nie ausgesehen, auch nicht, als ich sie in Jaipur abschloss. Nach drei Monaten in meinem Geldgürtel glich sie eher einem Blatt Toilettenpapier.

»Und was, wenn ich fragen darf, soll das sein, Monsieur?«

»Die Quittung für die Versicherung«, antwortete ich.

Er beäugte den Zettel.

»Und in welcher Sprache, wenn ich Fragen darf, ist sie abgefasst?«

»In irgendeiner Hindu-Sprache, Urdu, glaube ich.«

»Ich verstehe.« Er gab sie mir zurück. »Sie sind hier in Frankreich, Monsieur. In Frankreich spricht man Französisch. Und wann, gestatten Sie mir die Frage, haben Sie das Paket abgeschickt?«

»Vor zwei Monaten«, antwortete ich. »Es müsste also mittlerweile angekommen sein.«

»Vor zwei Monaten? Oh, sicher, da muss es angekommen sein. Aber Sie müssen wissen, wir heben die Pakete nur drei Wochen lang auf. Wenn sie dann niemand abholt, schicken wir sie zurück.«

»Ah! Natürlich doch!« Ich gewöhnte mich langsam an den Ton der Repliken dieses Knaben. »Jedoch, wenn Sie mir den Einwand gestatten, es war keine Rücksendeadresse angegeben. Sie können es also, möchte ich doch meinen, auch nicht zurückgeschickt haben, nicht wahr? Folglich sollte es sich doch wohl noch hier befinden?«

»Keineswegs, Monsieur«, sagte er mit süffisantem Lächeln. »Wenn keine Rücksendeadresse angegeben ist, wird das Paket verbrannt.«

»Verbrannt?« Ich hatte Schwierigkeiten, den Sinn seiner Worte zu erfassen. »Mit Feuer, meinen Sie?«

»Exakt, Monsieur.«

Langsam wurde es mir zu bunt. »Hören Sie mal, es war Millionen wert, Millionen ... was weiß ich, in irgendeiner Währung jedenfalls, ganz bestimmt! Ich möchte auf der Stelle Ihren Vorgesetzten sprechen.«

»Sie haben ein Paket mit einem Wert von mehreren Millionen postlagernd geschickt? Was, wenn ich fragen darf, war denn in dem Paket?«

»Gemälde. Es war ein großes Paket, mit der ausreichenden Frankierung und dem Vermerk versehen, es drei Monate aufzubewahren. Sind Sie ganz sicher, dass es nicht auf ihren Listen steht?«

»Wenn Sie die Güte hätten, mir mitzuteilen, in welcher Sprache der Vermerk geschrieben war?«

»Französisch.«

»Aha.« Er ging einen ellenlangen Computerausdruck durch. »Tatsächlich, da haben wir ja was aus Indien, ist schon eine Weile her ...« Er zögerte. »Hier, füllen Sie das bitte aus, Name und Anschrift.«

Wie sich herausstellte, sammelten sie sämtliche falsch adressierten, unzustellbaren, nicht abgeholten und unleserlich adressierten Pakete, zu deren Verbrennung die Postbeamten zu faul waren, in einem Lagerhaus. Wenn ich mir das mal anschauen könnte, dachte ich beim Ausfüllen des Formulars. Wer weiß, was ich dort alles finden würde. Van Goghs Ohr vielleicht. Oder den Büstenhalter der Dame auf dem Zwanzig-Franc-Schein.

»Warum geben Sie mir nicht einfach die Adresse, dann kann ich selbst vorbeischauen«, schlug ich vor.

Er hob die Schultern. »Wie Sie wünschen, Monsieur. Aber von hier aus sind das vierhundert Kilometer.«

Es gehört zu den Absonderlichkeiten des Koffeinzeitalters, dass man in Europas berühmtesten Cafés den schlechtesten Kaffee serviert bekommt. Wenn der italienische Espresso spritzig und gehaltvoll ist, dann ist der französische Kaffee bitter und ölig. In Wien liebt man das Café bequem und geräumig, mit vielen gut gepolsterten Sesseln; die Pariser mögen es eng, mit Tischchen so klein wie in einer Puppenstube und Stühlen, wie man sie bei einem Verhör erwartet.

Letztendlich kann man nicht sagen, was eigentlich besser ist – die Welt ist voller Masochisten –, doch dass sich hierin ein kultureller Unterschied ausdrückt, ist nicht zu leugnen.

Das Pariser Café zum Beispiel bringt klar und deutlich die Obsession dieser Nation für Stil zum Ausdruck. Das sage ich nicht einfach so dahin, nein, das kann ich belegen, indem ich kurz jene folgenreiche Dekade der siebziger Jahre des 17. Jahrhunderts beleuchte. Damals, 1672, um genau zu sein, eröffnete ein Armenier namens Pascal (manche behaupten, es sei der gleiche, der unter dem Namen Pasqua zwanzig Jahre zuvor das erste Londoner Café führte) das erste Pariser Kaffeehaus. In der Nähe von St. Germain gelegen, war es ein einfaches, ehrliches Café, das nichts Großartiges vorstellen wollte und daher bei den Franzosen auf wenig Interesse stieß. Nach kurzer Zeit wurde es wieder geschlossen. Kaffee kannte man weiterhin nur als Heilmittel, und so wäre es auch geblieben, hätten nicht exakt in diesem Jahrzehnt die Türken die Eroberung von Wien vorbereitet. Eine ihrer Hauptsorgen war die Möglichkeit einer französischen Intervention, weshalb sie Solimon Aga als Botschafter zu Louis XIV. sandten, um einen Nichtangriffspakt auszuhandeln.

Kaum war Aga in Paris angekommen, begann er mit seinem Werbefeldzug. Sechs Monate lang lud er der Reihe nach die Crème de la crème von Paris in seine Gemächer zum Gespräch und, nach türkischer Sitte, zum Kaffeetrinken ein. Wie gesagt, man hatte das Getränk in Paris schon mal getrunken. Aber nicht so. Die Gäste wurden in Räumen empfangen, die mit Teppichen von unschätzbarem Wert ausgekleidet waren. Bevor man den Kaffee nahm, wusch man ihnen die Hände in Rosenwasser. Man bat sie, den Kopf unter ein großes seidenes Tuch zu stecken, in dem Myrrhe brannte, die ihr Gesicht in duftenden Rauch hüllte. Schließlich kam eine afrikanische Kahvedjibachi in prachtvollem Kostüm, die den geheimnisvollen »schwarzen Wein« röstete, zerstampfte und aufbrühte. Anschließend, wie uns Isaac D'Israeli überliefert, »servierte sie auf Knien den köstlichsten Mokka ... in Tassen aus Gold und Silber, die auf einem mit bestickter Seide ausgelegten und mit Goldlitze verbrämten Servierwägelchen standen.«

Dem konnte niemand widerstehen, und bald waren die tête-à-têtes mit Soliman die begehrtesten in der ganzen Stadt. Ludwig XIV., der sich zunächst geweigert hatte, den Botschafter zu empfangen, lud ihn schließlich doch in seinen Palast ein. Die Begegnung geriet zum Modeduell, bei dem französischer Rokoko gegen den Zauber des Morgenlandes antrat. Ludwig XIV. trug ein Gewand im Wert von vierzehn Millionen Livres (ungefähr dreißig Millionen Dollar), das extra für diesen Anlass angefertigt worden war. Den Empfangssaal schmückten massive Silbermöbel, und der König trat im Kreise von Hunderten Höflingen auf. Soliman erschien beinahe alleine und trug nur einfache Kleidung. Das einzig Wertvolle war sein Kaffeeservice – massiv goldene Ibriks, mit Diamanten besetzte Zarfs und chinesisches Porzellan, wie man es selten zu Gesicht bekam.

Soliman ging als Sieger hervor, und jeder, der etwas auf sich hielt, verfügte bald über ein türkisches Zimmer, wo man sich in arabischen Gewändern von einem nubischen Sklaven bedienen ließ und Mokka schlürfte, eine Farce, die Molière 1670 in seiner Komödie *Der Bürger als Edelmann* unsterblich machte:

HERR JOURDAIN: Ja, ja, jetzt muss man mich ehren, denn ich bin zum Mamamouchi geschlagen worden.
FRAU JOURDAIN: Was willst du mit diesem Mamamouchi?
HERR JOURDAIN: Das bin ich: Mamamouchi.
FRAU JOURDAIN: Was für ein Tier ist das?
HERR JOURDAIN: Mamamouchi heißt so viel wie Paladin.
FRAU JOURDAIN: Baladin – ist das einer, der zum Ball geht?

Ludwig XIV. unterzeichnete den Vertrag, und kaum zehn Jahre später standen dreihunderttausend Türken vor Wien. Die Türken verloren jedoch den Krieg, und die Kaffee-Marotte der Pariser ließ nach. Drei Jahre nach der Belagerung von Wien eröffnete ein Sizilianer namens Francesco Procopio dei Coltelli ein Lokal namens Café Procope. Procope hatte seine Lektion von dem erfolgreichen türkischen Botschafter gelernt. Nicht der Kaffee als Getränk interessierte die Franzosen, sondern das Kaffeetrinken als modische Haltung. Während die früheren Pariser Cafés bodenständige Etablissements waren, ging es im Café Procope fürstlich zu. Es gab Marmortische, Spiegel und Kerzenleuchter. Die Bedienung trug gepuderte Perücken. Man servierte türkisches Sorbet und türkische Liköre. Der Sizilianer hatte eine Disney-Version des Kaffeesalons der Adligen geschaffen, einschließlich der aufmerksamen Dienerschaft. Die Franzosen schmolzen dahin wie Butter. Voltaire wurde Stammgast, ebenso Napoléon, Rousseau, D'Alembert und die vielen Touristen unserer Tage in kurzen Hosen und Basecaps. Der Erfolg des Cafés Procope (seit über dreihundert Jahren geöffnet) machte es zum Archetyp des Pariser Cafés, dessen Besucher vor allem Wert darauf legen, in prachtvoller Umgebung gesehen zu werden.

Der Grund war, dass die Franzosen den »bitteren Wein« der Türken nicht wirklich mochten, eine Abneigung, die den türkischen Botschafter vermutlich dazu veranlasste, den Zucker einzuführen. Madame de Sevigné soll im 17. Jahrhundert angeblich gesagt haben, der Dichter Racine werde ebenso eine vorübergehende Zeiterscheinung bleiben wie der Kaffee. Die Herzogin von Orléans verglich den Kaffee mit Ruß. Ludwig XIV. fand ihn scheußlich. Doch ganz gleich, wie abfällig sich die hohen Herrschaften über den Kaffee äußerten, so schätzten sie doch seine besondere Fähigkeit, »für freien Wind und das Ende jeder Verstopfung« zu sorgen, um es mit den Worten von Paludanus zu sagen, einem Gelehrten des 16. Jahrhunderts. In dieser Eigenschaft erlangte der Kaffee seinen ersten Ruhm in Europa,[20] besonders in Form von Latwerge aus zerlassener Butter, Salz, Honig und Kaffeepulver, die man über eine Schlundsonde (bestehend aus einem ein Meter langen hohlen Knochen eines Wals) direkt in den Magen verabreichte. Zwar war diese Prozedur bei den Franzosen weniger bekannt, dafür waren sie besessen vom Problem der Verstopfung.

Voltaire höchstpersönlich widmete diesem Thema einen ganzen Eintrag in seinem *dictionnaire philosophique* (den er angeblich in einem Café verfasste), und der König war so sehr mit diesem Leiden geschlagen, dass selbst der Stuhl, den er beim Speisen benutzte, zur Toilette umgebaut war, um keine Gelegenheit ungenutzt zu lassen. Eine der begehrtesten Stellungen bei Hofe war der *gentilhomme porte coton*, dessen Aufgabe darin bestand, mit kaum mehr als einem Wattebausch und einem Silberteller bewaffnet die so tragisch raren Produkte des Sonnenkönigs aufzufangen und sie den zuständigen Autoritäten zu überbringen.

Dieses Erbe erklärt nicht nur die französische Vorliebe für Espresso als Digestif nach dem Essen, sondern beleuchtet auch die sonst unerklärliche Scheußlichkeit des französischen Kaffees. Da wäre zunächst die Kaffeesorte selbst. Die Franzosen konsumieren etwa fünfzig Prozent der nach Europa exportierten Robusta-Bohnen. Zwar ist diese Kaffeesorte von geringerer Qualität, besitzt dafür aber einen besonders hohen Koffeingehalt. Koffein regt die Darmmuskulatur an, wirkt also der Verstopfung entgegen. Diese natürliche Wirkung wird durch die besondere Art der französischen Röstung noch verstärkt, in der die Bohnen bis zur Unkenntlichkeit verbrannt werden, was den Kohle- und Ölanteil erhöht. Kohle absorbiert Gase, die sich im Verdauungssystem bilden, was der Verdauung förderlich ist; Fette und Öle haben bekanntlich abführende Wirkung.

Da die Post mindestens zwei Wochen dafür veranschlagte, herauszubekommen, wo meine Bilder gelandet waren, und weil Paris so unverschämt teuer ist, beschloss ich, mir eine Gelegenheitsarbeit zu suchen. Ich hatte Ende der achtziger Jahr bereits einmal in Paris gearbeitet, Geschichten geschrieben und Geschirr gespült, doch diesmal nahm ich mir vor, eine Anstellung als garçon, als Kellner zu finden. Zu Zeiten von Procope galten Kellner als wandelnde Enzyklopädien, denen man zutraute, jeden aufkommenden Streit zu schlichten, da sie persönlich Voltaires letzte Weisheiten gehört hatten. In gewissem Sinne ist es auch heute noch eine prestigeträchtige Stellung. Die besten der Stadt wetteifern jedes Jahr darum, wer von ihnen am schnellsten hundert Meter mit einem Tablett voller cafés crèmes laufen kann. Zumindest kann man enge Hosen tragen und die Touristen hochnäsig behandeln, zwei Verlockungen, denen kaum ein Franzose widerstehen kann.

Am besten, so dachte ich, versuche ich mein Glück in den griechischen Cafés des Quartier Latin, und nachdem ich mir einen ganzen Tag die Hacken abgelaufen hatte, erhielt ich tatsächlich ein vielversprechendes Angebot. Es handelte sich um ein kleines Café-Restaurant, das jene verstaubte Selbstgenügsamkeit ausstrahlte, wie sie nur Etablissements besitzen, die wenig von Kunden behelligt werden. Der Betreiber, ein sorgfältig gekleideter Syrer, begrüßte mich wie einen alten Freund. Als er mich nach hinten in sein Büro führte, konnte ich einen Blick in die Küche werfen, wo sich das ungewaschene Geschirr stapelte. Es schien keine weiteren Angestellten zu geben. Wir sprachen über meine Erfahrungen (begrenzt) und meine Arbeitspapiere (gefälscht). Dann fragte er mich, ob ich Mitglied der Tellerwäschergewerkschaft sei.

»Äh, na ja«, meinte ich, unsicher, ob ich ihn richtig verstanden hatte. Eine Tellerwäschergewerkschaft? Gab es denn so etwas überhaupt? »Eigentlich suche ich mehr eine Stelle als Kellner.«

Er hob die Schultern. »Das macht keinen Unterschied.«

»Keinen Unterschied?«

»Gleiche Arbeit.«

Ich begriff: die Stapel schmutzigen Geschirrs, die Abwesenheit jeden Personals. »Ich soll beides machen, oder?«

»Natürlich«, sagte er. »Du hast gesagt, du hast Erfahrung als Koch.«

»Ja, aber ...«

»Aber du bist nicht Mitglied in der Tellerwäschergewerkschaft? Ich fürchte, ich kann dich nicht einstellen, wenn du nicht in die Gewerkschaft eintrittst. Die sind da ganz streng.«

»Furchtbar streng«, nickte ich verständnisvoll und erhob mich. »Ich habe da einen Freund, der kann mir sicher helfen.«

Der erwähnte Freund war Moussa aus Mali, mit dem ich in den Achtzigern gearbeitet hatte. Die wilden Achtziger, als Ronald Reagan es der amerikanischen Wirtschaft besorgte und der Dollar in die Höhe schoss, wodurch Paris selbst für Exilamerikaner wie mich beinahe bezahlbar wurde. Gesegnet sei er dafür! Für fünfzig Cent konnte ich in jedem Pariser Café meiner Wahl den Tiefsinnigen spielen. Ein Glas Rotwein kostete weniger als einen Dollar. Die Miete auf dem Hausboot direkt gegenüber dem Louvre betrug fünfundsiebzig Dollar im Monat. Bei solchen Preisen spielte es keine Rolle, dass ich morgens beim Aufwachen Eiszapfen über dem Kopf hatte, die Seine meine Toilettenspülung ersetzte oder ich nur zwei Dollar fünfzig die Stunde verdiente.

Moussa war damals Spüler (nun ist er Koch), und ich war mir sicher, wenn mich überhaupt jemand in die Tellerwäschergewerkschaft bringen konnte, dann er. Er ist ein wunderbarer Mensch – ebenso umgänglich wie unflätig, ein altmodischer Landedelmann aus der Südsahara, der kichert wie ein kleines Mädchen und eine Nase wie Pinocchio hat. Stets bereit, einem aus der Patsche zu helfen. Nichts würde ich lieber tun, als mich des langen und breiten über Moussa auslassen. Ein seltener, ein wunderbarer Mensch. Unglücklicherweise konnte er nicht das Geringste für mich tun.

»Eine Tellerwäschergewerkschaft?«, fragte er. »Das ist ja wohl ein Witz! Der war bestimmt besoffen.«

Der nächste, den ich aufsuchte, war Monsieur François Balitrand, ein Gewerkschaftler in Rente, der ein Zimmerchen im Erdgeschoss eines Hotels bewohnte, das seiner Familie gehörte. Er war ein kleiner Mann, an die achtzig, ein Stotterer mit lila gefärbten Zähnen.

»Wissen Sie, Monsieur, das ist nicht so einfach, selbst für die meisten Franzosen nicht«, erklärte er mir. »Wenn Sie in einem Café arbeiten wollen, müssen sie ein Auvergner sein. Ich glaube, dieser Stamm hat noch immer das Sagen in den Cafés.«

»Es gibt einen Stamm, der Cafés betreibt?«, wunderte ich mich. »Sie meinen eine Kaste, wie in Indien?«

»Ja, kennen Sie denn nicht die Geschichte der Auvergner? Sie sind die Urväter des Pariser Cafés.« Er zog einige Bücher aus den Regalen, die sämtliche Wände seines Wohn- und Schlafzimmers einnahmen. »Es handelt sich um einen weitverzweigten Stamm beziehungsweise eine große Sippe. Keine Kaste. Auch meine Familie stammt aus der Auvergne.«

»Hatte ihre Familie denn ein Café?«

»Das war mal ein Café, hier, wo Sie jetzt sitzen. Damals war Hotel oder Café mehr oder weniger dasselbe.«

Die Auvergne ist eine Bergregion, die etwa vierhundert Kilometer südlich von Paris liegt. Heutzutage ist sie vor allem bei Reitern beliebt. Im 18. Jahrhundert war es eine abgelegene, ärmliche Provinz, in der Bauern und Bergleute ein karges Leben fristeten. Die Auvergner waren und sind für ihre Dickköpfigkeit und ihren Unabhängigkeitssinn bekannt. Sie sollen von den Ukrainern abstammen. Laut Monsieur Balitrand haben sie in Paris zunächst versucht, als *charbonniers*, als Kohlenhändler (daher auch der Spitzname »charbougnats«), die Kohle aus ihren Heimatdörfern loszuschlagen. Im Straßenverkauf boten sie dann auch Wasser und Limonade feil, schließlich auch heißes Wasser, das sie mit ihren Kohlen erhitzten. Als der Kaffee in Mode kam, brühten sie ihn den Leuten vor der Haustür auf, eine Pariser Tradition, die auf einen verkrüppelten Jungen namens Le Candiot zurückgeht, der auf diese Weise Ende des 17. Jahrhunderts von Haus zu Haus zog.

Irgendwann wurde es ihnen zu mühselig, mit all ihren Gerätschaften durch die schmutzigen Straßen von Paris zu ziehen. Ein Auvergner nach dem anderen suchte sich ein Plätzchen und richtete eine feste Verkaufstelle ein. Bald wuchsen Wände um ihre Handkarren. Ein paar Stühle wurden davor gestellt. Gelegentlich spülte auch jemand das Geschirr. So entstanden das Deux Magots, das Café Flore, Lipp und die ungezählten anderen berühmten Pariser Cafés. Ende des 19. Jahrhunderts lebten bereits eine halbe Million Auvergner in der Stadt. Bis zum heutigen Tag sind sie ein Völkchen für sich geblieben, das eigene Zeitungen herausgibt und auf dessen Veranstaltungen sich ganze Dörfer zusammenfinden.

Unter den ersten, die nach Paris kamen, war auch Monsieur Balitrands Ur-ur-ur-ur-ur-urgroßvater aus dem Dorf St. Côme d'Olt in der nördlichen Auvergne.

»Wir haben uns Ende des 19. Jahrhunderts hier niedergelassen«, sagte Monsieur Balitrand über sein Hotel Henry IV., ein vielfach verschachteltes Gebäude auf der Île de la Cité. »Bestimmt jeder zweite aus dem Dorf meiner Familie hat hier in der Nähe ein Café oder ein Hotel eröffnet.«

Mitte des 18. Jahrhunderts hatten diese Gasthäuser (ob nun von Auvergnern oder ihren Vorgängern betrieben) Paris in »ein großes Café« verwandelt, wie Jules Michelet schreibt. Nicht anders als in England waren die französischen Cafés Zentren der damaligen politischen Reformbewegungen. Doch zeigten sich gerade hierbei die charakteristischen Unterschiede der beiden Nationen. In den englischen Kaffeehäusern herrschten nüchterne, ernsthafte Diskussionen und Debatten vor. In Paris boten die Cafés den Reformern vor allem eine Bühne für das Schauspiel Politik. Das berühmt-berüchtigte Café des Aveugles hatte ein Orchester aus blinden Musikern, das von einem tauben Sänger geleitet wurde, eine Parodie auf die Unfähigkeit der königlichen Regierung. In unmittelbarer Nachbarschaft lag das Café Vert, wo man einen Affen hielt, der darauf trainiert war, jedem Gast an die Gurgel zu gehen, den man ihm als Aristokraten bezeichnete. Frivol, frech und sarkastisch: eben typisch pariserisch.

In den achtziger Jahren des 18. Jahrhunderts wurde die Sache langsam ernst. »Die Cafés des Palais Royal«, schrieb der englische Reisende Arthur Young 1789, »bieten ein höchst erstaunliches Schauspiel durch die Menschenmengen, die sich vor und in ihnen drängen, um (spontanen) Reden zu lauschen ... Der donnernde Applaus, (mit dem) sie jeden Aufruf zur Gewalt gegen die gegenwärtige Regierung begrüßen, ist kaum vorstellbar.«

Dort, im Umkreis der Cafés des Palais Royal geschah es dann auch am 12. Juli 1789, dass Camille Desmoulins auf einen Tisch sprang und die Menge dazu aufrief, die Waffen gegen die Aristokratie zu erheben. Dergleichen war schon unzählige Male zuvor geschehen, doch dieses Mal, nach einer erregten Debatte über die beste Farbe für die Revolution (Grün als Symbol für die Erneuerung oder Rot für Blut?), erhoben sich die Cafébesucher tatsächlich von ihren Sitzen, gingen auf die Straße und stürzten die französische Monarchie, was das Ende der bis dahin gängigen Regierungsform einläutete.

Einige Gesellschaftskritiker der damaligen Zeit sahen im Kaffee das Stimulans, das sowohl die Aufklärung in Gang gesetzt als auch die erste Revolution in Europa hervorgebracht hat. »Es besteht kein Zweifel, dass die Ehre für dieses Feuerwerk kreativen Gedankenguts teilweise jenem großen Ereignis zuzuschreiben ist, welches neue Sitten begründete und sogar das menschliche Naturell veränderte – der Einführung des Kaffees.«[21] Der Historiker Narcisse-Achille Salvandy bringt es folgendermaßen auf den Punkt: »Keine Regierung kommt gegen die Stimmung in den Cafés an. Die Revolution fand statt, weil man dort eine Revolution wollte. Napoléon kam an die Macht, weil man sich dort nach Ruhm sehnte.«

Das sind nette Geschichten, und vielleicht sind sie sogar wahr. Doch hat der gute alte Türkentrank noch auf andere, weniger oft gerühmte Weise seine Rolle in der Juli-Revolution gespielt, und zwar eine, die uns wieder tiefen Einblick ins gallische Verdauungssystem gibt: um genau zu sein, in das des bekannten Marquis de Sade. Zu jener Zeit war unser teurer Marquis in der Bastille eingekerkert. Am 2. Juli, zehn Tage, bevor Desmoulins im Café Foy auf einen Tisch hüpfte, hatte auch der Marquis ein wenig die Menge wachgerüttelt. Nach einer Auseinandersetzung mit seinem Kerkermeister hatte er sich den Trichter geschnappt, mit dessen Hilfe er sonst seinen Nachttopf in den Festungsgraben entleerte, und ihn als Megaphon genutzt, um aus seinem Zellenfenster zu verkünden, die Regierung lasse den Gefangenen der Bastille »die Kehle durchschneiden«. Schnell hatte sich draußen eine Menschentraube versammelt. Während die Gefängniswärter damit kämpften, die Zellentür zu öffnen, forderte der Marquis die Menge auf, den »politischen Gefangenen« zu Hilfe zu eilen, die mit ihm eingekerkert seien. Dann wurde er von den Wachen überwältigt.

Lange haben die Historiker gerätselt, warum die Revolutionäre überhaupt die Bastille gestürmt haben. Jedermann wusste, dass dort nur ein paar Aristokraten wie der Marquis de Sade einsaßen. Doch sieht es so aus, als habe sich innerhalb von Stunden nach dem Aufruf des Marquis das Gerücht verbreitet, die Regierung habe alle politischen Gefangenen in die Bastille gebracht, um sie dort zu töten. Dieses Gerücht zog immer weitere Kreise. Zehn Tage später kam es zum Sturm auf die Festung. Doch die Aufständischen fanden dort keine politischen Gefangenen vor. Tatsächlich gab es überhaupt nur drei Insassen. Dagegen fiel ihnen aber ein großes Waffendepot in die Hände, ohne das nach allgemeiner Ansicht die Französische Revolution fehlgeschlagen wäre.

Aber was hatte den Marquis eigentlich so erzürnt? Es war wieder einmal das bekannte »Verstopfungsproblem«. Nach zwölf Jahren in der Zelle war der Marquis so verkorkt wie eine Flasche Dom Perignon, er war »aufgeschwemmt, übergewichtig und litt unter heftiger Gastritis«, wie man in der ausführlichen Biografie von Maurice Levenger nachlesen kann. Unablässig verlangte er »angemessene« Mahlzeiten und wurde fuchsteufelswild, wenn Lossinoette, »der schmutzigste und unverschämteste unter allen Dienstboten«, ihm sein »Sitzkissen« wegnahm. Die wohltuende Wirkung des Kaffees gegen solcherlei Leiden war wohlbekannt, und auch wenn die Aufzeichnungen über seinen Kaffeekonsum lückenhaft sind, kann doch kein Zweifel bestehen, dass sein Mangel eine entscheidende Rolle bei seinen Verdauungsbeschwerden spielte. So waren es schließlich die durch solche Qualen ausgelösten Schreie, welche die Massen am 14. Juli 1789 zum Sturm auf die Bastille trieben.

Von da an ging es bergab, bis schließlich das anbrach, was einige Spinner das goldene Zeitalter des französischen Cafés nennen. Man kennt die üblichen Verdächtigen. Unser Freund Rimbaud, der Kaffeehändler und Dichter aus Harar, der mit dem Sinnbild des dekadenten Cafébesuchers, Paul Verlaine, im Café Rat Mort herumhing. Die beiden waren Sid Vicious und Johnny Rotten des 19. Jahrhunderts. Rimbaud fordert Verlaine auf, seine Hände auf die Tischplatte zu legen und schlitzt ihm dann die Pulsadern auf; Verlaine erwidert den Liebesbeweis, indem er auf Rimbaud schießt. Solche Sachen eben. Später saßen Existentialisten wie Sartre und Camus im Café Flore, die Amerikaner im Café Lipp und im La Coupole, Kubisten wie Picasso im Le Lapin Agile, oder der Dadaist Guillaume Apollinaire und der Surrealist André Breton im Rotonde. Es gab sogar die Gruppe der »Incohérents«, die sich im Café des Incohérents traf. Leute wie Alexandre Schanne und Henri Murger machten Karriere, indem sie Essays über »Les cafés decadents« schrieben. Der Besitzer des Café Momus klagte einmal: »Unser Kellner ist über all den Gesprächen, die er sich anhören musste, in der Blüte seiner Jahre zu einem Idioten geworden«.

So sehr mein Herz für diese Müßiggänger schlägt, muss ich doch kritisch anmerken, dass sie nur über die Revolution sprachen, Desmoulins und seinesgleichen vom Palais Royal sie hingegen angezettelt haben.

Nein, die heroischste Leistung dieser Bande ist die herkulische Anstrengung, bis zu zwölf Stunden über einem einzigen Espresso auszuharren. Besonders Sartre war ein Meister auf diesem Gebiet. Wie Paul

Boulal, der Eigner des Café Flore, zu berichten weiß, war unser geschätzter Existentialist »der schlimmste Kunde überhaupt ... von morgens bis abends saß er bei einem einzigen Getränk, ohne jemals neu zu bestellen.« Dank solcher Sitten ist es heutzutage nirgendwo so teuer, sich eine Tasse zu genehmigen, wie in der Hauptstadt des Cafés – bis zu sieben U.S.-Dollar zahlt man für dieses Vergnügen, das in Wien vier und in Amsterdam bloß zwei Dollar kostet. Da ist es kein Wunder, dass die Franzosen selbst das Café meiden wie die Pest. 1960 konnte sich Paris 252.000 kleiner Cafés rühmen. 1982 waren es noch ungefähr 180.000, jetzt sind es fast nur noch halb so viele. Weitere 6.000 sollen dieses Jahr schließen. Bei jedem Besuch in der Stadt stelle ich fest, dass wieder einige alte Bekannte verschwunden sind.

»O ja, es hat sich viel verändert«, stimmte Monsieur Balitrand zu. »Das hat viele Gründe – McDonald's und Fast Food überhaupt sind so populär. Aber es hat immer Cafés gegeben, und es wird immer welche geben. Sie gehören einfach zur Geschichte Frankreichs.«

der sultan hat
ohrenschmerzen

> Zum Frühstück nahm Beethoven Kaffee, den er sich meist selbst in einer Glasmaschine bereitet hat. Kaffee scheint sein unentbehrliches Nahrungsmittel gewesen zu sein, womit er auch so skrupulös verfuhr wie von den Orientalen bekannt. Sechzig Bohnen wurden für eine Tasse gerechnet und oft abgezählt, besonders wenn Gäste anwesend waren.
> *Anton Schindler*

Hinter dem explodierenden Anstieg des Kaffeekonsums im Europa des 18. Jahrhunderts steht das sattsam bekannte Prinzip von Angebot und Nachfrage. Ende des 17. Jahrhunderts musste Ludwig XV. jährlich den Gegenwert von fünfzehntausend Dollar aufwenden, um den Kaffeekonsum seiner Tochter zu finanzieren. Um 1740 war der Preis auf fünfzig Cent pro Tasse gefallen, und auch die Ärmsten konnten sich gelegentlich ein Tässchen gönnen. Kaffeepflanzen gediehen mittlerweile in europäischen Kolonien auf drei Kontinenten. Die erste große Verpflanzungsaktion war Baba Budans legendärer Schmuggel der Bohne nach Indien gewesen. Mehr Bedeutung hatte es, als der holländische Kapitän Pieter Van Der Broecke 1616 ein Dutzend Kaffeesträucher aus Mocha stahl und sie in Java anpflanzte. Doch die entscheidende Tat dieses kolonialen Drogenkartells war der Schmuggel der Kaffeebohne in die Neue Welt durch einen französischen Aristokraten namens Gabriel De Clieu im Jahr 1720.

Als ich in Paris De Clieus Geschichte las, musste ich unwillkürlich an den Wiener Spion Kolschitzky denken. Sie klang so unwahrscheinlich wie ein Roman von Tom Clancy, es wimmelte nur so vor Piraten, Spionen und Schiffbrüchen, dass man es kaum glauben mochte. Nach kurzer Recherche hatte ich herausgefunden, dass ihre wichtigste Quelle ein Brief von 1774 aus der Feder von De Clieu selbst war. Als ich ein wenig tiefer nachgrub, förderte ich viele anderslautende Geschichten zutage, darunter die ziemlich unwahrscheinliche eines französischen Arztes, der sechzig Kaffeepflanzen dafür erhalten haben wollte, dass er den Sultan des Jemen von seinen Ohrenschmerzen befreite. Weiter gab es Berichte, dass die Holländer schon 1714, also sechs Jahre vor De Clieu, Kaffee im südamerikanischen Surinam angepflanzt hätten, sowie die Geschichte von einem portugiesischen Offizier, dem eine französische Gräfin für seine ehebrecherischen Dienste einen Strauß Kaffeeblüten verehrt haben soll. Auch unsere alten Freunde, die Kapuzinermönche, erhoben Ansprüche.

In Wahrheit wusste also niemand genau, wie die Pflanze in die neue Welt gekommen war, und so hatte man die Ehre De Clieu zugesprochen, weil er die beste Geschichte geliefert hatte. Ich versuchte, mehr über den französischen Seefahrer herauszubekommen, aber nachdem ich eine Woche lang die Französische Nationalbibliothek durchstöbert hatte, wusste ich nicht mehr, als dass er wahrscheinlich 1686 in einem Ort namens Anglequeville zur Welt gekommen war. Später war er Gouverneur von Guadeloupe geworden. Doch schien niemand zu wissen, wo er begraben lag. Als ich versuchte, herauszubekommen, wo dieses Anglequeville eigentlich lag, musste ich feststellen, dass ein Ort dieses Namens nicht existierte. Der einzige Hinweis, den ich fand, ließ vermuten, dass Anglequeville irgendwo an der französischen Atlantikküste lag, im Department Seine-Maritime in der Normandie. Da mich interessierte, was an De Clieus Geschichte dran war, und sich abzeichnete, dass die französische Post meine Rajasthani-Gemälde nie mehr auffinden würde, setzte ich mich in den nächstbesten Zug, der in die Normandie fuhr. Es war eine zauberhafte Fahrt. Grüne Hügel, gesprenkelt mit weißen Schafen, zogen vorbei. Ich sah Apfelbäume, deren Äste sich unter der Last ihrer Früchte bogen. Seltsam herbstlich, dachte ich, als der Zug vorbeiglitt, aber hübsch anzusehen. Weiter ging es durch Rouen. Dann kam ein Ort namens Auffay. Wir passierten Longueville-sur-Scie, Malanvay L'Home und Victoire L'Abbaye. Je kleiner die Orte wurden, desto länger waren lustigerweise ihre Namen. Wir waren nun schon mitten in Seine-Maritime. Doch es war immer noch nichts von Anglequeville zu sehen. Ich spürte den Geruch des Meeres in der Luft, und schließlich hielt der Zug an. Dieppe, die Endstation. Ich suchte mir ein billiges Zimmer über einer Bar und machte mich auf die Suche.

Meine Methode war nicht so unsinnig, wie es sich vielleicht anhört. Ich hatte zwar keine Ahnung, wo Anglequeville liegen könnte, aber der Name schien eine Verballhornung von »Anglaisville« (»englische Stadt«) zu sein. Wenn De Clieu ein Seemann gewesen war und in einer Stadt gelebt hatte, die man mit England in Verbindung brachte, dann konnte das eigentlich nur einer der Seehäfen von Seine-Maritime gewesen sein, von denen es nur etwa zwanzig gab. Ich brauchte also nur von Hafen zu Hafen und von Bar zu Bar zu ziehen, bis ich jemanden fand, der schon einmal von dieser Familie gehört hatte.

Dieppe ist ein hübsches kleines normannisches Fischerstädtchen. Auf den Straßen gab es gegrillten Hering, und vor der Kirche war ein kleiner Markt. Es gab niemanden unter fünfundvierzig Jahren, und alle waren leicht beschwipst.

»Le poisson pêche«, murmelte ein Mann in einem blauen Overall, als ich zum ersten Mal mit meiner Frage eine Hafenbar betrat, das Café Le Crystal. »Alors, si nous pêchons les poissons, nous pêchons nos frères, non? Nous sommes tous des pêcheurs.« Womit er sagen wollte: »Die Fische fischen; wenn wir also die Fische fischen, fischen wir doch unsere Brüder, nicht wahr? Wir sind alle Fischer.«

Ich bestellte ein Bier.

»Die Fische fischen«, fuhr er fort, offenbar an mich gewandt. »Verstehen Sie? Wenn die Fische Fische fischen, sind sie doch Fischer, oder? Also fischen wir Fischer. Aber wir sind selbst Fischer! Wir essen also unsere eigenen Brüder.«

»O là là«, warf die Blondine hinter dem Tresen, die einen nervösen Tick hatte, ein. »Was für ein Unsinn. Fische, die Fische essen, sind Kannibalen. Was ist schon dabei, wenn wir Kannibalen töten? Kannibalen sind widerlich, sie verdienen den Tod.«

»Und außerdem, mein Freund«, erklärte ein glatzköpfiger Typ in einer Lederjacke, »ein Fisch, der fischt, ist gar kein Fischer, weil er den Fisch nicht aus dem Wasser holt, sondern direkt im Meer verspeist. Das ist also etwas ganz anderes.«

»Nein. Alle, die im Meer fischen, ganz gleich wie, sind Brüder«, meinte der Mann im blauen Overall. »Wenn ein Polizist einen anderen Polizisten auffrisst, ist er dann etwa kein Kannibale?«

Der Glatzkopf nahm einen Schluck aus seinem Bierglas. »Nicht, wenn der andere Polizist ein Schwein ist, dann nicht.«

In das Schweigen, das diese Bemerkung auslöste, fragte ich, ob jemand schon mal etwas von einem De Clieu oder von Anglequeville gehört hätte.

»Fragen Sie die Fische«, antwortete der blaue Overall. »Die wissen alles.«

»De Clieu? Nie gehört«, meinte die Bedienung.

»Es ist ein alter Name«, bohrte ich weiter. »Ich bin nicht sicher ...«

»Kenn ich nicht«, gab sie unwirsch zurück. »Danke, der Herr, und auf Wiedersehen.«

Der Glatzkopf legte mir eine Hand auf die Schulter. »Hör mal, mon ami, ich kenne keine Familie De Clieu«, sagte er. »Aber es gibt da eine Avenue de Clieu unten am Bahnhof. Vielleicht wohnen sie ja da.«

Ich ging zum Bahnhof zurück, und siehe da, direkt an der Apotheke hing das Straßenschild: Avenue de Clieu. Ich feierte den glücklichen Fund mit einem Essen in einem billigen Hafenrestaurant. Gebratene Flunder mit Pommes frites, Lachspastete und Crème Caramel. Ich kam mit der Serviererin über das Buch ins Gespräch, in dem ich schmökerte. (»Ah, ich kenne diesen P. G. Wodehouse.«) Nach ein paar Gläsern Weißwein war ich entschlossen, sie zu heiraten. Wir würden zusammen in Dieppe leben. Wie alle hier würde ich als Fischer hinausfahren. Im Sommer hätten wir die Touristen. Gigot und ich würden viele Kinder bekommen, sehr viele, die wiederum Kinder bekommen würden, und so weiter und so fort.

»**Ja**, ich bin die Ur-ur-ur-ur-ur-ur-urenkelin von Gabriel de Clieu.« Madame Catherine de Beaunay-Cotelle zählte es noch einmal an den Fingern ab. »Ich bin nicht ganz sicher, ob nicht vielleicht noch ein 'ur' fehlt.«

Ich hatte wirklich unglaublichen Dusel: Dieppe war nicht nur der Geburtsort von De Clieu, hier lebte auch seine einzige direkte Nachfahrin, eine französische Dame mittleren Alters, die keinen Unsinn erzählte und schwarzweiße Wingtips trug.[22] Am Tag nach meiner Ankunft in Dieppe hatte ich sie in einem Café kennen gelernt, worauf sie mich mit ihrem Wagen in ihr Büro im Nachbarort Derchigny-Graincourt chauffiert hatte, wo sie die letzten drei Jahre damit zugebracht hatte, die Heldentaten ihres Vorfahren zu dokumentieren.

»Nein, es kann kein Zweifel daran bestehen, wer die Pflanze nach Amerika gebracht hat«, erklärte sie und legte mir einen Stapel Papiere vor. »Es ist eine historisch bewiesene Tatsache. Es gibt sogar ein Buch darüber.«

Catherine reichte mir ein schmales gelbes Bändchen mit dem Titel: *Hommage au chevalier Gabriel De Clieu*. Die Autorin hieß Catherine de Beaunay-Cotelle.

»Aber das stammt ja von Ihnen!«, protestierte ich.

»Selbstverständlich. Wer sollte es besser wissen als seine einzige Nachfahrin?«

Das war ein Argument. Sie besaß unter anderem Briefe von Ludwig XV., dem Gouverneur von Martinique und verschiedenen Kolonialbeamten, die De Clieus Tat bezeugten, außerdem das Schreiben eines amerikanischen Biologen, der sogar eine Spezies der Kaffeepflanzen nach De Clieu benannt hatte. Sie zeigte mir auch De Clieus Wappen, das auf silbernem Grund einen Adler mit offenem Schnabel zeigte, der einen Kampfschrei ausstieß, das Ganze gekrönt von drei Sandkörnern. Ich sagte ihr, sie gleiche ein wenig dem alten Chevalier, dessen Porträt den Umschlag ihres Buches zierte. Dort war er als älterer Herr mit gepuderter Perücke und meergrauen Augen abgebildet. Genial, aber nicht die Art von Großvater, dem man einen Streich spielen würde. Auch Catherine machte eher den Eindruck, als ließe sie nicht mit sich spaßen.

»Das ist etwas, auf das ich sehr stolz bin«, sagte sie, als sie meinen Blick bemerkte. Sie hatte wirklich die Augen des Chevaliers. »Es ist mein Lebenswerk geworden.«

Außer mit ihrer Dokumentation der Reise De Clieus in die Neue Welt beschäftigte sie sich mit dem Plan, ein Museum zur Rolle des Kaffees in der französischen Geschichte zu eröffnen. Sie hatte erst vor kurzem die De-Clieu-Gesellschaft gegründet (ich bin ihr zweihunderteinundfünfzigstes Mitglied) und siebzehn Nachbargemeinden davon überzeugt, das leerstehende Schloss des Chevaliers zu kaufen, das ihr Museum beherbergen soll.[23]

Wie Catherine mir erzählte, wurde ihre Familie von Charles VI. in den Adelsstand erhoben. Gabriel war 1687 in Dieppe geboren worden und trat 1702 in die Marine ein. Die nächsten fünfzehn Jahre kreuzte er in der französischen Karibik herum, strich verschiedene Ehrungen ein und heiratete, blieb aber im Grunde ein Herumtreiber. Um 1717 erfuhr er von der Geschichte eines gewissen Michel Isambert, der sein Leben bei dem Versuch verloren hatte, drei Kaffeepflanzen auf die Antillen zu bringen. Gabriel nahm sich der Sache erfolgreich an und wurde zur Belohnung als Gouverneur von Guadeloupe eingesetzt, außerdem Ritter des St.-Louis-Ordens, und natürlich zum Helden zahlloser Liebhaber des Kaffees.

»Er starb völlig verarmt in Paris, obwohl er Gouverneur gewesen war«, sagte sie. »Aber er war ein guter Gouverneur, nach allem, was man weiß. Als man in Guadeloupe von seiner Armut erfuhr, bot man ihm hundertfünfzigtausend Livres an. Er hat sie natürlich nicht angenommen.«

»Aber er besaß hier doch immer noch Land?«

»Das ja. Nachkommen seiner Familie gehören hier herum immer noch ungefähr achtzig Hektar. Trotzdem starb er mittellos.« Sie legte ihre Aufzeichnungen beiseite. »Aber es besteht kein Zweifel über das, was mein Ahnherr der Welt geschenkt hat. Wenn man sich das vorstellt! Dass ein einziger Mensch soviel Glück bringen kann.«

»Ja, unglaublich.« Ich schwieg einen Moment, unsicher, wie ich meine Skepsis zum Ausdruck bringen sollte. »Die Geschichte, Sie wissen schon, von der Reise. Sie klingt so unwahrscheinlich. Ist sie wirklich wahr?«

»Ja, verrückt, was? Kommen Sie.« Sie führte mich in ein großes Gebäude voller Blumen. »Sehen Sie es?«, sagte sie und wies auf die Pflanzen. Ich sah mich verwundert um. Da erkannte ich hinter den Farnwedeln und Blüten ein Fresko, das De Clieus »Odyssee« darstellte. Piraten und Meerjungfrauen waren darauf zu sehen, und Seeleute, die verdursteten. Ein schrecklicher Sturm wütete. Das letzte Bild zeigte das Paradies von Martinique, wo De Clieus Frau, ein Äffchen auf dem Schoß, von einem afrikanischen Sklaven eine Tasse Kaffee kredenzt wurde. Die Farben waren schon verblasst.

»Es war sein Schicksal, müssen Sie wissen«, erklärte sie. »Ich habe sein Horoskop erstellen lassen. Er ist im Haus des Saturn geboren, was Beharrlichkeit bedeutet, und in dem des Merkur, was für weite Reisen spricht. Sein Sternzeichen nach dem thebanischen Kalender stellt ihn als Mann mit einem Korb in der Rechten und Samenkörnern in der Linken dar. Was angeblich bedeutet, dass er dazu bestimmt war, etwas zu säen, was viele Früchte trägt.«

»Welches Sternzeichen war er denn?«, fragte ich.

»Wir nehmen an, dass er am 30. Juni 1687 geboren wurde. Also Krebs.«

»Tatsächlich? Ich bin auch Krebs.«

»Ach, wissen Sie, ganz ernst nehme ich solche Dinge nicht«, lachte sie. »Aber wenn Sie auf den Spuren meines Vorfahren wandeln wollen, vergessen Sie nicht, ein paar Flaschen Wasser mitzunehmen.«

Laut Catherine Cotelle war De Clieu etwa dreißig Kilometer südlich von Dieppe, in Rochefort, in See gestochen. Ich bemühte mich dort um die Überfahrt auf einem Frachter, jedoch vergeblich. Sich die Überfahrt auf einem Frachter durch Arbeit zu verdienen, gehört der Vergangenheit an, zumindest in Europa, wo man solche Passagen mittlerweile im Voraus buchen kann. Das einzige Schiff, das ich auftrieb, war ein Trampdampfer, der vom norditalienischen Genua aus in See stechen sollte. Und es sollte mich Geld kosten; nicht viel, aber ich musste in bar bezahlen, außerdem konnten sie mir keinen genauen Termin für die Abreise nennen. Und das Ziel war nicht Martinique, sondern der berühmte brasilianische Kaffeehafen Santos.

Die nächsten Wochen verliefen ziemlich chaotisch. Deshalb will ich gar nicht erst lange schildern, wie ich in Genua ankam und feststellen musste, dass mein Frachter, die SS Venezia, noch nicht angekommen war. Auch den Tag, an dem die zuständigen Behörden den Auslaufermin dreimal innerhalb von vierundzwanzig Stunden verschoben, will ich überspringen. Ebenso die Wochen, die ich, zum Müßiggang gezwungen, in Rom und Neapel verbrachte: die unzähligen Cellinis, die

Michelangelos ohne Ende, die Präraffaeliten, die Postraffaeliten, und die Raffaeliten, die weder prä noch post waren, sondern einfach so gekleckst hatten. Erwähnen wir erst wieder den Tag, als ich schließlich erneut am Kai in Genua stand und darauf wartete, an Bord zu gehen. Es war allerdings nicht die SS Venezia, die auf mysteriöse Weise verschollen war, sondern die SS Pisa. Was mir letztlich gleich war, solange der Kahn nicht absoff.

Schriftsteller neigen dazu, Hafenanlagen als romantische, geheimnisvolle Orte zu beschreiben, und vielleicht waren sie das ja auch einmal. Die modernen gleichen jedoch eher Parkplätzen und die Schiffe Hochhäusern. So war die SS Pisa an die zweihundert Meter lang und fünf Stockwerke hoch (sechs weitere Decks lagen unter der Wasserlinie). Überall auf dem Kai standen große stählerne Container, die schlicht rot oder blau lackiert waren. Um sechzigtausend Pfund Kaffee an Bord zu nehmen, dafür musste sich im 19. Jahrhundert ein Schauer dreihundert Mal eine Last von zweihundert Pfund auf die Schultern laden. Heute macht das ein unsichtbarer Kranführer in einem Rutsch.

Die einzigen Leute, die ich an diesem Tag zu Gesicht bekam, waren meine Mitreisenden, neun an der Zahl, die meisten Anfang siebzig. Keiner von ihnen sprach Englisch. Nach zwei Stunden ließ uns ein Mitglied der Crew ins Innere. Unsere Ladung bestand aus Traktoren. Ein Italiener mit einem Gebiss nahm mir das Versprechen ab, bei den Mahlzeiten sein Tischnachbar zu sein. Dann wurden wir zu unseren Kabinen geführt. Alles war in monotonem Blau gestrichen. Als ich meine Sachen auspackte, begann die Kleine am anderen Ende des Gangs zu schreien. Aus den Tiefen des Schiffsleibs kam ein fürchterlicher Krach.

Die Einführung neuer Pflanzen in fremden Erdteilen war eine der bedeutendsten Aufgaben der frühen europäischen Kolonisten. Anfangs brachten sie hauptsächlich exotische Gewächse nach Europa, beispielsweise die Tomate. Der Anbau des aus Afrika stammenden Zuckerrohrs in Brasilien war die erste großangelegte Umsiedlungsaktion von Pflanzen aus der Alten Welt in die Neue Welt. Als Nächstes kam der Kaffee. Es scheint schon zwei oder drei frühere Anläufe gegeben zu haben, Kaffee in der westlichen Hemisphäre zum Gedeihen zu bringen, einen davon möglicherweise von De Clieu selbst. Wie auch immer, als er Louis XV. um einige Pflanzen bat, war der König gleich Feuer und Flamme. Dieser Louis liebte seinen Kaffee. Er pflückte und röstete seine Bohnen eigenhändig und brühte sich höchstselbst sein Tässchen mit Erzeugnissen aus dem eigenen Gewächshaus (die Pflanzen hatte er vom Bürgermeister von Amsterdam erworben, sie stammten direkt von jenen ab, die ein Jahrhundert zuvor aus Mocha herausgeschmuggelt worden waren), und seine Kaffee-Soiréen mit seiner königlichen Mätresse, Madame Dubarry, waren ein Skandal für sich.

»Ich versuchte etliche Male, einen Kaffeesetzling aus den königlichen Gärten zu bekommen, wo sie bereits seit einigen Jahren gediehen«, schrieb De Clieu. »Wieder und wieder wurde ich abgewiesen.« Nachdem man ihn so einige Monate hingehalten hatte, sann De Clieu auf eine List und sicherte sich die Dienste einer »Dame von gewissen Eigenschaften«, die dem königlichen Leibarzt, Monsieur de Chirac, einige Knospen entlocken sollte. Weder der Name noch die besonderen Künste der Dame sind uns überliefert worden, jedenfalls schickte der Arzt im Herbst 1720 zwei Setzlinge in den Garten von Rochefort, wo sie sich an die Seeluft gewöhnen sollten. Am 8. Oktober wurden sie an Bord eines Schiffes gebracht, das auf den sehr passenden Namen Le Dromedaire getauft war, und De Clieu stach Richtung Westen in See.

auf see

> Die Entdeckung des Kaffees kommt in ihrer Wichtigkeit der Auffindung des Fernrohrs gleich oder der des Mikroskops ... Denn der Kaffee hat die Fähigkeit und die Tätigkeit unsres Gehirns ungeahnt verschärft und verändert.
> *Heinrich Eduard Jacob, »Sage und Siegeszug des Kaffees«*[24]

Seereisen und Gefängnisaufenthalte haben einiges gemeinsam. Es gibt kein Entrinnen. Die Mahlzeiten werden einem zu festgelegten Zeiten vorgesetzt. Das Essen schmeckt grauenhaft. Man kann sich nicht aussuchen, mit wem man sich abgeben will. Alle Passagiere auf der SS Pisa nahmen die Mahlzeiten gemeinsam an drei eng benachbarten Tischen ein. Den ersten hatten ein Schweizer Biologe namens Christian, seine brasilianische Frau und ihre dreijährige Tochter in Beschlag genommen. Am zweiten saßen ein älteres italienisches Paar sowie die neunundsiebzigjährige Jacqueline aus der französischen Schweiz und ihr Verehrer Bruno. Ich aß gemeinsam mit zwei Italienern, Sergio und Franco. Jede Mahlzeit verlief chaotisch. Die Vibrationen der Schiffsmotoren ließen unsere Stühle immer wieder vom Tisch weg rutschen, und es war so laut, dass wir uns anschreien mussten. Das Essen war reichlich bemessen, wenn auch nicht gerade schmackhaft. Zuerst gab es immer eine große Schüssel Pasta, dann Fisch, dann Fleisch, gefolgt von Gemüse und einer schrumpligen Orange. Der Wein kam aus dem Getränkekarton. Wie der Kaffee schmeckte, dazu möchte ich mich lieber nicht äußern.

»Bellissimo!«, rief mein Tischgenosse Sergio bei unserer ersten Mahlzeit. »Ich liebe dieses Brot! Du nicht auch? Ist das nicht überhaupt das beste Brot, das man sich vorstellen kann? Ja, das ist es. Ach, ich liebe das Leben auf See!«

Sergio war ein gut aussehender älterer Herr mit angeklatschtem grauen Haar und hellen Augen. Vermutlich war er recht charmant, wenn man seine Sprache verstand, aber als Tischgefährte ließ er doch ein bisschen zu wünschen übrig. Wenn ihm etwas nicht schmeckte, spuckte er es einfach verstohlen in seine hoch geschätzten Semmeln, so dass am Ende jeder Mahlzeit ein Haufen angekauter Brot-und-Fleisch-Klumpen seinen Teller zierte. Außerdem war er ein Sonnenanbeter, gegen Ende unserer Reise hatte sich seine Hautfarbe zu einem knalligen Rosarot verändert. Und seine Augen waren immer blutunterlaufen.

Doch am ersten Abend schien er in Bestform zu sein. Und von allem hellauf begeistert. Er liebte das Brot, das Essen, das Meer und die brasilianischen Mädchen. Alles war einfach wundervoll!

»Ich werde vor dem Rotary-Club von São Paulo eine Rede halten«, prahlte er.

»Vor dem Rotary-Club«, neckte ich ihn. »Gehört der denn nicht zur Mafia?«

Sofort wurde Sergio todernst. »Beim Essen spricht man nicht über die Mafia.«

Ich stellte fest, dass Italiener bei ihren Mahlzeiten überhaupt keine kontroversen Themen dulden. Der Papst war tabu. Ebenso die Abspaltung Norditaliens. Die Erwähnung der Europäischen Union war absolut verboten. Wie auch Mussolini. All das konnte die Verdauung stören, was angesichts des uns vorgesetzten Essens aber sowieso nicht zu vermeiden war.

Glücklicherweise gab es Sergio, der in allem das Positive sah, so auch im Ziel meiner Reise.

»Santos! Du fährst nach Santos? Zu dem Kaffeehafen? Was für ein Glückspilz du doch bist. Unsere Route wurde geändert, und wir laufen Santos erst ganz zum Schluss an.« Er machte eine Pause, um einen Happen halb gekautes Kalbfleisch auszuspucken. »So kannst du sechs Wochen lang das Meer und das köstliche Essen genießen.«

»Sechs Wochen? Ich dachte, ich wäre in vierzehn Tagen dort.«

»Das hat sich geändert.« Verschwörerisch beugte er sich zu mir vor. »Aber du musst keinen Penny extra dafür bezahlen. Der Kapitän hat uns das heute bei der Zusammenkunft erklärt. Hast du nicht zugehört?«

»Ach, das war es, was er gesagt hat?« Mir wurde flau im Magen. »Mein Italienisch ist nicht so besonders.«

Strahlend nickte Sergio. »Eine schöne Überraschung, nicht wahr?«

Die SS *Pisa* kroch die ligurische Küste entlang und weiter zur spanischen Costa Brava, mit nur einem Zwischenstopp in Valencia, wo ich den ganzen Nachmittag damit verbrachte, achtzigjährigen betrunkenen Seebären zuzuhören, die in einer Hafenkneipe Lieder grölten.

Wir kamen zur Straße von Gibraltar, dem einzigen Durchstich des Mittelmeers zum Atlantik. Hinter dieser Engstelle lag der große, weite Ozean. Dieser Gedanke ängstigte mich (ich habe einen Horror davor, seekrank zu werden), also nahm ich am Abend die doppelte Dosis Dramamime. Als ich morgens um vier Uhr aufwachte, schlug meine Kajüte Purzelbäume. Flaschen fielen um, Bücher wirbelten durch die Luft. Ich schluckte noch ein paar Dramamime und fiel wieder in Schlaf.

Als ich aufwachte, war das Meer ganz ruhig. Afrika glitt wohl backbord vorbei, allerdings verbarg Nebel den Kontinent. Gegen Sonnenuntergang machte ich einige marokkanische Fischerboote aus. Eins, das genau bei Anbruch der Dunkelheit auftauchte, kam mir merkwürdig vor. Es fuhr ohne Flagge. Besatzung war keine zu sehen. Fischernetze fehlten ebenfalls. Ich saß im Bugkorb, als es unseren Kurs nur etwa fünfzig Meter vor uns kreuzte, deshalb habe ich es ziemlich genau gesehen, bevor es im Dunkel der Nacht verschwand.

Beim Abendessen fragte ich Kapitän Vitello, eine Bohnenstange von einem Mann, der mir eher *maître* als Seemann zu sein schien, ob er nicht auch vermute, dass auf dem von mir entdeckten Schiff marokkanische Piraten gewesen waren, die uns ausspionieren wollten?

»Aber nein!« Er schenkte mir das entnervte Lächeln, das sein Markenzeichen war. »Hier noch nicht. Piraten werden wir frühestens in ein paar Tagen zu sehen bekommen.«

»Oder schon morgen?«

»Na ja, vielleicht. Vor Nigeria gibt es Piraten. Und vor Togo.«

Moderne Piraten halten sich meist an Privatyachten. Zu De Clieus Zeiten waren sie hinter allem her, was schwamm. Ja, im Grunde war jeder auf See ein Pirat, selbst die ehrenhaftesten Kapitäne brachten hin und wieder ein Schiff auf. Und so tauchten nach ein paar Wochen Seereise auch längsseits von De Clieus Schiff Freibeuter auf. De Clieu behauptete, es seien Tunesier gewesen, die bei einer Flaute mitten in der Nacht einen Angriff wagten. Zum Glück überzeugten sie die sechsundzwanzig Kanonen der Dromedaire, sich lieber nach etwas anderem umzusehen.

Doch uns war nicht das Glück beschieden, von Seeräubern gekapert zu werden. Wir bekamen weder Piraten noch Wale, ja nicht einmal Land zu sehen, als wir an Marokko, dem geheimnisvollen Mauretanien und schließlich der geradezu legendären Westsahara vorbeituckerten, einem jener seltenen Flecken auf dieser Welt, der keine Regierung hat. Wenn wir doch bloß an Bord der Qasid Karin wären, mit der ich damals in den Jemen gefahren war, dachte ich immer wieder. Dann hätten wir bestimmt schon Schiffbruch erlitten und könnten irgendetwas erforschen. Doch die Pisa stampfte nur ungerührt fünfzehn Knoten schnell voran.

Das Problem mit der *SS Pisa* war, zumindest aus meiner Sicht, ihre Durchschnittlichkeit – der Aufenthalt an Bord war weder unbequem genug, um als Abenteuer durchzugehen, noch so luxuriös, dass die Passage als Kreuzfahrt gelten konnte.

»Oh, aber letztes Mal war es ganz anders«, meinte Jacqueline, die ältliche Schweizerin, als ich ihr eines Morgens meine Unzufriedenheit gestand. »Die ganze Nacht gab es Musik und Tanz, einer der Passagiere war ein Konzertgeiger, der jeden Abend in meine Kajüte kam und für mich spielte!«

Ich hatte damit angefangen, mein Frühstück – Kaffee und panettone – in der Gesellschaft von Jacqueline und dem jungenhaften Schweizer Biologen Christian endlos auszudehnen. Jacqueline war eine reizende alte Dame, die gewöhnlich einen ausge- blichenen Pullover und ein Kopftuch mit Blumenmuster trug. Ich mochte sie sehr und bewunderte ihren Schneid, in diesem Alter noch allein zu reisen.

»Na, na, Jacqueline«, neckte ich sie. »Hat er in Ihrer Kajüte wirklich nur die Geige zum Klingen gebracht?«

»Huch, Stewart«, kicherte sie. Und seufzte dann: »Es ist nicht lustig, wenn man so alt ist wie ich und allein reisen muss.«

Unhöflich stimmte ich ihr zu. »Ja, mit dem Alter wird das Reisen immer beschwerlicher.«

Da eilte ihr Christian zu Hilfe. »Aber nein! Ich finde es großartig, dass Sie sich nicht zu Hause verkriechen und stattdessen reisen, Jacqueline! Das ist das Beste, was Sie tun können!«

»Natürlich ist es das«, erwiderte sie. »Oder soll ich jetzt, nachdem ich die Kinder endlich großgezogen habe, brav zu Hause sitzen und Spaghetti kochen?« Mit trauriger Miene tat sie so, als ob sie in einem Topf herumrühre. »Nein, niemals! Ich will hinaus, die Welt sehen und etwas lernen. Reisen öffnet einem die Augen, *non*? Da hocke ich mich doch nicht in den Keller und verschimmle wie eine alte Kartoffel.«

»Nein, natürlich nicht«, nickte ich. »Es gibt schon mehr als genug schimmelige Kartoffeln.«

»Ich besuche einen Freund in Recife«, sagte sie. Recife ist eine alte Hafenstadt in Nordbrasilien. »Er ist so ein lieber alter Freund.«

»Lieber als Bruno?«, frotzelte ich. Das war ihr Tischgenosse, der rotgesichtige Italiener, der ihr schöne Augen machte.

»Ach, Bruno!«, lachte sie. »Und das, wo wir gerade von verschimmelten alten Kartoffeln reden.«

Kaum hatte er den Angriff der tunesischen Seeräuber überstanden, bemerkte De Clieu, dass die niederländische Regierung einen Spitzel an Bord der Dromedaire untergebracht hatte. Die niederländischen Kolonien in Java produzierten inzwischen selbst große Mengen Kaffee und schreckten, wie einst die Araber, vor nichts zurück, um ihr Monopol zu sichern. Leider ist über den Spitzel nur wenig bekannt. De Clieu äußerte sich nur ganz nebenbei über diesen frühen Fall internationaler Wirtschaftsspionage: »Es erübrigt sich, all die Schwierigkeiten zu schildern, die ich überwinden musste, um das empfindliche Pflänzchen vor dem Zugriff eines Mannes zu retten, der vor allem aus Eifersucht auf meine Freude, meinem Land zu dienen, immer wieder versuchte, die Setzlinge zu zerstören.«

Offenbar sah sich der Franzose angesichts der Sabotageversuche des Spitzels genötigt, tagsüber neben seiner kostbaren Fracht sitzen zu bleiben und sie nachts in seine Kajüte einzuschließen. Trotzdem wäre dem Holländer beinahe Erfolg beschieden gewesen, hätte De Clieu für den Transport seiner Schützlinge nicht spezielle Behälter anfertigen lassen. Vor dieser Überfahrt waren Pflanzen stets in Körben mit einem Deckel aus Schilfgras befördert worden, wodurch sie zwar wenig Licht, aber umso mehr Salzluft abbekamen. De Clieu entwarf das erste tragbare Glashaus, im Grunde nichts anderes als eine Holzkiste mit einem Deckel aus Draht und einer Glasscheibe auf einer Seite. Der Draht hielt die Ratten fern und ließ Luft herein, wohingegen das Glas die Hitze des Tages speicherte. Diese Konstruktion wurde zum Prototyp aller Behältnisse, in denen künftig Pflanzen verschifft wurden. Bei dieser Reise verhinderte die Glas-Draht-Konstruktion außerdem, dass der niederländische Saboteur das kleine Pflänzchen einfach ausriss, als er der Kaffeepflanze in einem unbeobachteten Moment doch einmal nahe kam. Er schaffte es gerade eben, einen Zweig abzubrechen, da wurde er schon auf frischer Tat ertappt.

Etwa am 20. Januar legte die SS Pisa das Ruder scharf steuerbord und fuhr mittenmang auf den Atlantischen Ozean hinaus. Die Seemöwen, die uns bisher verfolgt hatten, blieben zurück, und wir bekamen sechs Tage lang so gut wie kein Lebewesen mehr zu Gesicht. Die meiste Zeit verbrachte ich im Bugkorb, wo ich *Moby Dick* las und dem Geräusch der Wellen lauschte, die gegen unseren Rumpf schlugen. Aye, ich bin ein Abenteurer wie Kapitän Ahab, dachte ich. Heute Abend werde ich das Kalbfleisch essen!

Die meisten Passagiere hielten sich an dem winzigen Swimmingpool über dem Maschinenraum auf. Nur Christian und seine dreijährige Luanna wagten sich in andere Gefilde vor, weil sie hofften, Wale zu sehen. Einmal entdeckten sie einen Hammerhai. Wir alle sahen Fliegende Fische. An Bord der *SS Pisa* waren wir nur etwa zwanzig Personen, oft verging ein halber Tag, ohne dass ich jemanden an Deck sah. Nach drei Tagen auf offenem Meer kreiste eine einsame Möwe über dem Schiff. Wir alle vermuteten, dass eine Insel in der Nähe lag. Doch nichts. Jede Nacht blinkten über uns am Himmel Sterne im Überfluss. Meine Tischgenossen Sergio und Franco hatten einen Streit und sprachen von da an nicht mehr miteinander. Ich ließ immer wieder das Abendessen ausfallen, um stattdessen den Sonnenuntergang zu beobachten. Meistens verdiente er das Prädikat »unglaublich romantisch«, wenn man die Tatsache außer Acht ließ, dass er ganz allein mir gehörte – alle anderen saßen drinnen, und ansonsten gab es Tausende von Kilometern weit keine Menschenseele. Ich war also der einzige, der in diesem Januar mindestens fünf spektakuläre Sonnenuntergänge sah.

Als wir am Morgen des sechsundzwanzigsten aufwachten, stürzten Möwen vor unser aller Augen pfeilschnell ins Wasser und tauchten mit zappelnden Fliegenden Fischen in den Schnäbeln wieder auf. Die üppig grüne Insel Pendeos de São erschien am Horizont. Wir überquerten den Äquator. Kapitän Vitello ließ alle Passagiere am Swimmingpool antreten und händigte uns Urkunden aus, auf denen festgehalten war, dass wir den Äquator »bestanden« hatten. Dann taufte der erste Maat als Neptun verkleidet die Passagiere, indem er uns mit geschmolzener Schokolade bemalte und ins Wasser warf.

»Merkwürdige Zeremonie«, sagte ich hinterher zu Christian.

»Ich bin Schweizer. Wir mögen Schokolade überall und in jeder Form.« Er drückte Luanna zärtlich an sich. »Du magst Schokolade auch, nicht wahr?«

»Es hat mich gewundert, dass Luanna nicht auch unbedingt ins Wasser geworfen werden wollte.«

Ich betrachtete den schokoladenbraun gefärbten Pool, aus dem das Wasser abgelassen wurde. Prompt fing Luanna zu quengeln an.

»Ich hoffe, sie füllen ihn bald wieder«, sagte Christian, als der letzte Liter im Abfluss gurgelte. »Luanna wird das Schwimmen fehlen.«

De Clieu hatte auf der *Dromedaire* zwar keinen Swimmingpool, aber er hätte Luannas Bestürzung verstanden, denn irgendwo hier ganz in der Nähe ereignete sich die bekannte Geschichte mit der Wasserknappheit. Grund dafür war ein tropischer Sturm, der dem Rumpf der *Dromedaire* wenige hundert Kilometer vor Martinique einen Riss zugefügt hatte. Nach dem Unwetter stellte sich heraus, dass der Schaden nicht behoben werden konnte. Die *Dromedaire* begann zu sinken. Und so warf man alles Entbehrliche über Bord, unter anderem das meiste Trinkwasser.

Auf den Sturm folgte eine Flaute. Eine Woche verstrich. Auch nach zwei Wochen regte sich kein Lüftchen. Inzwischen erkannte man, wie kurzsichtig es gewesen war, das Trinkwasser einfach über Bord zu werfen, denn Flauten wie diese dauerten auch schon einmal einen Monat. Die Trinkwasserration pro Person wurde auf eine halbe Tasse täglich begrenzt, was schon für Menschen sehr knapp bemessen ist, aber keinesfalls für eine junge Pflanze reicht. Und so teilte De Clieu in einer der nobelsten Anwandlungen des Koffeinzeitalters seine Wasserration mit dem ihm lieb und teuer gewordenen Grünzeug.

»Ich wäre verdurstet, um die mir anvertraute Pflanze am Leben zu erhalten«, schrieb De Clieu. »Aber Sie wissen ja auch, welchen Ruhm mir diese kostbare kleine Pflanze verhieß. Wenn ich also sterben musste, sei's drum! Denn ich wusste, dass meine glorreiche Bestimmung nun einmal der Kaffee war.«

Der edle Verzicht des Aristokraten rief im dem Koffeinrausch verfallenen romantischen 18. Jahrhundert helle Begeisterung hervor. Gedichte wurden darüber verfasst, sämtlich so miserabel wie dieses von Charles Lamb:

> Bei jedem köstlichen Kaffeegetränk
> ich an den edlen Franzosen denk,
>
> Der mit nobler Beharrlichkeit, höret die Ballade,
> den Kaffeebaum gebracht an Martiniques Gestade.
>
> Es wandelt unterwegs sich sein Vergnügen
> am Pflänzchen schon bald in tiefes Betrüben
>
> Denn es mangelt seinem kostbaren Schatz
> an Wasser – und das an diesem trockenen Platz!
>
> Trotz schorf'ger Lippen gießt er sein kostbares Nass
> aufs anvertraute Bäumchen – der Pflanze kam's zupass.

Künstler malten die Szene, und 1816 gab es bei einem niederländischen Kaufmann sogar eine spezielle Kaffee-Edition, die De Clieus »noblem Opfer« gewidmet war. Auf Martinique trägt ein botanischer Garten den Namen unseres Chevaliers – und natürlich ist auch eine Kaffeespezies, die *Coffea declieuxias*, nach ihm benannt. Doch die schönste Ehrenbezeugung, von der ich gelesen habe, stammt von einer Klasse von Zehnjährigen, die De Clieus Ur-ur-ur-ur-ur-ur-urenkelin Madame Cotelle vor einigen Jahren ihre Aufwartung machten:

A notre chevalier (Unserem Chevalier)
Amateur de café (dem Kaffeeliebhaber)

Allant en Martinique (Er fuhr nach Martinique)
près de l'Amérique (in der Nähe von Amerika)

Sur un grand bateau (Auf einem großen Schiff)
il sacrifia son eau (opferte er sein Wasser)

Gabriel De Clieu (Gabriel De Clieu)
nous te disons adieux. (wir winken dir adieu.)

Ich kann mich leicht darüber lustig machen, aber De Clieu nahm mit diesem Opfer ein beträchtliches Risiko auf sich. Ohne Wasser stirbt ein Mensch nach spätestens vier Tagen. Schon wenn man über diesen Zeitraum weniger als die Hälfte der normalen Menge Wasser zu sich nimmt, kommt es zu Dauerschäden. Und De Clieus Ration war nun ganz bestimmt weniger als die empfohlene Menge. Zunächst kann sich der Körper noch mit der in den Zellen gespeicherten Flüssigkeit behelfen, was aber schließlich zu Nierenversagen führt; der Giftstoffgehalt des Blutes steigt, Steifheit der Glieder, Schwindelgefühl und schließlich Halluzinationen sind die Folge, bis schließlich der Tod eintritt.

Doch nichts von alledem widerfuhr Gabriel, denn plötzlich war die Flaute vorbei, und an einem unbekannten Tag in einem unbekannten Monat in einem umstrittenen Jahr erreichte die einzige überlebende Pflanze, nicht größer als ein kleiner Finger, die Insel Martinique. De Clieu setzte sie in seinem Garten ein und ließ sie rund um die Uhr bewachen. Nach fünf Jahren gediehen bereits über zweitausend Kaffeesträucher auf der Insel. Fünfzig Jahre später waren es achtzehn Millionen, und heute liefern ihre Nachfahren mehr als neunzig Prozent der Weltproduktion an Kaffee.

De Clieu hingegen war nicht mit derart reichlicher Nachkommenschaft gesegnet. Obwohl viermal verheiratet, hatte er nur sechs Kinder, von denen lediglich eins das Erwachsenenalter erreichte. Und als er schließlich in Frankreich verstarb, verfügte er zwar über Landbesitz, war aber arm. Während der französischen Revolution schändeten dann die Sansculotten sein Grabmal in der Pariser Kirche Saint Sulpice, schließlich zählte auch er zum Adel. Heute liegen seine sterblichen Überreste namenlos inmitten unzähliger anderer in den Pariser Katakomben, wo man sie für nur fünfzehn Franc besichtigen kann.

Auf der *SS Pisa* wurde der Swimmingpool neu gefüllt, und Luanna lernte Hundepaddeln. Fünf Tage später lag ein leichter Schwefelgeruch in der Luft: Wir näherten uns Rio de Janeiro.

afrika in ketten

> Eher lasse ich meine Mutter verrecken, als dass ich meinen Sklaven einen Freilassungsbrief ausstelle.
>
> *Monito Campert, brasilianischer Kaffeebaron, 1888*

Sklaverei und Kaffee gingen schon Hand in Hand, als die versklavten Oromo-Krieger die Bohne nach Harar brachten. Die bitterste Ironie war es dann aber wohl, dass die afrikanischen Sklaven in die Neue Welt verschleppt wurden, um eine Pflanze abzuernten, die genau wie sie aus Afrika gestohlen worden war. Südamerikanische Kaffeeplantagen schufen eine Nachfrage für Sklavenarbeit, die sowohl das Gesicht Afrikas als auch das der Neuen Welt für immer veränderte. Schon zehn Jahre nachdem De Clieu sein Pflänzchen nach Martinique geschafft hatte, importierte die französische Regierung dreißigtausend Sklaven pro Jahr mit dem Ziel, der Welt führender Kaffeelieferant zu werden. Die Hälfte der Gefangenen verlor bei diesem Versuch das Leben, doch Frankreich erreichte sein Ziel, bis 1794 die Sklaven auf Haiti ihre Unterdrücker besiegten und die Insel zum ersten freien schwarzen Land der westlichen Welt ausriefen.

Was die Zahl an Sklaven anging, nahm Brasilien mit Abstand den Spitzenplatz ein. In zwei Jahrhunderten wurden etwa drei Millionen Afrikaner dorthin verschifft, um auf privaten Kaffeegütern zu schuften. Weitere fünf Millionen fristeten ihr Leben auf Zuckerplantagen. Zum Vergleich: Nach Nordamerika wurde insgesamt nur eine halbe Million verschleppt.

Die damalige in Plantagenbesitzer und Sklaven zweigeteilte Gesellschaft findet im modernen Brasilien ihre Fortführung. Zehn Prozent der Bevölkerung verfügen über 54 Prozent des Reichtums. Die direkten Nachkommen der Sklaven sind zehnmal häufiger Analphabeten oder mittellos. Beinahe die Hälfte der Einwohner entstammen Mischehen, doch die meisten Kinder, die in der Gosse schlafen, haben dunkle Haut, während die unbeschwerten, knackigen Jugendlichen am Strand deutlich hellhäutiger sind.

»Ja, das stimmt«, sagt Mario. »Aber trotzdem sind alle Freunde.«

Wir sitzen an der Copacabana, dem berühmten Strand von Rio de Janeiro, und schauen einem Volleyballspiel zu. Die Spieler sind typisch für Rio – perfekte Körper, eine Haut wie braune Butter – und obwohl ich es kaum glauben wollte, versicherte mir Mario, ein blasser Brasilianer, dass einer der Spieler ein reinrassiger Afrikaner sei.

»Siehst du, er ist Afrikaner, aber wen kümmert das?« Dabei zeigte er auf einen Mann in einer roten Badehose. »Vielleicht wohnt er sogar in einer Favela, so eine Badehose kostet ja kaum etwas, aber das macht nichts. Unsere Verfassung garantiert jedem das Recht, Volleyball zu spielen.«

Favelas sind die Elendssiedlungen an den Hängen, die gelegentlich auf die hohen Wohntürme entlang der Copacabana rutschen. Das Ganze erinnert irgendwie an Miami mit Kalkutta obendrüber. Bikinis und Lepra.

»Nur weil dieser eine Bursche da Volleyball spielt, behauptest du, es gäbe keine Rassenprobleme in Brasilien?«

»Nein, natürlich haben wir Probleme. Die Schwarzen sind ärmer. Aber für einen Brasilianer ist Geld nicht alles. Sieh doch mal in deinem Land«, fuhr er fort, »da sind Schwarze richtig reich, wie Michael Jakkson und dieser Golfkriegs-General. Trotzdem kommen die Farbigen und die Weißen nicht miteinander aus. Weil in den USA Geld eben alles ist. Jeder will immer mehr davon. In Brasilien zählt Geld nicht so viel, und deshalb vertragen sich die Menschen.«

»Warum spielen sie eigentlich mit den Füßen?«, fragte ich. Unsere Mannschaft gab den Ball nicht nur mit dem Fuß zurück übers Netz, sie stoppte ihn auch so und machte sogar den Aufschlag mit dem Fuß. Diese Variante, footvolei genannt, hat besonders in Rio viele begeisterte Anhänger. Die Burschen stellten sogar den Radiosender mit den Füßen ein. »Wissen sie denn nicht, dass der einzige Unterschied zwischen Affen und Menschen darin besteht, dass wir vor allem unsere Hände gebrauchen?«

»Alle in Rio spielen das so«, erwiderte er.

»Du auch?« Er schien mir dafür weder sportlich noch geschickt genug zu sein.

»Alle außer mir.« Ich zeigte auf einen Hund, der immer wieder eine Kokosnuss auf das Spielfeld apportierte.

»Vielleicht will der Hund der Mannschaft ja beibringen, ein Spiel nur mit dem Mund zu spielen«, meinte ich. »Auf Hundeart.«

Mario lachte. Er fand mich witzig. Er verstand meine Sprache. Bestimmt wollte er mich ausrauben.

Anfangs befanden sich die größten Kaffeeplantagen Brasiliens in der Nähe von Rio de Janeiro und São Paulo, wo Fazendas mit zwei, drei und auch vier Millionen Sträuchern keine Seltenheit waren. Die Pflanzung, mit der ich mich näher befassen wollte, hatte dem berüchtigten Baron Grão-Mogol gehört, einem portugiesischen Adligen, der die schizophrene brasilianische Sklavengesellschaft geradezu verkörperte, in der – wie Mario es sagte – »jeder trotzdem seinen Spaß gehabt hat«.

Die Plantage des Barons lag bei der Stadt Rio Claro, zu ihrer Blütezeit das Ende der bekannten Welt. Heute ist Rio Claro einer der Pendlervororte von São Paulo, wo gelangweilt herumhängende Teenager amerikanische Popstars nachäffen. Und heiß ist es dort – überhaupt ist Brasilien das heißeste Land, in dem ich je war, bei meinem Aufenthalt herrschten fast immer an die fünfzig Grad Celsius. Da meine Karte von der Gegend schon hundert Jahre alt war, galt mein erster Besuch dem Rathaus, wo ich hoffte, etwas Aktuelleres zu bekommen. Vor dem Gebäude stand eine lange Schlange an, die Menschen wollten offenbar eine Art Lotto spielen. Ich erkundigte mich bei einem Mann nach dem Planungsreferat.

»Ein Planungsreferat gibt es hier nicht!«, erwiderte er. »Niemand plant etwas in dieser Stadt, das kann ich Ihnen versichern. Für ganz Brasilien gibt es keinen Plan.«

Ich fand die Behörde und log einer Dame namens Linda vor, ich sei Student und bräuchte eine Aufstellung der historischen Kaffeeplantagen. Ob sie das Gut kenne, das dem Baron Grão-Mogol gehört habe?

»Grão-Mogol? O ja, das ist die Fazenda Angelique. Von der Familie Rossi.«

»Wer ist denn das?«, fragte ich.

»Sie leben heute auf der Fazenda, glaube ich.« Und sie rief jemandem auf Portugiesisch etwas zu. »Ein Kollege holt die Karte.«

Das Gemurmel hinter dem Schalter wurde lauter, immer mehr Stimmen schalteten sich ein. Offenbar war das halbe Planungsreferat von São Claro auf der Suche. Ich erkundigte mich, ob der Baron noch irgendwelche Verwandten in der Gegend hätte.

»Nein, sie sind alle fort«, erklärte sie. »Hier, ich zeige es Ihnen.«

Anscheinend existierte die Plantage des Barons noch, etwa siebzehn Kilometer von einem Dorf namens Ajapi entfernt, von wo aus eine unbefestigte Straße dorthin führte. Es fuhren nur drei Busse täglich zu dem dreißig Kilometer entfernten Dorf, und wegen der Tageshitze empfahl sie mir, den ersten Bus um sieben Uhr morgens zu nehmen.

»Danke Ihnen«, sagte ich. »Sie waren sehr freundlich.«

»Gern geschehen«, nickte sie. »Wenn dort noch immer Kaffee angebaut wird, würden Sie uns dann bitte Bescheid sagen? Wir sind über solche Dinge gern auf dem Laufenden.«

Ajapi entpuppte sich als eine einzelne, in der Morgenhitze gleißend helle Straße. Mein Fahrer (nachdem partout kein Bus kommen wollte, bin ich getrampt) ließ mich vor einem geöffneten Freiluftcafé aussteigen, das gleichzeitig Bar und Krämerladen war, und von einer untersetzten Frau mit Brille bewirtschaftet wurde. Ich ging zur Theke und bestellte die brasilianische Espresso-Variante, einen Cafézinho. Dabei wird heißes Wasser durch eine strumpfähnliche Tasche mit gemahlenem Kaffee geschüttet. Nun wird das aromatisierte Wasser solange – bis zu zehn Mal – immer wieder durch den Kaffeestrumpf geschüttet, bis der Trank die gewünschte Stärke hat. Er ist erfrischend bitter – die Franzosen nennen ihn *jus de chaussette*, also »Strumpfsaft«. Zum Schluss ließ der Sohn der Geschäftsführerin, ein Zwölfjähriger mit Baseballkappe, das Gebräu in ein Tässchen mit einem knubbligen Henkel tröpfeln, das bereits halb mit Zucker gefüllt war.[25]

Ich fragte die Chefin, Regina, ob sie je von dem Baron gehört habe.

»Oi«, antwortete sie. »Sein früheres Anwesen ist nur etwa fünf Kilometer von hier entfernt.« »Nein, nein«, widersprach ihr Sohn. »Es sind bestimmt sieben, vielleicht sogar acht.«
Ob Regina den Namen der Familie kenne, die jetzt dort lebe? »Natürlich, sie heißen Rossi«, antwortete sie. »Jeder hier in Ajapi ist ein Rossi.«
Laut Regina, deren Café auch als Wohnzimmer der Gemeinde und als Rathaus diente, lebten etwa fünfhundert Rossis in der Gegend. Nebenan gab es außerdem noch eine bocha (eine Bowlingbahn) mit einem Grill unter freiem Himmel. An einem schönen Abend konnte man seine cerveja auf der schon verblichenen türkisfarbenen Bank trinken, die zugleich die Bushaltestelle des Dorfes war.
»Ist bestimmt nicht einfach, wenn alle Kunden mit einem verwandt sind«, sagte ich. »Wollen sie denn nicht immer Rabatt?«
»Rabatt?«, lachte sie. »Die können froh sein, dass ich ihnen nicht das Doppelte abknöpfe.«
Die Rossis waren Mitte des 19. Jahrhunderts nach Brasilien gekommen, als die Kaffeebarone kurze Zeit den Versuch wagten, die Sklaven durch Kontraktarbeiter aus Europa zu ersetzen. Doch die Europäer erwiesen sich als ungeeignet. Sie weigerten sich, wie die Sklaven vierzehn Stunden am Tag zu arbeiten. Sie errichteten Schulen. Einige besaßen sogar die Frechheit, gebildeter als die Barone zu sein, von denen die meisten nicht einmal ihren Namen schreiben konnten. Und um dem Ganzen die Krone aufzusetzen, zahlten sie ihre Schulden ab und hatten danach die Stirn, ihre Freiheit zu verlangen, diese verwöhnten Eurolümmel! Sehr bald kehrten die Barone zu den gepflegten Annehmlichkeiten der Sklaverei zurück, und die meisten der Colonos traten den Heimweg nach Europa an. Von denen, die blieben, konnten nur zehn Prozent genug ansparen, um selbst Land zu kaufen.
»Ich glaube, Pedro Rossi kaufte an die hundert Hektar«, erinnerte sich Regina. »Damals, als er das alte Haus des Barons erwarb. Etwa 1920.«
Sie führte mich zu einer roten Lehmstraße und wies mir grob die Richtung. Ich fragte sie noch nach der »verrückten« Ehefrau des Barons, und sie gab mir eine langatmige Antwort. Zwar verstehe ich ein

bisschen Portugiesisch, weil ich Spanisch spreche, doch bei Reginas Dialekt tat ich mich sehr schwer.

»Tut mir Leid«, sagte ich, »aber ich habe fast nichts verstanden.«

»Macht nichts«, nickte Regina verständnisvoll. »Wie war noch mal die Frage?«

Baron Grão-Mogol hatte sich diesen Standort für seine Plantage bestimmt ausgesucht, weil roter Boden als ideal für Kaffeesträucher galt. Der beste wurde terra roxa genannt, »purpurrote Erde«. Die Landschaft wirkte englisch, aber wie mit Hormonpräparaten auf Trab gebracht. Von weitem sah es aus wie sauber geschnittener grüner Rasen mit Sträuchern. Beim Näherkommen entpuppten sich die Grashalme als fast zwei Meter hohe Soja-Palmblätter, aus den »Hecken« wurden bedrohliche Avocadobäume. Dazu leuchtete alles so grell grün, dass mir die Augen schmerzten. Nagetiere, groß wie Zwergpudel, huschten über die Straße. In der Ferne führte ein Reiter ein Maultier am Zügel. Ich trat in den Schatten und ließ mir verschiedene Möglichkeiten durch den Kopf gehen.

Kilometer und Kilogramm haben mich schon immer verwirrt. Ich weiß, dass das eine ungefähr das Doppelte des amerikanischen Maßes ist und das andere die Hälfte. Aber welches was ist, das vergesse ich immer. Regina hatte gesagt, die Plantage sei sieben Kilometer weit weg. Ich musste also entweder drei bis vier Meilen laufen oder vierzehn, angesichts der Temperatur von jetzt etwa 38 Grad Celsius ein beträchtlicher Unterschied. Daher mein Interesse an dem näher kommenden Maultier, das zudem eine historische Facette lieferte: Bis 1913 waren diese Tiere das einzige Transportmittel aus Rio Claro hinaus. Zehntausende waren zum Kaffeehafen Santos unterwegs, eine zehntägige Tortur; Hunderte kamen dabei im Treibsand um, der sich in der Regenzeit bildete. Andere wurden bei Überfällen getötet. Vielen brach die Last der Dreihundert-Pfund-Säcke das Rückgrat. Sie erlitten ein dauerndes Martyrium des Kaffees wegen, und ich dachte, es sei doch eine passende Ehrbezeigung dieser geschundenen Kreatur gegenüber, wenn ich auf dem Rücken eines Nachfahren dieser unbesungenen Helden auf der Plantage des Barons einritt.

Inzwischen waren Mann und Maultier bei mir angekommen. Ich fragte den ganz in Weiß gekleideten Mann, ob er die Rossis kenne. O ja, erwiderte er. Ich sei auf dem Weg, sie zu besuchen, erklärte ich.

»Was für ein schönes Tier«, sagte ich dann und zeigte auf sein Maultier. »Darf ich es streicheln?«

Er hob eine Augenbraue. »Na klar.«

»Wie weit ist es noch bis zum Gut der Rossis?«, fragte ich und strich dem Maultier über die Flanke.

Er erklärte es mir. Angesichts der großen Entfernung mimte ich Überraschung und zeigte zum Himmel, um zu betonen, wie heiß es war. Auch hinkte ich ein wenig. Und bot ihm dann zehn Dollar an, wenn er mich auf seinem Maultier reiten lassen würde.

Während wir so nebeneinander herritten, gab mir mein Freund, der ein bisschen Spanisch sprach, einen Abriss über das alte Wer-was-wowarum, ganz als sei er einer der Wachen des Barons, die die Gegend auf der Suche nach entlaufenen Sklaven durchstreiften. Interessanterweise war er kein Rossi. Aber er hatte vom Baron gehört. Ob ich wisse, fragte er, dass der Baron seine Frau für verrückt erklärt und sie zwanzig Jahre lang auf dem Dachboden gefangen gehalten habe? In dieser Zeit hatte er dann mit seinen Sklavinnen Hunderte unehelicher Kinder gezeugt. Und ob ich auch von den sadistischen Orgien im Keller gehört hätte? Dem Kindersklaven-Harem?

Ja, das hatte ich. Dennoch war der Baron auch einer der fortschrittlicheren Sklavenbesitzer gewesen, der fünfzehn seiner unehelichen Mulattenkinder in seinem Testament bedacht hatte. Und er hielt sich etwas darauf zugute, die Bäuche seiner Sklavinnen für frei erklärt zu haben. Dieser noblen Geste, die Kinder von Sklaveneltern zu Freien machte, befleißigte er sich zwar erst zehn Jahre, nachdem die Regierung allen Kindersklaven die Freiheit gegeben hatte. Doch war diese Heuchelei des Barons eine Petitesse verglichen mit jenem überraschenden »Geständnis« des größten Sklavenhalters der Nation, er sei seit zwanzig Jahren insgeheim ein Vorkämpfer für die Abschaffung der Sklaverei. Seine Heerscharen von Sklaven gehörten in Wirklichkeit seiner Frau, erklärte er; er sei lediglich ihr Gutsverwalter.

Maultiere mögen hervorragend geeignet sein, Kaffeebohnen zu

transportieren, nicht so sehr dagegen für Stewarts. Zum einen sind sie lächerlich langsam, zum anderen fühlt man sich auf ihrem rasiermesserscharfen Rückgrat schnell wie eine zersägte Jungfrau. Doch ich hielt durch, und bald kamen wir zu einem verfallenen Landsitz auf einem Hügel.

»Hier hat der Baron gelebt«, sagte er. »Du weißt doch sicher, dass es hier spukt?«

Wahrscheinlich hatte ich ein Gebäude wie das Rimbaud-Haus in Äthiopien erwartet. Im Vergleich dazu war der Landsitz des Barons ziemlich plump und glich eher einer Festung als einem Zuhause. Fünf Meter hohe Fenster, alle mit massiven Läden geschlossen, zierten den oberen Stock. Die einzige Möglichkeit, das Haus zu betreten, führte über eine enge steinerne Treppe an der Schmalseite, ein Bauelement, das die Verteidigung im Falle eines Sklavenaufstands erleichtern sollte.

Nachdem ich mehrmals von der Pforte aus gerufen hatte, betrat ich den Hof. Welche Etikette galt hier wohl, fragte ich mich. Man hatte an eine Seite des verfallenen Herrenhauses einen einstöckigen Bungalow angebaut, der von Sträuchern umgeben war. Dahinter war etwas, was ich für einen Rotgrant-Tennisplatz hielt, es stellte sich aber heraus, dass es sich um den traditionellen terreiro handelte, auf dem die Kaffeebohnen getrocknet wurden. Eine Frau beobachtete mich von der Dachterrasse des modernen Hauses aus. Ich winkte ihr freundlich zu, und sogleich trat Carolanne an ihre Stelle, ein Teenager in Shorts, die Ur-urenkelin von Pedro Rossi, der das Anwesen Anfang des 19. Jahrhunderts von den Nachkommen des Barons erworben hatte. Ich erzählte, ich sei Geschichtsstudent, daraufhin gab sie mir eine Führung durchs Herrenhaus.

Aus der Nähe betrachtet wirkte es recht schäbig. Die Wände waren dünn, und wo der Putz abgebröckelt war, konnte ich sehen, dass sie nur aus Lehm und termitenzerfressenen Holzlatten bestanden. Der Fußboden bebte bei jedem Schritt. Sonnenlicht fiel durch Löcher in dem roten Ziegeldach.

»Wenn es regnet, wird es ganz schön feucht hier drin«, sagte Carolanne. Bis vor zwanzig Jahren hatten die Rossis selbst hier gewohnt. Aber jetzt nutzten es nur noch Arbeiter als Unterkunft.

In dem etwa fünfundsechzig Quadratmeter großen Wohnzimmer stand ein gewaltiger wurmstichiger Eichentisch aus den Tagen des Barons. Das einzige andere Möbelstück war ein mit blau glänzendem Kunstleder bezogener Klubsessel aus den sechziger Jahren. Die meisten Räume standen leer. Carolanne brachte mich auch nach oben in ein Dachzimmerchen, das so eng war, dass man Platzangst kriegen konnte. Hier hatte der Baron seine Frau eingesperrt, erzählte sie. Das einzige Fenster ging auf den Platz hinaus, wo Sklavenmütter, deren Kinder gestorben waren, sich beim Baron dafür entschuldigen mussten, dass sie nicht besser auf sein Eigentum geachtet hatten. Und wo der Baron seinen Sklaven vorgebetet hatte.

»Sehen Sie«, Carolanne öffnete eine winzige Tür, hinter der es jäh zehn Meter in die Tiefe ging. Darunter befanden sich die jetzt vernagelten Schlafräume des Barons. Das Mädchen wusste nicht, welchem Zweck diese Tür einst gedient hatte. Ich fragte Carolanne, ob sie von den Folterungen der Sklaven durch den Baron gehört habe.

»Klar doch«, erwiderte sie fröhlich. »Das war unten im Keller.«

Barfuß lief Carolanne über den mit Glasscherben übersäten Kellerboden.

»Hier«, sagte sie. »Hier hat er die Sklaven angekettet.«

Der Baron hatte seine Opfer zum Auspeitschen an den massiven zentralen Stützpfeiler seines Hauses gebunden, der in einer schweren schwarzen Metallhülse steckte. Das zwölf Meter darüber liegende Dach sackte rings um den Pfosten überall ein, als verhindere allein er, dass das Haus einstürzte.

Handlanger des Barons war ein freigelassener Afrikaner aus Nordbrasilien, der nach dem Weggang seines Herrn bei den Rossis gelebt hatte. Seinem Bericht nach waren Grão-Mogols Gesellschaftsabende sadistische Fress- und Sexorgien gewesen. Als Erstes gab es immer ein Bankett. Dann wurden die Gäste, vermutlich ausschließlich Männer, in den Keller geführt, wo sie sich nach Belieben mit den weiblichen Sklaven vergnügen konnten, die der freie Afrikaner eingefangen und angekettet hatte. Der Baron war damals Vorsitzender der Bezirksverwaltung von Rio Claro, wir dürfen also annehmen, dass die ehrenwertesten Mitglieder der Gesellschaft diesen Festivitäten beiwohnten.

Es war mir zu heikel, Carolanne zu fragen, an welchen Folterungen der Baron den größten Gefallen gefunden hatte. Wir wissen nur, dass die chicote, eine fünfschwänzige Peitsche mit Metallspitzen, sich als Folterinstrument bei den Kaffeebaronen der größten Beliebtheit erfreute. Bis zu vierhundert Peitschenhiebe waren nicht unüblich. Oft wurden die Sklaven auch zu Tode gepeitscht, was strafbar war, weshalb als Todesursache »plötzlicher Gehirnschlag« angegeben wurde. Den Überlebenden rieb man Salz und Essig in die Wunden. Viele litten an banzo, unstillbarer Sehnsucht nach Mutter Afrika, was in einen langsamen Selbstmord münden konnte. Mütter brachten häufig die eigenen Babys um.

In ungefähr einem Meter Höhe war ein schwarzer Eisenring an den Pfahl geschmiedet. »Daran hat er sie festgemacht«, erklärte Carolanne. In was für einer perversen Welt wir doch leben, dachte ich und befingerte den Ring. Der Baron hatte seine Sklaven irgendwann sogar ein Denkmal zu seinen Ehren errichten lassen, als »Dank« für ihre Freilassung. Es steht immer noch. Doch ich habe es nicht besucht. Ein passenderes Monument ist die Stadt, die seinen Namen trägt, Grão-Mogol in Minas Gerais, Zentrum der kürzlich erfolgten Wiedergeburt der Sklaverei auf brasilianischem Boden. Man hat Bauern mit dem Versprechen hoher Löhne nach Grão-Mogol gelockt, wo sie für so niedrigen Lohn im Kohlebergbau schuften müssen, dass sie garantiert nie ihre Schulden zurückzahlen können und wo sie in gefängnisähnlichen Baracken wohnen. Wer zu fliehen versucht, wird zu Tode geprügelt. Dank solcher Orte wie Grão-Mogol hat Brasilien heute die meisten Fälle von moderner Sklaverei in der westlichen Welt aufzuweisen, ihre Zahl stieg von 597 im Jahr 1989 auf 25.000 im Jahr 1996. Ich spürte, wie mir jemand auf die Schulter tippte. Es war Carolanne.

»Sind Sie so weit, Señor?«, fragte sie. »Ich muss mit meinen Hausaufgaben weitermachen.«

Der Kaffee brachte nicht nur die Sklaverei in die Neue Welt, die Afrikaner nahmen auch ihre Götter wie Ogun, Oxumaré, Exu und wenn ich nicht irre, auch die kaffeeliebenden Zar-Geister aus Äthiopien mit. Auf den ersten Blick klingt das nicht sehr wahrscheinlich, denn die brasilianischen Sklaven stammten aus Westafrika, der Zar-Kult aber war nur an der Ostküste bekannt. Doch bereits Hunderte von Jahren vor dem Auftauchen der Sklavenhändler waren Sufi-Mystiker quer durch Nordafrika gereist. Während sie den Islam verbreiteten, bereiteten sie offenbar dem Zar-Kult bis nach Nigeria den Boden. Natürlich kann es die nigerianische Bori-Zar-Religion auch schon vor Ankunft der Sufis gegeben haben, doch verweisen die ähnlichen Namen sowie der identische Einsatz von Tanz und Trance auf eine Verbindung.

In Nigeria allerdings verliert sich die Spur der Zar-Verehrung. Ich habe in London und Paris Dutzende von Büchern konsultiert, aber obwohl Millionen Afrikaner nach Brasilien verschleppt wurden und trotz der Fülle afro-brasilianischer Kulte keinen Hinweis gefunden, dass es den Zar-Kult auch in der Neuen Welt gibt. Was mir ganz und gar nicht einleuchten wollte – ich meine, die Zar-Geister hätten doch bestimmt bemerkt, dass ihre geliebte Bohne überall um sie herum gedeiht, und ab und zu ein Tässchen verlangt. Nachdem ich das Haus des Barons besichtigt hatte, fuhr ich also in das so genannte Tal der Morgenröte, wo es eine Universität geben sollte, die sich dem Studium der Verbindungen zwischen sämtlichen Religionen der Welt verschrieben hatte. Wenn irgendwo, dann würde ich dort die Antwort finden, hatte man mir Hoffnungen gemacht.

Diese Auskunft hatte ich von einem amerikanischen New-Age-Jünger, den ich in Rio getroffen hatte. Besagtes Tal sollte in der Nähe von Brasilia liegen.

»Genau in der Mitte«, dabei bedachte er mich mit einem vielsagenden Blick. »Zwischen dem fünfzehnten und dem sechzehnten Breitengrad.«

Die Hauptstadt Brasilia ist eins der utopischen Megaprojekte der sechziger Jahre, eine vollständig auf dem Reißbrett entworfene, in drei Jahren aus dem brasilianischen Dschungel gestampfte Stadt. Sie ist von einem Gürtel aus riesigen Elendsvierteln umgeben und laut einhelliger Meinung einfach die Hölle. Als ich endlich dort war, fand ich sie gar nicht so schlimm – nur eine weitere nichtssagende hässliche Stadt am Arsch der Welt. Sie erinnerte mich ein bisschen an Los Angeles.

Ohne dass ich recht wusste, wie mir geschah, kam ich zu einem

Führer zur Universität, die einhundertdreißig Kilometer vor der eigentlichen Stadt liegt – ein Mann heftete sich an meine Fersen, als ich auf den Bus wartete.

»Du fährst ins Tal?« Noch ehe ich antworten konnte, hatte er mir beruhigend die Hand auf die Schulter gelegt. »Ich bring dich hin. Wir werden Freunde sein. Ich heiße Meister.«

»Danke«, erwiderte ich. Meister war ein merkwürdiger Kauz. Sein einziger Gesichtsausdruck war ein Zucken, das seine Lippen kräuselte, sobald sich unsere Blicke trafen. Das war wohl als Lächeln gemeint. Mein neuer Freund setzte sich im Bus neben mich. Nach einer einstündigen Fahrt durch eine seltsam nichtssagende Landschaft – ganz Brasilien erinnerte mich an einen großen Golfplatz – hielt der Bus vor einem großen gelben, mit Monden und Sternen bemalten Bogen.

»Du musst wissen, dies hier ist ein Ort von höchster Spiritualität«, sagte Meister und zog mich aus dem Bus. »Du willst hinein? Du willst unser Werk sehen?«

»Oh, ja. Gern«, antwortete ich unsicher. Angesichts der Gestalten auf der anderen Seite des Bogens fielen mir beinahe die Augen aus dem Kopf. Das sollte eine Universität sein?

»Komm!«

Er führte mich durch die Menge in ein fensterloses Gebäude. Was für interessante Uniformen hier doch alle trugen! Nachdem sich meine Augen an das Licht im Inneren gewöhnt hatten, sah ich, dass ich mich in einem langgestreckten, niedrigen Raum befand, dessen Wände mit Symbolen aus den verschiedensten Religionen bedeckt waren, mit Davidssternen, Kreuzen und so weiter, alles in klarem Rot und Gelb gemalt. Am Ende des Raumes stand die dreieinhalb Meter hohe Statue einer Indianerin mit einem riesigen stählernen Speer in der Hand.

»Hier verrichten wir unser Werk«, sagte Meister und führte mich zu einer Bank. »Warte.«

Alle Frauen trugen Gazeblusen und -röcke aus gerafften pink- und türkisfarbenen Schals, was ein bisschen arabisch anmutete, vor allem die Kopfbedeckung. Genauer gesagt, sie sahen aus wie Barbara Eden in *Bezaubernde Jeannie*. Die Männer waren in hautenge schwarze Jeans gezwängt, dazu trugen sie Cowboyhüte und superkurze Westen, die knapp unter den Achselhöhlen endeten. Hier hatte Verrückter Wilder Westen die Vorlage geliefert. Manche Männer hatten sich auch einen knöchellangen grauen Umhang mit fünfzehn Zentimeter hohem Stehkragen umgeworfen: Barnabas Collins natürlich, im Film *Schloss der Vampire*. Was zum Teufel ging hier vor, fragte ich mich. Jetzt standen alle, die Handflächen nach oben gedreht, im Halbkreis vor der Statue der Indianerin und fingen offenbar irgendwelche mystischen Schwingungen auf. Links und rechts der Statue saßen reglos zwei halbwüchsige Mädchen.

Meister kam zurück und reichte mir eine Tasse mit einer milchigen Flüssigkeit. »Wasser«, sagte er auf meinen skeptischen Blick hin. »Trink. Das reinigt.«

Ich gehorchte und zeigte auf die Fotografie einer weißen Frau mit aufgerissenen Augen. »Wer ist das?«, fragte ich.

»Tia Neiva«, antwortete er und drehte dem Porträt seine Handflächen zu. »Unsere Führerin.«

»Aha«, grummelte ich und ahmte höflich die Geste nach. Ich hatte schon von Tia Neiva gehört. Sie hatte die ersten Botschaften von Außerirdischen empfangen, als sie beim Bau von Brasilia Ende der fünfziger Jahre als Lastwagenfahrerin arbeitete. Das hier war gar keine Universität. (Na, das lag auf der Hand, nicht wahr?) Es war eine Kirche, nach den Anweisungen einer Flotte fliegender Untertassen erbaut, die sich auf der anderen Seite des Monds versteckt hielt. Laut Tias Schriften war es Aufgabe dieser Kirche, die Erde auf deren Landung am 31. Dezember 1999 vorzubereiten. Tag für Tag versammelten sich Hunderte von Priestern um einen riesigen Davidsstern, der in einem nahen See schwamm (der Stern war eine Funkantenne ins All), um Botschaften zu empfangen und folgendes Gebet an das Volk vom Planeten Capela zu richten: »Oh, Simromba aus dem Großen Osten von Oxalá in der verzauberten Welt des Himalaya, bereite meinen Weg, erleuchte meinen Geist, sodass ich furchtlos voranschreite bis zum endgültigen Anbruch des Neuen Zeitalters.«

Ich wollte nach Hause. Die Hitze dort drinnen zusammen mit dem leichten Geruch nach Erbrochenem machte mich ganz benommen. Doch jedes Mal, wenn ich aufstand, zog mich Meister zurück auf meinen Platz. »Willst du denn unser Werk nicht sehen«, wiederholte er zunehmend aggressiver, während die Stunden verrannen. Er zwang mich, noch mehr »Wasser« zu trinken. Mir fiel auf, dass Menschen am anderen Ende des Raums in Eimer kotzten. Der Gestank wurde immer durchdringender. Irgendjemand fing entsetzlich zu würgen an, ein grässliches Geräusch.

Ich schob Meisters Hand beiseite und ging. Er folgte mir und drängte mich, wieder hineinzukommen, damit ich verstehen würde. Ich sah einen Bus und stieg ein, nur um sogleich festzustellen, dass ich in die falsche Richtung fuhr. Fünfundvierzig Minuten ging es durch Dutzende staubiger Dörfer, die von Sektenanhängern in dieser lächerlichen Kostümierung bevölkert waren. Sie sind recht zahlreich, Schätzungen zufolge etwa zwanzigtausend. Ungläubig und mit offenem Mund starrte ich sie an. Ich hatte keine Ahnung gehabt, dass es so etwas irgendwo gab. Was haben diese Menschen getan, fragte ich mich, als das Jahr 2000 anbrach und alles blieb wie gehabt?

preto velho

> Macaco veio, macaco veio
> Cafésaja
> Come que?
> Der Affe kam, und die Kaffeebüsche gingen ein.
> Was werden wir nun essen?
> *Brasilianisches Sklavenlied, um 1800*

Ich nahm einen Bus nach Bolivien. Mein Besuch im Tal der Morgenröte hatte in mir das Gefühl zurückgelassen, meine Reise stehe unter einem Fluch, daher entschied ich, meine Suche nach dem Zar-Kult in der Neuen Welt aufzugeben. Ganz offensichtlich wollten die Zar-Geister nicht mit mir in Verbindung treten.

Tagsüber ging es über Hunderte von Kilometern durch flache, grüne Sojafelder. Sojapflanzen, aus denen Öl gewonnen wird, sehen in etwa wie zwei Meter hohe Palmen aus. (Ich kam mir vor wie eine Ameise inmitten eines Fußballfelds.) Der Anbau von Soja bildet die letzte Stufe des brasilianischen Agrarzyklus, in dem zunächst der Regenwald brandgerodet wird, um ein Ausfuhrerzeugnis wie Kaffee anzupflanzen. Wenn der Boden erschöpft ist, lassen sie ihn eine Weile brachliegen, um ein anderes Ausfuhrerzeugnis anzupflanzen – beispielsweise Kaffee. Bekanntlich hat die Zerstörung des brasilianischen Regenwaldes verheerende Auswirkungen auf das Ökosystem unseres Planeten. Den meisten Kaffeekonsumenten ist gar nicht klar, welchen Anteil ihre Versorgung mit diesem Suchtstoff daran hat. In der Vergangenheit wurde der Kaffee auf den meisten südamerikanischen Plantagen als so genannter »Schattenkaffee« in Mischkulturen gezogen, also zwischen anderen, in jenen Gegenden einheimischen Baumarten. Doch seit Mitte der siebziger Jahre ist man in Brasilien zu reiner Monokultur übergegangen. Dazu wird der Restwald vollständig gerodet, nur die Kaffeesträucher bleiben stehen.

Für die Arbeiter bedeutet dies Plackerei unter sengender Sonne. Die Umwelt zahlt es mit zunehmendem Kahlschlag, verstärktem Einsatz von Pestiziden und ausgelaugtem Boden. Doch am schwersten sind die Auswirkungen auf die Artenvielfalt, beispielsweise auf Bäume und Vögel. Sechzig Prozent der Vogelpopulation Nordamerikas überwintert in Süd- und Mittelamerika. In dem Maße, wie die traditionellen Schattenplantagen verschwinden, geht auch der Lebensraum dieser Vögel verloren. Das Smithsonian Migratory Bird Center in Washington, D.C. hat festgestellt, dass in Monokulturen neunzig Prozent weniger Vogelarten anzutreffen sind.

Seit neuestem gibt es einen Trend, so genannten »Schattenkaffee« zu verkaufen. Bei diesem Kaffee kann man sicher sein, dass die Bohnen unter den alten, wesentlich umweltfreundlicheren Bedingungen gereift sind. Einen Qualitätsunterschied gibt es nicht, und ihn bevorzugt zu kaufen ist das Mindeste, was man von einem Kaffeejunkie an Vernunft erwarten kann.

Nach dreißig Stunden Fahrt durch diese Gluthölle kam ich in Campo Grande nahe der Grenze an. In dieser Region wird vorwiegend Viehzucht betrieben, und der Busbahnhof war ganz auf die Bedürfnisse des durchreisenden Gaucho ausgerichtet, der dort alles bekam, was sein Herz begehrte, ohne das Gelände verlassen zu müssen. Es gab zwei Pornokinos, drei Friseure und Kneipen im Überfluss. In den Läden konnte man fertiggepackte »Gaucho-Wochenrationen« kaufen, die vier Päckchen Reis, vier Päckchen Bohnen, SPAM, Waschpulver, Haargel und fünf Stück Seife enthielten.

Hinter dem Busbahnhof erstreckte sich eine mittelgroße Stadt voller Lederwarengeschäfte und einstöckiger Gebäude im spanischen Stil. Es ist so heiß dort, dass die Leute ihr Wassereis zwischen dem Schlecken in ein Glas stecken und danach die Flüssigkeit schlürfen.

Die Einwohner halten sich jedoch seltsamerweise etwas auf ihr mildes Klima zugute.

»Waren Sie schon mal in Cuiaba?« Der Geschäftsführer des Hotels Continental lachte spöttisch. »Da sind heute 45 Grad Celsius – hier sind es nur 39 Grad.«

Er kickte ein paar Popcornkrümel aus meinem Zimmer.

»Weiß gar nicht, warum es hier so dreckig ist«, brummelte er unter seinem weißen Fedora-Hut hervor. »Normalerweise sind wir da sehr pingelig!«

Einige Minuten später kam er mit einer Erklärung für den Zustand des Zimmers zurück.

»Dieses Zimmer ist noch belegt!«, tönte er triumphierend. »Ich wusste, es musste doch einen Grund haben.«

Er führte mich in ein anderes Zimmer, das kaum ansprechender aussah. Ich fragte ihn, was die Menschenansammlung bedeute, die ich vor einem der Nachbargebäude gesehen hatte.

»Dort ist ein spiritistisches Zentrum.«

»Was denn für ein spiritistisches Zentrum?«

»Brasilianische Geister.«

Das erste Mal, dass ich in Brasilien Glück hatte. In jeder Stadt hatte ich mich nach afro-brasilianischen Kulten erkundigt. Es handelte sich immer noch um schwer aufzuspürende Geheimbünde, sind sie doch erst vor kurzem legalisiert worden.

Gleich am nächsten Morgen wollte ich mir das Zentrum ansehen. Als ich aus dem Hotel trat, hielt mich der Typ an der Rezeption auf.

»Waren Sie das, der nach den Geistern gefragt hat?«, sagte er und zwinkerte mir vielsagend zu. »Wollen Sie mehr darüber wissen?«

Mario hieß er, ein dicklicher Kerl mit einem glücklichen Gesicht und einem Ohr, das von einer rötlichen Hautkrankheit überzogen war. Das spiritistische Zentrum hatte sich dem synkretistischen Kult verschrieben, der im 19. Jahrhundert durch den französischen Mystiker Allan Kardec Popularität erlangte. Also reine Zeitverschwendung für mich.

Ich fragte ihn, ob er eine Candomblé-Kultstätte kenne.

»Du willst wohl mit einem Boreesha reden, was?« Irgendetwas in dieser Art jedenfalls sagte er, und ich wurde ganz Ohr: Ich glaubte Bori-Zar zu verstehen.

»Was haben Sie gerade gesagt?«

»Boreesha«, wiederholte er und schrieb das Wort auf ein Blatt Papier: O-r-i-x-á. Das kannte ich. Orixás sind die Geister des afro-brasilianischen Kults, und das Wort war mir bei meinen Studien in Paris zig Mal begegnet. Was ich damals jedoch nicht wusste war, dass es mit einem stummen b beginnt und das x »sa« ausgesprochen wird. Die Orixás des Candomblé-Kults sind tatsächlich die hiesige Entsprechung der Bori-Zar-Geister Afrikas.

Leider kannte Mario keine Candomblé-Gemeinden. Allerdings war seine Schwester eine Priesterin des verwandten Umbanda-Kults. Ob ich sie kennen lernen wollte?
»Noch Fragen?« Wieder zwinkerte er mir bedeutungsvoll zu. »Ich sehe es dir doch an.«
»Viele sogar. Wie viel wird das kosten?«
Mario hob abwehrend die Hände. »Nein, kein Geld! Es besteht gar kein Anlass, dafür Geld zu geben.«
»Wirklich?« Das gefiel mir. Da fiel mir das »Geschenk« ein, das ich dem äthiopischen Zar-Priester mitgebracht hatte, die grünen Kaffeebohnen. »Vielleicht aber Geschenke?«
»Geschenke sind in Ordnung«, meinte er. »Sie mögen Tequila.«

Wenn ich hier auf die Zar-Religion stoßen würde, dann, so hatte ich erwartet, wäre sie sicher in den populären Candomblé-Kult eingebunden. Doch wie sich herausstellte, war sie mehr unter den Umbanda-Anhängern vertreten, einem Ableger des Candomblé, der unter der ärmeren brasilianischen Stadtbevölkerung verbreitet ist. Candomblé findet sich hauptsächlich im Norden, wo die afrikanische Kultur traditionell stark vertreten ist, während Umbanda eher im Süden beheimatet ist. Beide Gruppen halten ihre Riten in *terreiros* genannten Kultstätten ab, Höfen, deren Böden aus festgestampftem Lehm bestehen und auf denen einst die Kaffeebohnen getrocknet wurden, ähnlich jenem, den ich bei Baron Grão-Mogol gesehen hatte. In beiden Kulten heißen die Geister Orixás, eine Bezeichnung, die aus der Kosmologie der Bori-Zar-Religion abgeleitet ist. Die Orixá-Geister des Candomblé haben sich Züge aus jenen Tagen bewahrt, als afrikanische Sklaven ihre eigenen Götter als katholische Heilige tarnen mussten. Zu dieser Geisterschar gehört der hermaphroditische Oxumaré, der gerne Champagner trinkt, und Oxalá, der Opfergaben aus weißem Mehl bevorzugt. Die Orixás des Umbanda sind aus mir unbekannten Gründen eher den äthiopischen Zar-Geistern verwandt, insofern sie auf rassische Archetypen wie *o caboclo*, einen indianischen Geist, und den europäischen Krieger, *o guerreiro*, zurückgehen. Der mächtigste von allen ist jedoch Preto Velho, der Geist der alten afrikanischen Sklaven, der als Opfergabe natürlich am liebsten Kaffee annimmt, frisch geröstet, wie er ihn damals, vor zweitausend Jahren, in seiner Jugend in Afrika trank.

Als am nächsten Tag Marios Freund Walter kam, um mich zur Umbanda-Priesterin zu fahren, hatte ich ein Pfund Kaffeebohnen, ein Kistchen Zigarren und eine Flasche Rum griffbereit. Walter, ein dicklicher Weißer mit traurigen Augen, schaute auf die Rumflasche. »Ich bin geschieden«, erklärte er ohne jeden erkennbaren Zusammenhang.

Die Priesterin schlief noch, als wir bei ihrer Hütte ankamen. Walter und ich warteten auf dem unbefestigten Hof. Hinter dem Zaun sah ich die moderne Skyline des Zentrums von Campo Grande. Vor der Tür einer Medizinfrau zu sitzen und auf eine Skyline des 20. Jahrhunderts zu blicken, das war typisch Brasilien; das Land scheint halb ein Tagtraum aus moderner Architektur mit Badenixen und halb ein afrikanischer Kral zu sein.

Ein kahlköpfiger Truthahn trottete vorbei und warf mir einen bösen Blick zu. Ein Junge bot uns Wasser ein. Die Priesterin, Neva, kam herausgeschlurft und hielt uns einen Vortrag über Preto Velho.

»Preto Velho ist sehr ernst«, sagte sie. »Schlechte Dinge mag er nicht. Er denkt sehr gründlich über alles nach. Man erlaubt sich keine Scherze mit ihm, denn er hat viel gelitten. An seinen Knöcheln kann man die Narben der Sklavenketten sehen, auch an seinen Handgelenken. Sein Rücken ist von Narben übersät, die ihm sein Herr mit der Peitsche zugefügt hat, und manchmal muss man ihm die Kaffeetasse an die Lippen heben, weil er immer noch an den Handgelenken im Sklavenschiff aufgehängt ist. Er ist alt, sehr alt und weise, Vater Afrika, und deshalb kommt er, wenn er riecht, dass Kaffee geröstet wird, denn der Kaffee kommt von dort, wo er geboren wurde. Doch nicht weniger als den Kaffee liebt er die Pfeife. Nichts macht ihn glücklicher, als abends mit seiner Pfeife und einem Glas Wein in seinem Sessel zu sitzen.«

Preto Velho, erklärte sie weiter, liebe auch kleine Kinder. An einem bestimmten Feiertag im September »kommen all die Kleinen und besuchen ihn. Das macht ihn sehr glücklich.«

Wenn mir Neva auf der Straße begegnet wäre, hätte ich sie für eine Sekretärin gehalten. Sie war eine breitschultrige Frau mit kantigem Gesicht, was ihr kurzgeschnittenes Kraushaar noch unterstrich. Gekleidet war sie wie eine Aerobictrainerin: pinkfarbene Leggins und ein billiges weißes Sweatshirt. Ihre Lippen waren knallrot geschminkt. Sie erzählte mir auch von den anderen afrikanischen Geistern, besonders von Anastácia Escrava, einer Frau mit einem grausamen eisernen Maulkorb, der sie daran hindern sollte, »all den Schmerz hinauszuschreien, den sie in den Händen ihrer Herren erlitten hat.« Ich musste an die sadistischen Orgien des Baron Grão-Mogol denken.

»Hast du Preto schon gesehen?« Ich kannte viele Statuen von ihm. Er wird gewöhnlich als freundlicher afrikanischer Großvater in weißen Kleidern und mit einem breitkrempigen Strohhut dargestellt. Meist sitzt er in einem Sessel und schmaucht eine Maiskolbenpfeife.

»Oh ja, seine Pfeife liebt er sehr. Zigarren nicht so.« Sie zeigte auf das Kistchen, das ich mitgebracht hatte. »Er liebt seine Pfeife, seinen Wein und seinen Kaffee. All das sind gute Dinge. Also – du möchtest mit Preto Velho sprechen, habe ich Recht?«

Ich zögerte. Schließlich glaubte ich nicht so richtig daran. Vielleicht war es dann eine Zumutung, wenn sie meinetwegen die Mühe auf sich nahm, sich in Trance zu versetzen. Aber doch, ich wollte mit ihm sprechen; natürlich wollte ich das.

Neva sah es mir an.

»Komm«, sagte sie. »Ich sehe, du willst.«

Sie führte Walter und mich in ein Hinterzimmer, über dessen Tür ein Schild mit der Aufschrift TENDA OGÚN – »Tempel des Ogún« – hing. Es war von Kerzen erleuchtet, und an einer Wand stand ein langer Tisch voller Umbanda-Statuen: ein Dutzend Versionen von Preto Velho und verschiedene katholische Heilige, unter ihnen der Heilige Georg und die Jungfrau Maria. Es gab auch eine Statue der indianischen Frau, die ich im Tal der Morgenröte gesehen hatte. Besonders fiel mir ein blauäugiges, blondes Mädchen auf, das den kleinen Finger in den Mund gesteckt hatte.

»Hier.« Neva war ganz aufgeregt, wie ein Kind, das mit seinem Lieblingsonkel spielen will. Sie drückte mir eine einfache Pfeife in die

Hand. »Das ist Preto Velhos Pfeife – wie sehr er sie liebt, habe ich dir ja gesagt. Ach, wie er seine Pfeife liebt! Wirklich!«

Sie wies Walter an, die Pfeife zu stopfen. Mich ließ sie einen Gong schlagen. »Damit er aufwacht. Dauernd macht er ein Nickerchen, der alte Schelm!«, meinte sie lachend. »Aber das wird den Faulpelz wecken.« Sie begann, einen einfachen Eins-Zwei-Rhythmus zu schlagen und sang zu einer düsteren kleinen Melodie: »Ti-a Mari-a! Ti-a Maria!« Ich sah eine knapp einen Meter hohe Preto-Velho-Figur auf dem Tisch. Er schien sich auf seinen Stock gestützt nach vorne zu beugen.

»Das ist sein Stock!«, rief mir Neva ins Ohr. Sie drückte mir einen weißen Stock in die Hand. Der geschnitzte Griff hatte die Form eines afrikanischen Mannes. »Er ist so alt! So alt! Deshalb braucht er diesen Stock. Ruf ihn besser erst gar nicht, wenn du keinen Stock hast, auf den er sich stützen kann!« Sie bekreuzigte sich, küsste das Tischtuch, schlug die Trommel und sang dazu. Eine Frau trat ins Zimmer, den ganzen Kopf voller rosa Lockenwickler, und zündete die Pfeife an. Neva wurde von krampfhaften Zuckungen erfasst, und mit einem Mal war Preto Velho bei uns.

Er war sehr alt und schlurfte, gebeugt von der Last seiner Jahre, vor sich hin murmelnd durch das Zimmer. Jemand nahm mir den Stock aus der Hand und gab ihn ihm. Jemand anderes zog einen Stuhl herbei. Preto setzte sich und begann sogleich, sich mit brüchiger Stimme zu beschweren – wo denn seine Pfeife bleibe? Walter reichte sie ihm, und einige Minuten lang saß Preto Velho einfach so da, murmelte etwas vor sich hin und rauchte. Die weiß getünchten Wände schienen im Licht der Kerzen zu erglühen. Schließlich nahm Preto Walters Hände und erteilte ihm einen kurzen Segen. Dann war ich an der Reihe.

Ich stellte ihm ein paar Standardfragen über Geld und die Zukunft. Aber was mir wirklich auf der Seele brannte, betraf meine Freundin Nina. Ich hatte sie unter der Nummer, die sie mir gegeben hatte, nicht erreichen können, und nach unserer überstürzten Trennung in Indien war ich nicht sicher, ob sie überhaupt noch etwas mit mir zu tun haben wollte. Also fragte ich Preto, ob ich zu ihr nach New York fahren oder zu meinem Bruder nach Kalifornien zurückkehren sollte.

Es hat mich schon immer geärgert, dass ich zwar meist verstanden werde, wenn ich in Brasilien Spanisch spreche, ich aber die anderen, die Portugiesisch sprechen, oft nicht verstehen kann. Preto Velho verstand meine Frage und gab mir lang und breit Antwort. Aber sein Portugiesisch, zweihundert Jahre alt und mit afrikanischen Brocken durchsetzt, erschloss sich mir nicht. Das Einzige, was ich sicher verstand, war seine wiederholte Frage, ob ich ihn verstünde. Ich nickte jedes Mal, denn ich brachte es einfach nicht über mich, einen zweitausend Jahre alten afrikanischen Geist zu bitten, langsamer zu sprechen.

Während Preto Velho meine Fragen beantwortete, beobachtete ich Nevas Gesicht. Es war völlig eingefallen. Ihre Augen waren hinter Falten und Runzeln verschwunden. Die Stimme war zwar noch als die ihre zu erkennen, aber brüchig vor Alter. Speichel troff ihr von den Lippen, und ihr Atem roch nach Tabak, ein Geruch, der auch aus jeder Pore ihres Körpers zu dringen schien, so als würde sie die Pfeife schon seit Jahrhunderten rauchen. Es wirkte absolut überzeugend, und wenn ich mir auch nicht sicher war, ob ich wirklich mit dem archetypischen Geist aller versklavten Afrikaner sprach, so war ich doch auch nicht vom Gegenteil überzeugt; Neva jedenfalls glaubte unbedingt daran.

Während Preto noch mit mir sprach, unterhielten sich Walter und die Frau mit den Lockenwicklern über das Wetter. Dieses Stückchen Normalität bewirkte aber nur, dass die ganze Situation für mich noch echter wirkte. Die Frau fragte mich schließlich, ob ich noch weitere Fragen hätte. Ich sagte nein. Nun segnete Preto erst mich und dann sie. Ein kurzer Schauder und Preto war fort. Neva schnatterte sogleich aufgeregt über eine bevorstehende Fiesta. Es ist so heiß hier drin, sagte sie, warum gehen wir nicht raus in den Hof?

»Na«, fragte Neva, als wir aufbrachen. »Hat Preto Velho mit dir gesprochen?«

»Ja«, sagte ich. »Ich danke dir.«

Auf dem Rückweg schwiegen Walter und ich. Er war zum ersten Mal bei einer solchen Zeremonie zugegen gewesen, und obgleich Katholik, war er doch beeindruckt. Neva war, darin stimmten wir überein, »muy formidable«. Ich fragte ihn, ob er fünf oder zehn Dollar für das Benzin haben wolle. Er wollte fünfzehn. Ein wenig enttäuscht war ich darüber, dass wir die Kaffeebohnen nicht geröstet hatten, wie man es in Äthiopien tut. Neva hatte gemeint, das sei nicht nötig. »Wozu, er hat doch Wein und Zigarren – ist das nicht genug für einen alten Mann?« Ich hätte es einfach nett gefunden, eine Tasse zusammen mit dem Alten zu trinken, der trotz all des Leids, das die Bohne ihm und seinem Volk gebracht hatte, den Trank noch immer so liebte wie ich.

Natürlich hatte ich immer noch keine Ahnung, was für eine Zukunft er mir vorausgesagt hatte. Das fand ich dann am Abend heraus, als ich an der Rezeption auf Mario und Walter traf. Mario brach sogleich in Lachen aus.

»Na also«, sagte er und zwinkerte mir zweideutig zu. »Jetzt weißt du's! Du gehst jetzt also nach New York zurück und heiratest diese Nina, was?«

officer hoppe

> Was ist ein großer Kaffee aus koffeinfreiem Espressopulver, aufgeschäumt mit fettarmer Milch?
> Ein flüssiger Bleichspargel.
> *Graffiti an der Wand des L-Café, Williamsburg, New York*

Die Vereinigten Staaten waren der erste westliche Staat, der schon koffeinsüchtig auf die Welt kam. Selbst bei der Zeugung war der Kaffee zugegen, denn Kapitän John Smith, der 1607 die Kolonie Jamestown gründete, hatte den Kaffee kennen gelernt, als er sich im Nahen Osten herumtrieb. An Bord der Mayflower, mit der die ersten Pilger kamen, befand sich auch ein Mörser samt Stößel zur Herstellung von »Kaffeepulver«. Schon 1669 trank man in New York Kaffee mit Zimt und Honig. Ein Jahr später eröffnete eine Wirtin namens Dorothy Johnson ganz offiziell das erste Kaffeehaus in Boston.

Getreu ihren Vorbildern in Mutter England erwarben sich die Kaffeehäuser in den Kolonien bald den Ruf, mit schlechtem Kaffee gute Geschäfte zu machen. Im Merchant Coffeehouse in Boston fand die erste öffentliche Aktienauktion statt, und im Tontine Coffeehouse in der Wall Street eröffnete die erste Börse New Yorks. Das änderte sich allerdings im 18. Jahrhundert, als sich die historische Wandlung der Briten von einer Nation der Kaffeeliebhaber zu einer von Teetrinkern vollzog. Dies war eine komplizierte, aber typisch englische Geschichte, denn trotz seiner weitläufigen Kolonien verfügte England über keinerlei Kaffeeplantagen von nennenswerter Größe. Frankreich beherrschte den größten Teil der Karibik, Portugal kontrollierte Brasilien, die Holländer hatten Indonesien. Somit ließ jede Tasse Kaffee, die sich die britischen Untertanen gönnten, die Kassen der europäischen Rivalen klingeln. Aber nicht dass Sie jetzt denken, Großbritannien hätte Teekolonien besessen. Die einzige Drogenproduktion unter britischer Kontrolle waren die Opiumfelder in Nordindien. Opium war für die Briten wertlos, dafür sehr begehrt bei den Chinesen, die wiederum, welch glückliche Fügung, über Teeplantagen im Überfluss verfügten. Also begannen die Briten, das indische Opium gegen chinesischen Tee einzutauschen.[26] Sie fingen in überschaubarem Maß Handel an, den sie dann Schritt für Schritt ausbauten, je mehr Chinesen dem Heroin verfielen. Um 1750 konnte man den Landsleuten den Tee zum halben Preis von Kaffee verkaufen, und das bei einer deutlich höheren Gewinnmarge. Dann begann man einen hinterlistigen Werbefeldzug, der unter dem Motto »The Cup That Cheers« (»Die Tasse, die aufmuntert«) stand, und bald war es nur noch eine Fußnote der Geschichte, dass England Europas erste große Kaffeetrinkernation gewesen war.

Wir Kolonisten waren ebenfalls schon dabei, uns umzustellen, als König Georg uns eine Teesteuer aufbrummte. Zunächst boykottierten die Amerikaner das Getränk. Dann verkleideten sich einige Patrioten als Indianer und warfen am 16. Dezember 1773 eine Schiffsladung Tee ins Hafenbecken von Boston, eine Tat, die die amerikanische Revolution beschleunigte und ein für allemal sicherstellte, dass niemals mehr ein kerniger Amerikaner, also ein Fernsehabhängiger mit lockerem Schießeisen, in der Öffentlichkeit mit einer Tasse Tee gesehen wurde. So wurden wir ein Volk von Koffeeinsüchtigen, die von morgens bis abends unter Strom stehen, stets bemüht sind, alles noch schneller zu machen, noch reicher zu werden, wilder zu tanzen, länger zu spielen und überhaupt höher hinaus zu kommen als alle anderen.

Komisch nur, dass wir es all die Jahre nie gelernt haben, ordentlichen Kaffee zu kochen.

Nachdem ich aus Brasilien nach New York zurückgekehrt war, hatte ich ursprünglich vorgehabt, kreuz und quer durch die Vereinigten Staaten zu fahren und nach der perfekten Tasse Kaffee zu suchen. Den köstlichsten, vollmundigsten, aromatischsten Maschinenkaffee; den umwerfendsten Cappuccino; den kräftigsten Espresso. Koffeinierten Kerouac. Den heiligen Kaffee-Gral. Oder etwas in der Art.

»Du liegst völlig falsch, mein Junge«, meinte Jeff. »Echter amerikanischer Kaffee ist schlecht. Nach der schlechtesten Tasse musst du suchen, nicht nach der besten.«

Jeff und ich saßen im Odessa's, einer klassischen Kaffeebar in Manhattans East Village, und warteten auf Nina. Meine Befürchtungen, was Nina und mich betraf, hatten sich übrigens als völlig grundlos herausgestellt. Schon nach kurzer Zeit hatte ich mich in ihrer winzigen Wohnung in Williamsburg, wo all die Möchtegernkünstlern wohnten, eingenistet. Jeff war einer von Ninas Freunden, ein schon angegrauter Herr, Leader der legendären Lefty Jones Band, und ein begnadeter Trinker (nicht unbedingt von Kaffee). Seine Theorie war einfach Folgende: Ich sollte nicht nach rein technischer Perfektion suchen, sondern nach der wahrhaftigsten, traditionsreichsten, dem amerikanischen Pioniergeist entsprechenden Tasse, die ausschließlich von einer Serviererin mit dem Gesicht einer Farmerstochter in Baumwollkleid und Rüschenschürze aus dem trüben Bodensatz einer feuerfesten gläsernen Kaffeekanne ausgeschenkt werden konnte; aus der noch einmal nachgeschenkt wurde, und wieder und wieder und wieder und wieder, bis der Gast schreiend in die Nacht hinaus verschwand. Wie hätte ich dem widersprechen können? Amerika ist in der ganzen Welt dafür bekannt, nicht nur die miserabelsten Bohnen zu verwenden, sondern sie auch noch auf die scheußlichste Art aufzubrühen. Und lächerlich schwach – die typische Tasse ist so wässrig wie der Mississippi und ebenso ergiebig, wie es die Geschichte eines unbekannten Autors um die Jahrhundertwende von der ersten bodenlosen Kaffeetasse der Welt schildert.

In dieser Anekdote wundert sich der Besitzer eines Landgasthauses in Mississippi über einen Reisenden, der eine Tasse Kaffee nach der anderen trinkt. »Sie scheinen ja sehr gerne Kaffee zu trinken«, kann er sich nicht verkneifen zu bemerken, als er ihm die fünfte Tasse serviert.

»In der Tat, mein Herr«, antwortet der andere gewichtig. »Ich trinke morgens stets eine Tasse Kaffee zum Frühstück, und ich hoffe immer noch, auf mein Quantum Koffein zu kommen, bevor ich mit dem Frühstück hier fertig bin. Hätten sie vielleicht die Güte, mir noch ein oder zwei Tassen von diesem Gebräu hier zu bringen?«

»Ja, genau«, meinte Jeff, als ich ihm die Geschichte erzählte. »Das ist der Kaffee, nach dem du suchen musst.«

Endlich kam Nina J., mit einigen Freunden im Schlepptau, und drei Stunden und sieben Gintonic später stand fest, dass wir mit Jeffs goldenem Cadillac[27] die legendäre Route 66 nach dem miserabelsten Kaffee abklappern würden, den Amerika zu bieten hatte. Fünf unerschrockene Gefährten schworen sich an diesem Abend ewige Treue: Jeff und seine Freundin Chris, Nina J. und Stewart, außerdem Ninas beste Freundin, Meg. Einer nach dem anderen ging jedoch von der Fahne, bis sich zwei Wochen später nur noch die beiden verbliebenen Mitglieder der Expedition, Meg und Stewart, auf den Weg machten. Jeffs Caddie hatte sich in einen Honda Accord von unbestimmbarer Farbe verwandelt, den wir innerhalb einer Woche in Los Angeles abzuliefern hatten. Wir rüsteten uns mit einem unerschöpflichen Vorrat an Musikkassetten und einem halben Dutzend verschiedener koffeinhaltiger Durchhaltemittelchen aus, darunter Stimu-Chew (koffeinhaltiger Kaugummi), Water-Joe und Krank (koffeinhaltiges Wasser) sowie verschiedene Arten von koffeinhaltigen Süßigkeiten. Unser wertvollster Besitz war jedoch eine Phiole reinstes, schimmerndes Koffein. Die hatte ich von einem der unzähligen Koffeinfanatiker über das Internet bekommen, Seric, auf dessen Seite einem Augenbälle entgegensprangen.

Meg und ich machten uns etwa um acht Uhr abends auf den Weg und fuhren geradewegs Richtung Süden durch New Jersey und Pennsylvania, dann durch Virginia und Kentucky die Appalachen entlang und durch Georgia bis nach Tennessee. Ich saß die ganze Nacht am Steuer. Zerplatzte Insekten, weiße Linien und Tankstellen, die wie gelandete Raumschiffe aussahen. Meg hatte die Füße auf das Armaturenbrett gelegt. Sie ist ziemlich groß, ein Meter achtzig vielleicht, mit einem Wuschelkopf aus krausem, rotem Haar und etwas vorstehenden blauen Augen, was einem stets das Gefühl gibt, sie fände alles faszinierend, was man sagt. Bei Sonnenaufgang übernahm Meg das Steuer. Meine nächste Erinnerung ist, wie ich um zehn Uhr morgens in dem Städtchen Athens in Tennessee aus dem Wagen kletterte. Das Thermometer zeigte bereits 35 Grad Celsius. Ich schaute Meg an und musste bei ihrem Anblick lachen. Das gab sie mir sofort zurück. Dann staksten wir steifbeinig in ein Café namens Breakfast Nook.

»Morgen, Leute«, begrüßte uns die Serviererin. »Was darf's sein?«

Es war ein winziges Lokal mit gerade genug Platz für den Tresen vor dem Herd. Die Tageskarte stand auf einer cremefarbenen Tafel mit Magnetbuchstaben angeschrieben. Es gab belgische Waffeln, Würstchen, Spiegeleier, Eier Benedict, Blaubeerpfannkuchen und Rührei.

Die Serviererin bemerkte, wie ich die Tafel studierte.

»Verlorene Liebesmüh, Süßer«, sagte sie. »Das ist älter als ich.« Sie wies auf eine mit Fettspritzern übersäte Karte neben dem Herd. »Die richtige Speisekarte ist das da. Aber heute gibt's nur Brötchen mit Soße.«

»Aha«, sagte ich. »Was denn für Soße?«

»Na, Soße eben. Das Zeug, das man über alles drüber kippt«, erklärte sie.

Dieser universelle Geschmacksstoff stellte sich als trübe Brühe mit gelblichen Fettaugen heraus, in der sich tierische Nebenerzeugnisse kringelten. Während ich noch diesen Pamps in mich hineinzwang, kam Meg mit der Bedienung ins Gespräch. Sie waren zu zweit, beide blass mit Hitzeflecken im Gesicht, und beide in ausgefransten, abgeschnittenen Jeanshosen.

»Memphis? Auf der 240? Ungefähr zwölf Stunden«, erklärten sie.

»Aber es sind doch nur zweihundert Meilen. Das wäre ja langsamer als der Zug nach Addis Abeba«, wandte ich ein.

»Ich war noch nicht in Addis«, sagte die eine. »Wo kommt ihr her?«

»Manhattan«, antwortete Meg. »New York.«

»Tatsächlich? Ich wusste gar nicht, dass sie dort Rote haben in New York.«

»Rote?«, wunderte sich Meg.

»Na, solche wie dich, Schätzchen. Ist es unverschämt, wenn ich frage, ob das echt ist?«

»Meine Haare?«, sagte Meg. »Na klar. Das ist Natur.«

»Wenn du das sagst«, kicherte sie. »Fahrt vorsichtig und haltet die Augen nach Streifenwagen offen. Es gibt jede Menge Radarfallen auf der Strecke.«

Und so kam es wirklich. Kaum hatten wir die Stadtgrenze von Athens hinter uns gelassen, da zwang uns ein Polizist aus Tennessee, in einen Kwiki-Markt mit Tankstelle einzubiegen. Ein Bremslicht funktionierte nicht, weshalb der Polizist natürlich unsere Nummernschilder, Personalausweise sowie die Zulassungs- und Versicherungspapiere überprüfen musste. Zudem stellte er uns einen Haufen taktloser und unzulässiger Fragen über unser Privatleben. Sein Name war Officer Hoppe, und ich bin nicht ganz sicher, ob seine Ähnlichkeit mit Kenneth Starr, dem Sonderanwalt in Bill Clintons Lewinsky-Affäre, reiner Zufall war. Er wollte wissen, wohin wir unterwegs seien, wie wir uns kennen gelernt hätten, und auch wenn er nicht direkt fragte, ob wir miteinander bumsten, so schien er uns doch im Verdacht zu haben.

An unseren Papieren fand er letztendlich nichts auszusetzen. Er bat mich, noch einmal mit zu seinem Wagen zu kommen.

»Also«, sagte er mit bedauerndem Unterton, »scheint ja alles in Ordnung zu sein.« Er beugte sich vor und sah mich durchdringend an. »Sie können mir doch sicher garantieren, dass sich in diesem Fahrzeug da nichts Illegales befindet?«

Die Antwort war traurig, aber wahr. Wir hätten gerne etwas Haschisch mitgenommen, aber Meg bewarb sich gerade für eine medizinische Ausbildung, das Risiko war einfach zu groß. Ärzten ist nur das Dealen mit legalen Drogen erlaubt.

»Nein, nichts Illegales«, antwortete ich.

»Schön, schön. Dann haben Sie auch sicher nichts dagegen, wenn ich ihren Wagen durchsuche?«

Schlagartig fiel mir die Phiole mit dem Koffein ein. Völlig legal, aber unweigerlich würde eine Phiole mit einem weißen Pülverchen einiges Stirnrunzeln hervorrufen.

»Ähm«, räusperte ich mich, »in Begeisterung versetzt mich das nicht gerade.«

»Aber wieso denn das? Haben Sie mir nicht eben versichert, es sei nichts Illegales in dem Fahrzeug?«

»Schon, Officer. Da ist auch nichts. Aber ich sollte Ihnen vielleicht sagen, dass Sie etwas finden könnten, das illegal aussieht. Bloß dass es das eben nicht ist.«

Hoppe schenkte mir ein leutseliges Lächeln. »Machen Sie sich darüber keine Gedanken, mein Junge«, erklärte er. »Ich weiß, was ich tue. Jetzt unterschreiben Sie erst mal hier, dass Sie mit der Durchsuchung Ihres Wagens einverstanden sind.«

Das war in etwa so, als würde ein Einbrecher um eine Quittung bitten. Lehnte ich ab, würde uns Hoppe zur Wache bringen und eine Durchsuchungserlaubnis beantragen. Im günstigsten Fall würde er uns den ganzen Tag in Athens festnageln. Und wenn irgendein Idiot ihm tatsächlich die Durchsuchungserlaubnis gab, würde er das Koffein mindestens für burmesisches Heroin halten.

»Du hast dem eine Erlaubnis gegeben! Bist du noch bei Trost?« Meg und ich waren nun auf dem Rücksitz von Hoppes Streifenwagen eingesperrt. Zwei weitere Polizisten waren ihm inzwischen zu Hilfe geeilt und gingen mit dem Flohkamm durch unseren Honda. Erstaunlich gründlich können sie sein, diese Bauernlümmel. »Dem hätte ich nie eine Erlaubnis unterschrieben! Er hat kein Recht dazu!«

»Er hat einen Revolver«, wandte ich ein. »Und ich bin ein Feigling.«

»Na großartig!« sagte Meg. Hoppe näherte sich mit einem triefenden Lächeln. In der rechten Hand hielt er die Phiole.

»Na, hatten Sie mir nicht versprochen, da wäre nichts Illegales in Ihrem Wagen?«, fragte er, als ich die Scheibe heruntergekurbelt hatte.

»Ja doch«, antwortete ich. »Und hatten Sie mir nicht versprochen, Sie hätten eine Klimaanlage?«

»Und was ist das?«

»Das ist hundertprozentiges Koffein, hundertprozentig legal.« Ich hätte es über das Internet gekauft, fügte ich hinzu.

»Über das Internet?« In Officer Hoppes Gedankenwelt war das offenbar ein besonders verrufener, höchst verdächtiger Ort. »Ich fürchte, ich muss Sie wegen Besitzes einer verdächtigen Substanz festnehmen.«

»Wenn Sie meinen, es handelt sich um Kokain, warum versuchen Sie es nicht einfach?«, schlug ich vor. »Kokain macht den Gaumen taub, nicht wahr?«

Hoppe warf mir einen vernichtenden Blick zu. Junge, Junge, hieß das, jetzt hast du dich aber reingeritten.

»Ich habe keine Ahnung, welche Wirkung Kokain hat, Sir. Rühren Sie sich beide nicht von der Stelle. Wir haben einen Marshal von der Bundespolizei angefordert, der wird sich der Sache annehmen.«

Noch ein Streifenwagen kam, während wir auf die Bundespolizei warteten. Dann noch einer. Bald hatte sich ein halbes Dutzend Polizeiwagen des Staates Tennessee um uns versammelt, deren Besatzungen lachend umherstolzierten und unsere kleine Phiole von Hand zu Hand gehen ließen.

»Die kriegen sich nicht mehr ein«, stöhnte Meg. »Die wollten schon immer mal zwei New Yorker einbuchten. Da kommt der ... mein Gott.«

Eine dunkelblaue Limousine mit getönten Scheiben war herangerauscht, dem ein übergewichtiger Officer im knitterfreien Anzug und spiegelnder Sonnenbrille entstieg. Die Bundespolizei.

»Stets gern zu Diensten, Freunde!«, hörten wir ihn dröhnen. »Was liegt an?«

Einer der Officer wies auf uns, die wir kichernd im Wagen saßen. (»Schaut mal, unsere Junkies kriegen wohl schon Entzugserscheinungen.«) Mr. FBI warf uns einen verächtlichen Blick zu und hielt dann die Phiole gegen das Sonnenlicht. Er schüttelte missbilligend den Kopf. Ein anderer Officer, ein schon etwas älterer Mann, stellte uns noch einmal die gleichen Fragen. Er war immerhin so nett, Meg zu erlauben, zum Laden hinüberzugehen und etwas zu trinken zu holen.

»Koffein?«, sagte er, nachdem ich die Sache noch einmal erklärt hatte. »Ich bin mir nicht so sicher, ob das legal ist. Falls das überhaupt Koffein ist, was wir da gefunden haben.« Er wies mit dem Daumen in die Richtung, in der ein Peter-Falk-Verschnitt mit einem Chemiekasten für Schüler herumhantierte. »Das werden wir gleich wissen.«

»Ach wirklich?«, fragte ich. »Haben Sie das in der Zeitung gelesen von dem Kerl, der die Asche seiner Großmutter im Auto hatte und durchsucht wurde, genau wie wir jetzt, und als sie die Asche untersuchten, stellten sie fest, dass es Kokain war?«

»Im Ernst? Sagen Sie mal, wo haben Sie das Zeug eigentlich her?«

Ich erklärte ihm, wie Koffein, das man beim Entkoffeinierungsprozess aus Kaffeebohnen extrahiert, als Muntermacher in Softdrinks verwendet wird (die, nebenbei bemerkt, beinahe fünfzig Prozent des Koffeinkonsums der US-Amerikaner ausmachen). Eine durchschnittliche Kaffeetasse enthält zwischen hundert und zweihundert Milligramm Koffein, in Limonadengetränke sind es zwischen fünfzig und hundert. Die zehn Gramm in meiner Phiole entsprachen also hundert Tassen

Kaffee und hätten mich wahrscheinlich umgebracht, wenn ich sie auf einmal zu mir genommen hätte. Reines Koffein ist so konzentriert, dass man es über die Zunge absorbieren kann. Dadurch vermeidet man, den Magen rebellisch zu machen, was das größte Problem bei dieser Suchtform ist.

»Sie tun es auf die Zunge?«, meinte der Officer. »Das kann ja gar nicht legal sein.«

Meg tauchte hinter dem Wagen auf. Sie hatte sich eine Flasche Mineralwasser über ihr T-Shirt gekippt, was die örtlichen Polizisten etwas milder zu stimmen schien. Peter Falk natürlich nicht. Er führte seine Tests zu Ende, beorderte mich zu seinem Wagen und forderte mich auf, die Hände auf die Kühlerhaube zu legen. Zu Meg sagte man, sie solle wieder in den Streifenwagen steigen.

»So ist's recht, mein Freund«, sagte er mit schmierigem Lächeln. »Ich fürchte, dein Spielzeug ist positiv getestet. Hundert Prozent reines Kokain.«

»Das meinen Sie doch nicht ernst?« Mir wurde langsam mulmig. Ich war sicher, dass es Koffein war, aber was, wenn die Tests nicht richtig geeicht waren ... Andererseits, woher sollte ich wirklich wissen, was Seric in die Phiole getan hatte? »Es kann einfach kein Kokain sein.«

»So sicher scheinen Sie mir da aber nicht zu sein.« Er sah mich triumphierend an. »Sie haben das über das Internet gekauft, wie ich gehört habe, stimmt das?«

»Ja.«

»Sie wissen also selbst nicht so genau, was das für ein Zeug ist, habe ich recht? Wie viel haben Sie denn dafür hingeblättert, mein Junge?«

»Zehn Dollar«, antwortete ich. »Das sind ungefähr zehn Gramm, wenn das tatsächlich Kokain wäre ...«

»Dann hätten Sie ein Bombengeschäft gemacht.« Er lachte und klopfte mir auf den Rücken. »Ein Bombengeschäft, mein Junge.« Die umstehenden Polizisten stimmten in sein Lachen ein. Immer noch lachend ging er zu seinem Wagen und rauschte von dannen.

Hoppe und seine Truppe versammelten sich im Kreis um uns.

»Also, es ist folgendermaßen: Wir wissen nicht, was das für ein Zeug ist«, erklärte Hoppe. »Vielleicht ist es legal, vielleicht auch nicht. Aber wir lassen euch trotzdem laufen. Unter einer Bedingung. Ihr kippt es hier vor unser aller Augen in den Straßengraben.« Er reichte mir die Phiole. »Das ist in eurem eigenen Interesse. Wenn sie euch damit in Kentucky erwischen, hängen sie euch auf.«

»Sie verlangen, dass ich es vernichte, obwohl es absolut legal ist?«

»Also, das wissen wir ja gerade nicht. Es könnte auch illegal sein«, unterbrach mich Hoppe. »Aber ihr seid kooperativ gewesen, deshalb sind wir bereit, im Zweifel zu euren Gunsten zu entscheiden.«

Na, da danke ich aber schön, Officer!, hätte ich beinahe gesagt. Aber, um ehrlich zu sein, ich hatte Athens gründlich satt. Also marschierte ich brav zur Straße und streute das weiße Pulver auf den Asphalt. Ich wundere mich, dass sie kein Foto gemacht haben – wieder ein Sieg im Krieg Amerikas gegen die Drogen! Die Polizisten schienen zufrieden, ungeachtet der Tatsache, dass sie meine Bürgerrechte missachtet, mich gezwungen hatten, völlig legalen Besitz zu vernichten und sich überhaupt wie Knallchargen aufgeführt hatten. Aber ordentlich waren sie. Sogar eine »Quittung« stellten sie mir für die Durchsuchung aus.

»Heben Sie das auf, das könnte Ihnen von Nutzen sein, wenn sie noch mal von der Polizei aufgehalten werden.« Wie, dachte ich, braucht man jetzt schon Quittungen, um sich gegen Durchsuchungen zu wappnen? Hoppe schüttelte mir die Hand. »Und sorgen Sie dafür, dass das Bremslicht repariert wird, haben Sie mich verstanden?«

Ich war froh, dass Hoppe mit seinen Wurstfingern bei der Durchsuchungsaktion wenigstens nicht meinen alten 486er Laptop kaputt gemacht hatte, der über ein Funkmodem meine Verbindung zum Internet darstellte. Das Internet ist die modernste Ausprägung des Kaffeehauses als sozialer Einrichtung, ein Ort, der für jedermann zum Meinungsaustausch offen steht, ungeachtet seiner sozialen Herkunft. Das Netz entwickelte sich aus thematisch geordneten Seiten, auf denen Wissenschaftler Nachrichten austauschten, ähnlich wie der Londoner Kaffeehausklatsch in Richard Steeles *Tatler* mündete, der wiederum etliche andere Spezialzeitschriften auf den Weg brachte.

Es ist kein Zufall, dass das älteste von einer Webcam aufgezeichnete

Bild im Internet eine Kaffeekanne aus einem Informatikinstitut in Cambridge[28] zeigt oder dass Internetcafés, in denen sich Menschen »treffen« und miteinander reden können, wie Pilze aus dem Boden schießen. Während Meg und ich weiter den Highway entlang fuhren, surften wir gleichzeitig durch das Web, wodurch wir zu einer Art »Café auf Rädern« mit hundert Millionen Gästen wurden, denen wir brühfrisch unsere Erlebnisse mit Officer Hoppe einschenkten.

»Das ist Prohibition!«, schrieb proffs@tcsx.net in der Newsgroup alt.psychedelics. »Diese verschissenen Schleimbeutel sind von der perversen Sucht getrieben, ihre Mitmenschen ins Knie zu ficken. Die Anständigen in unserem Volk und auf dem ganzen Planeten werden sich eines Tages erheben und dieses Prohibitionistengeschmeiß vom Angesicht der Erde fegen. Sie sind die Pest für Freiheit und Gerechtigkeit, niemand wird ihnen eine Träne nachweinen.«

Das Web steckt genauso voller paranoider Schwätzer wie nur irgendein Kaffeehaus im 18. Jahrhundert. Hoppes Schmierenkomödie wurde sogleich Aufhänger für eine Theorie, die Regierung plane, Kaffee wie Tabak zu behandeln. »Als nächstes ist Coca-Cola dran, dann Zucker, dann Wasser, schließlich die Luft«, schrieb jemand. Eine Krankenschwester meinte, ihr Vorgesetzter habe ihr die Anweisung gegeben, wegen ihres »Kaffeekonsums« professionelle Hilfe in Anspruch zu nehmen. Nachtschwestern berichteten, sie müssten seit neuestem eine Genehmigung einholen, bevor sie einen Kaffee oder eine Cola trinken könnten. In einem Krankenhaus hatte die Leitung sämtliche koffeinhaltigen Getränke aus dem Automaten verbannt. »Double Jolt Cola«, das über hundert Milligramm Koffein enthält, ist in Australien verboten worden. In einer Newsgroup von alt.coffee wurde neulich diskutiert, ob Baristas moralisch verpflichtet seien, ihre Kunden nach dem Alter zu fragen, bevor sie ihnen einen doppelten Espresso servieren.

Das alles sind nicht nur reine Web-Fantastereien. Das amerikanische Gesundheitsministerium hat koffeinhaltige Produkte unter Beobachtung gestellt, und im Internet bieten Unternehmen, die für Personalabteilungen Drogentests durchführen, auch Untersuchungen über den »Koffeinmissbrauch« von Stellenbewerbern an. Das Olympische

Komitee klassifiziert Koffein zusammen mit Steroiden als unerlaubtes Dopingmittel, und 1993 wurde der europäischen Meisterin im Brustschwimmen nachträglich der Sieg aberkannt, nachdem sie positiv auf einen Konsum von Koffein getestet worden war, der etwa dem Inhalt von sechs Tassen Kaffee entsprach.[29] Seit fünf Jahren nun schon trifft sich in Portland, Oregon, eine Selbsthilfegruppe der »Anonymen Koffeinsüchtigen«, die Kaffeejunkies in zwölf Schritten helfen will, die Koffeinkrücke wegzuwerfen.

»Wir standen alle zusammen unglaublich nervös in einer Schlange vor einem Starbucks«, erklärte ein Mitglied im Internet. »Alle meinten: 'Na macht schon, vorwärts! Warum dauert das so lange?' Wir waren wie Heroinsüchtige.«

Laut einem Bericht der staatlichen Drogenbehörde sterben jährlich 5000 Amerikaner an den Folgen von Koffeingenuss, genauso viele wie durch alle illegalen Drogen zusammen. Im Vergleich dazu tötet Alkohol 125000 Menschen (nicht eingerechnet jene, die bei Unfällen ums Leben kommen), Marihuana keinen einzigen. Die American Psychiatric Association (APA) stufte Koffein 1994 als abhängig machende Substanz ein. Damit stellte sie Kaffee und andere koffeinhaltige Genussmittel sozial geächteten Drogen wie Heroin und Nikotin gleich. In einem Handbuch der APA, das geistige Störungen beschreibt, wird behauptet: »nach übermäßigem Genuss von Koffein können sich Vergiftungserscheinungen zeigen ... Personen können klinische Abhängigkeit von Koffein entwickeln.« Laut APA leiden 94 Prozent aller Kaffeetrinker unter einem »Koffeinabhängigkeits-Syndrom«, zu dessen Symptomen unkontrollierbare Stimmungsschwankungen, Erbrechen, Erschöpfung, Verfolgungswahn und offenbar auch die Wahnvorstellung gehört, ein Modem zu sein.

»Als der Tag zu Ende war, hatte ich wieder mal Unmengen von Kaffee getrunken ... ich lag im Bett und war davon überzeugt, ein Modem zu sein – das ist kein Witz«, las ich in einem Internetbeitrag, während wir durch Little Rock in Arkansas fuhren. »Ich lag also im Bett und konzentrierte mich ganz darauf, die einkommenden Signale zu empfangen und die richtigen Töne von mir zu geben. Das Koffein hatte mir völlig die Gehirnwindungen verdreht.«

»Koffein ist eine bewusstseinsverändernde Droge ... es ist also durchaus möglich, dass er sich wie ein Modem vorkam«, so die Antwort auf obigen Beitrag von mthorog@webtb.net. »Ich habe jedenfalls genug von Leuten, die mit Koffein umgehen, als wäre es so harmlos wie Wasser.«

All das ist nichts Neues für das amerikanische Militär, das Koffein zur Steigerung der Gewaltbereitschaft erstmals 1832 einsetzte, als Präsident Andrew Jackson die Rumration der Soldaten durch Kaffee ersetzen ließ (je hundert Soldaten erhielten sechs Pfund Kaffee). Die Unionstruppen des Bürgerkriegs waren also ganz offiziell die ersten Krieger seit den äthiopischen Oromos, die unter Koffeineinfluss standen und ihre aufgeheizte Stimmung einem Gebräu verdankten, das nach Militärberichten aussah wie »der Missouri bei Hochwasser«. Die Soldaten waren so begeistert von dem Stoff, dass gelegentliche Kürzungen der Lebensmittelration stets mit einer Verdoppelung der Kaffeeration ausgeglichen werden konnten. Der Süden hingegen, durch eine Seeblockade hoffnungslos vom Kaffeenachschub abgeschnitten, erlitt eine ruhmlose Niederlage.[30]

Der Bürgerkrieg erbrachte den Nachweis, dass Kaffee die körperliche Leistungsfähigkeit von Soldaten steigern kann. Doch mehr noch interessierte sich die militärische Führung für die Wirkungen auf die Psyche. »In einigen Fällen tritt wahnhafte Selbstüberschätzung ein ... bis hin zu waghalsigem, um keine Gefahr bekümmertem Verhalten«, stellte J. D. Crother 1902 in einer Studie fest. »Ein bekannter General soll in einer bedeutenden Schlacht des Bürgerkriegs nach dem Genuss einiger Tassen Kaffee in vorderster Linie seiner Truppen große Tapferkeit gezeigt haben. Man glaubte, dies sei auf ein starkes Rauschmittel zurückzuführen. Wie sich später herausstellte, hatte er aber tatsächlich nur Kaffee zu sich genommen.« Der Kaffee war also so eine Art Wunderwaffe der Generäle – ein paar Tassen, und schon warfen sich die Soldaten furchtlos dem feindlichen Feuer entgegen. Diese Beobachtung wurde durch spätere Militärstudien wie jene über eine »durch Koffein ausgelöste hämorrhagische Selbstverstümmelung« gestützt, die an hyperaggressiven Ratten beobachtet wurde, denen man Koffein verabreicht hatte und die sich selbst zu Tode bissen.

Irgendwann im 19. Jahrhundert begann die Armee, auch mit einem »Kaffee für militärische Einsatzzwecke« zu experimentieren, wie ein Dokument mit dem Titel *Coffee for the Armed Forces* des obersten Quartiermeisters der amerikanischen Streitkräfte belegt. Er sollte drei Anforderungen genügen: Er musste leicht zu transportieren, von andauernder Wirkung und schnell vom Körper zu absorbieren sein. Die erste, vom Kongress 1862 für den militärischen Einsatz freigegebene Version war ein »Extrakt, der in einer kompakten und festen Tafel verbacken war«. Dies hielt man für die beste Lösung, weil es keine spezielle Verpackung erforderte und nicht aufgebrüht, sondern nur mit kaltem Wasser vermischt werden musste, um die »psychologische Wirkung« zu entfalten. Notfalls konnte ein Soldat den Stoff auch wie Kautabak benutzen und sich seinen Kaffee sozusagen mit seinem eigenen Speichel »aufgießen«. Knapp 15 Gramm sollten, so ist den Militärdokumenten zu entnehmen, »vermischt mit Speichel so belebend auf den Körper wirken wie ein Viertel Liter Kaffee.«

Wenn das bei jemandem eine böse Ahnung auslöst, so ist dies nicht unberechtigt. Wir reden hier über den ersten Pulverkaffee der Welt, eine Militärentwicklung, die den amerikanischen Kaffee um Jahrzehnte zurückwerfen sollte.[31]

Der »Kaukaffee« verschwand mit Ende des Bürgerkriegs. Doch die Armee forschte weiter, und 1903 hatte man ein neues »militärisch nutzbringendes« Pulver auf der Grundlage des Koffeinprodukts entwikkelt, das sich auf der Arktisexpedition von Baldwin und Zeigler bewährt hatte. Den ersten Praxistest auf dem Schlachtfeld brachte der Erste Weltkrieg. Fünfzehn Fabriken produzierten sechs Millionen Pfund im Monat. Der Verbrauch des Militärs stieg um 3000 Prozent. Im Zweiten Weltkrieg produzierten schon 125 Feldröstereien und 22 Fabriken in der Heimat Pulverkaffee für die Jungs im Feld. Die tägliche Ration verdreifachte sich auf 60 Gramm (ungefähr sechs starke Tassen). Selbst die Fallschirmspringer hatten kleine Pulverpäckchen dabei, wenn sie hinter den feindlichen Linien absprangen. Später wurden sie durch die bekannten »358er Magnum-Kapseln« ersetzt, die 300 Milligramm reines Koffein enthielten.[32] Nach dem Krieg führten Heer und Luftwaffe in einer gemeinsamen Untersuchung Blindtests durch, um die wirksamste Dosis für den Einsatz in Friedenszeiten herauszufinden. Die Studie wurde jedoch gestoppt, die Ergebnisse sind bis heute unter Verschluss. 1999 bewilligte die Regierung den Militärs 250 000 Dollar, um einen neuen und verbesserten Typ von koffeiniertem Kaugummi zu entwickeln.

Anders als der »Kaukaffee« des Bürgerkriegs überdauerte der Pulverkaffee das Ende des Zweiten Weltkriegs. Millionen von Soldaten und Krankenschwestern kehrten nach Hause zurück und verbanden auf einmal, ganz ähnlich wie einst Proust es erlebt hatte, ihre intensivsten Erinnerungen mit dem Geschmack einer Tasse Pulverkaffee. Der private Verbrauch stieg rasant an, und schon 1958 war ein Drittel des Kaffees, den die Amerikaner tranken, Instantkaffee. Der Trend hielt bis zum Vietnamkrieg an, doch nun weckte eine Tasse Pulverkaffee bei den Veteranen nur noch die bittersten Erinnerungen. Es war Zeit für eine Renaissance des Kaffees. Rein zufällig hatte zwei Jahre vor Ende des Vietnamkriegs Starbucks sein erstes Café eröffnet.

das kokain
der weißen
unterschicht

Schlaf? Ist das nicht so ein fader Ersatz
für Koffein?
rave@bleach.deamon.co.uk

Inzwischen waren wir mitten in Oklahoma und betrieben eifrig Feldforschung. Ich will Sie nicht mit Berichten langweilen, was wir alles durchgemacht haben: Stuckey's ohne Ende; die Cracker Barrel Coffeehouses; die Pojo's; Hardee's; Denny's; all jene gesichtslosen Ketten, die unser Land wie Eiterbeulen überzogen haben, aus denen ein dünner, bitterer und scheußlicher Kaffee suppt. »Ihr seid Kaffeehölle«, schrieb uns jemand, aber den Zusatz »Kaffee« hätte er sich ruhig sparen können. Wir durchquerten Flachland, in dem die Hitze waberte, unterbrochen nur hier und da von Ansammlungen windschiefer, im Takt ihrer Klimaanlagen vibrierender Trailer-Behausungen, den Wohnwagenparks, die den Eigenheimersatz für arme Leute bilden. Ja, wirklich, wir hatten das Land des white trash, des weißen Abschaums, erreicht, wo Speed der beliebteste Muntermacher am Morgen ist. Wer sich an meinem freimütigen Gebrauch des Ausdrucks »white trash« stört, sollte wissen, dass ich mich auskenne, kann ich doch (von meiner amerikanischen Linie) auf drei Generationen von Schwarzbrennern, Stripteasetänzerinnen und Scheckfälschern aus South Carolina zurückblicken.

Meg, eine echte Großstadtpflanze aus Manhattan, fand das alles sehr romantisch. »Wenn du mich fragst, mir gefällt das irgendwie«, betonte sie unentwegt. »Das ist das wahre Amerika. Ich wette, das sind alles furchtbar nette Leute.«

»Alles Spinner«, erwiderte ich, »durch die Bank.«

Wir landeten schließlich in einem Motel, das ein paar Meilen abseits der Hauptstraße lag – ich habe keine Ahnung, wo genau –, und das Western Sands hieß. Es war ein einstöckiges, L-förmiges Gebäude mit einem kiesbedeckten Parkplatz. Auf meinem Weg zur Rezeption zermalmte ich unter meinen Sohlen Hunderte träger Heuschrecken.

»Ein Zimmer kostet bei uns 33 Dollar, aber ein Holiday Inn ist das hier nicht«, meinte der Typ am Empfang. Viel mehr als Unterwäsche trug er nicht. Beherzt schob er eine Hand unter das Gummiband seiner schlabbrigen Hose und kratzte sich ausgiebig. »Ich gebe es euch für 25.«

Und das, bevor ich überhaupt nach einem Preisnachlass gefragt hatte. Trotzdem zögerte ich, denn es ließ sich nicht übersehen, dass dem Western Sands ein gewisses Flair abging. Die winzige Lobby war mit Kippen übersät – auf dem Fußboden, auf dem Schalter, auf der Couch -, überall lagen sie wie vom Herbstwind hereingewehte Blätter. Der Teppichboden, soweit ich ihn zwischen den Budweiserdosen und verkrusteten Milchtüten überhaupt sehen konnte, war mit Brandlöchern verunstaltet.

Unser Empfangschef wühlte in dem Müll, der sich vor ihm auf dem Schalter häufte. »Tut mir leid, ich kann das Gästebuch nicht finden. Ich bin so was von müde, kann ich Ihnen sagen. Kennen Sie das, wenn man so müde ist, dass einem die Augen nicht mehr zufallen, sondern einfach rausfallen?«

»Rausfallen?«

»100 Prozent. Einfach weg. Aber das kann ich mir nicht leisten, verstehen Sie?«

»Was können Sie sich nicht leisten?«, fragte ich.

»Dass mir die Augen rausfallen, natürlich.«

»Verstehe.« Er schien böse zu werden. »Vielleicht sollten sie eine Tasse Kaffee trinken«, schlug ich vor.

»Oh, dieses Zeug trinke ich nicht. Mein Magen ist zur Zeit mächtig empfindlich.« Er grinste mich vielsagend an. »Nur Milch und Cornflakes, Sie wissen schon.«

Seine Zähne hatten die Farbe von gebeiztem Holz. Speedsüchtig, dachte ich. Das Kokain des white trash. Das erklärte auch seine Vorliebe für Cornflakes und Milch (zur Beruhigung des Magens) und seine abgehackte Sprechweise.

»Ah, da! Zimmer 18 wäre frei.« Er hob überrascht die Augenbrauen.

»Ich glaube, es ist gar nicht so lange her, dass dort saubergemacht worden ist.«

»Hallo! Wie weit seid ihr, Jungs?« Das war Meg. Sie ließ ihren Blick rasch durch die Lobby schweifen, und ihre Augen traten etwas mehr als sonst hervor. Zum Glück war sie schon in Asien gereist und hatte somit keine Schwierigkeiten, das Western Sands zu nehmen, wie es war. »Haben Sie ein Zimmer für uns?«

»Aber immer«, murmelte der Typ. »So lange Sie nichts Besonderes erwarten. Wie ich schon sagte, wir sind kein Holiday Inn ...«

»Nein, nein, alles paletti«, tönte Meg. Ihre Sprechweise schien einen texanischen Einschlag anzunehmen. »Wir brauchen nur ein Plätzchen zum Schlafen.«

»Die Betten sind sauber, glaube ich, oder sie waren es zumindest«, murmelte er. »Es gibt Satellit und Kabel, aber keine Fernbedienung. Ein ganzes Dutzend habe ich gekauft, und kaum eine Woche später waren sie alle verschwunden.«

Draußen trat er barfuß auf die Heuschrecken. Seine ausgeleierte Hose hing so schlabberig herunter, dass man ... ach, vergessen wir's.

»Seid ihr verheiratet?«, fragte er.

»Klar«, antwortete Meg.

»Wieso tragt ihr dann keine Ringe?« Er guckte misstrauisch.

»In den Mülleimer gefallen«, erklärte sie.

»Pech! Schade, dass mein Freund nicht dabei war. Der holt dir alles wieder aus dem Müll raus.« Er kramte nach dem Schlüssel. »Beide Ringe sind in den Müll gefallen?«

»Seiner ins Klo«, sagte sie.

»O Scheiße, werft hier bloß nichts ins Klo«, murmelte er, gab die Suche nach dem Schlüssel auf und versetzte der Tür einfach einen Tritt, dass sie aufflog. »Ich kann es nicht leiden, wenn was im Klo steckt. Egal, was es ist. So, da wär'n wir. Wie schon gesagt, kein Luxuszimmer, kein ...«

»Holiday Inn«, ergänzte ich. »Äh, die Tür hat kein Schloss?«

»Sieht so aus.« Neben dem Türgriff war ein Stück herausgebrochen, offenbar war sie einmal aufgestemmt worden. »Stellt einfach einen Stuhl davor, das tut's auch.«

Dunkles Holzverkleidungs-Imitat, zwei Betten, ein Fernseher, der mit einer Kette an der Wand gesichert war. Aber das Bettzeug war sauber. Wir legten uns hin und genossen die kühle Luft aus der Klimaanlage. Meg schaute sich dabei einen Psychothriller mit John Travolta an, und ich klimperte auf meinem Laptop herum. Jemand, der offenbar das letzte Stadium einer Überdosis durchlebte, schrieb:

»Wasser-Joe (koffeiniertes Wasser), prima Zeug. Ich mache mir Espresso damit und tue eine Vivarin statt Zucker oder einer Zitronenschale hinein das geht wirklich sauber runter aber nach ein paar Minuten hat mein Arsch Großalarm und pissen muss ich wie ein Weltmeister ist das normal habe nie versucht Vivarin zu schnupfen brennt wahrscheinlich und macht einem die Nase kaputt ... wo habe ich nur die blöde Jolt Cola hingestellt ... mein Hund leckt mich dauernd am Bein ...«

So ging das ohne Punkt und Komma noch sechs Seiten weiter. Typisches Internet-Gebrabbel eines Koffeinjunkies. Schon das reine Lesen machte mich hellwach, und so gingen wir noch auf ein Bier in den nahe gelegenen Red Dog Saloon. Außer einer Frau mittleren Alters und ein paar schmierigen Typen mit Trucker Caps, die rassistische Sprüche klopften, war es ziemlich leer. Wir bestellten Budweiser (nicht, dass wir eine Auswahl gehabt hätten), und hörten uns an, wie die Frau dem Mann hinter dem Tresen über ihre Wohnmisere klagte.

»Ja«, sagte sie. »Mein Mann ist bereit, aus dem Trailer meiner Eltern auszuziehen, nur will er erst was finden, wo man gut angeln kann.«

»Kann ich verstehen«, sagte der Wirt. »Erst muss man das richtige Plätzchen finden.«

»Und die Kinder würden natürlich auch gerne.«

Kinder? Sie wohnte mit ihren Eltern, ihrem Ehemann und Kindern – mehreren! – in einem Trailer? Meg und ich tranken unser Bier aus. Das war einfach zu deprimierend, insbesondere wenn man bedachte, dass diese Frau trotz ihres recht großen Anhangs um Mitternacht alleine im Red Dog Saloon hockte. Beim Hinausgehen warnte uns der Wirt, uns vor den Typen auf dem Parkplatz in Acht zu nehmen. Es waren die weißen Herrenmenschen von vorhin, die wahrscheinlich ein kleines Drogengeschäftchen abwickelten.

»Wohin so eilig?«, rief uns einer zu, als wir auf unseren Wagen zugingen. »Wir sind ein netter Haufen hier im Red Dog. Warum bleibt ihr nicht noch ein bisschen?«

Wir murmelten etwas davon, dass wir den ganzen Tag gefahren seien, ließen aber unerwähnt, dass wir so unvorsichtig gewesen waren, unsere Mitgliedschaft bei der neonazistischen Aryan Nation erlöschen zu lassen.

»In welchem Hotel seid ihr denn untergekommen?«

Ich dachte daran, dass sich unser Zimmer nicht abschließen ließ.

»Äh, im White Plaza«, log ich.

»Kenn ich nicht. Hört mal, ihr könnt gerne bei mir und meinem Kumpel übernachten.« Er wies die unbeleuchtete Straße hinunter. »Ist nicht weit.«

Wir gaben unbestimmte Nein-Danke-Geräusche von uns. Er rückte ein wenig näher. Sein Kumpel kletterte aus seinem Truck.

»Vielleicht ein andermal.« Ich sprang in den Wagen. »Gute Nacht wünsch ich.«

»Na gut«, meinte er. »Vielleicht treffen wir uns ja wieder.«

»Der war echt nett«, meinte Meg auf dem Rückweg zum Hotel. »Meinst du, der könnte mein neuer Freund werden?«

Die Tatsache, dass Amerika erst nach seiner ersten größeren militärischen Niederlage trinkbaren Kaffee kochen lernte, stützt auf wunderbare Weise die kaffeezentristische Kulturgeschichte (ganz zu schweigen von Joffes Kaffee-Theorie der Expansionspolitik). Unglücklicherweise fasst man sie meist nur als Teil der Rebellion der sechziger Jahre gegen unnatürliche, industriell gefertigte Lebensmittel auf. Frisch aus ganzen Bohnen gemahlener Kaffee als Äquivalent zum Vollkornbrot also. Es ist daher kein Wunder, dass die Wiege der Spezialitätenkaffee-Bewegung in der Hauptstadt der Gegenkultur steht, im kalifornischen Berkeley, wo Alfred Peet das Peet's Tea and Coffee eröffnete. Er bot frischen, dunkel gerösteten Kaffee an und war damit so erfolgreich, dass seine Partner bald ihre eigenen Geschäfte eröffneten: Coffee Connection in Boston, Barney's in Florida und natürlich Starbucks in Seattle. So entstand eine Industrie, die mittlerweile sechs Milliarden Dollar im Jahr umsetzt.

Den Spitzenplatz unter diesen Kaffeeketten nimmt heute das allgegenwärtige Starbucks ein. Es ist trendy geworden, über die kleine Meerjungfrau herzuziehen (das ist die Frau in ihrem Logo). Ganze Websites sind eigens zu dem Zweck eingerichtet worden, auf diesem Unternehmen herumzuhacken. Aber ich werde hier mal eine Lanze für Starbucks brechen. Es stimmt natürlich, es handelt sich um einen Konzern, der Hunderte von kleinen Tante-Emma-Cafés kaputt gemacht hat. Aber so etwas tun große Konzerne nun einmal. Das Entscheidende ist, dass man dort guten Kaffee bekommt. Die Baristas sind in der Regel erstklassig. Ich gebe es nicht gerne zu – es geht mir wirklich gegen den Strich –, aber wenn ich in der Ödnis von Oklahoma ein Starbucks gesehen hätte, meine Freude wäre nicht geringer gewesen als die von Al-Shadhili, als Allah ihm vor tausend Jahren das Geheimnis der Kaffeebohne enthüllte.

Was jedoch unsere Suche betraf, so kam Starbucks nicht infrage, denn dort versteht man genauso wenig, einen echt amerikanischen Kaffee zu machen, wie Verdi Rhythm and Blues hätte komponieren können. Beides wurzelt in der italienischen Ästhetik von Espresso und Cappuccino, die so ziemlich das Gegenteil der amerikanischen Brühoder besser gesagt Schmortechnik ist. Diese Tragödie geht zum großen Teil auf das Konto des überaus populären *White House Cookbook*, eine Rezeptsammlung aus der Präsidentenküche, die sich im Vorwort der Ausgabe von 1887 rühmt, »Fortschritt und heutige Perfektion der Kochkunst« zu verkörpern.

Unter den Hunderten von Rezepten, darunter eine Eichhörnchensuppe, findet sich auch die folgenreichste Anleitung zur Herstellung von Kaffee in der Geschichte der Vereinigten Staaten.

Kaffee Eine Kaffeetasse gemahlenen Kaffee mit einem Ei und einem Teil der Schale verrühren. Eine halbe Tasse kaltes Wasser zugeben. In den Kaffeesieder schütten und mit einem Liter kochendem Wasser aufgießen. Wenn er aufwallt und zu kochen beginnt, mit einem Silberlöffel oder einer Silbergabel umrühren. Zehn bis zwölf Minuten bei starker Hitze weiterköcheln lassen. Vom Feuer nehmen und eine Tasse voll Kaffee ausschenken, dann zurückschütten. Weitere fünf Minuten erhitzen, aber nicht mehr kochen lassen. Heiß servieren.

Das ist die Atombombe des Kaffekochens, nicht mehr und nicht weniger. Keine Bohne der Welt, weder der feinste jamaikanische Blue Mountain noch der klangvollste Aged Sumatra, kann sich bei solcher Misshandlung seine exotischen Obertöne bewahren. Sie bringt jedoch hervorragend jenes beizende Gebräu zustande, das so typisch für den Texas Panhandle ist, durch den wir nun fuhren.

»Da werdet ihr fündig werden, Leute, keine Frage. Dort seid ihr goldrichtig. Wenn ihr bei Pflugerville vorbeikommt, schaut mal vorbei in Dot's Café«, schrieb ryannon@worldnet.net, als wir gerade die Grenze zwischen Oklahoma und Texas überquerten. »Ich weiß, was ihr sucht. In den Trucker-Raststätten machen sie einfach keinen Kaffee mehr wie früher.«

Ich weiß bis heute nicht, wo dieses Pflugerville liegt, denn wir hatten uns vorgenommen, bis nach L.A. auf der Route 66 zu bleiben. Das Problem war nur, dass wir sie auf der Karte nirgends finden konnten. Erst als wir schon weit im Panhandle waren, auf der sechsspurigen I-40, bemerkten wir parallel zu uns eine unbefahrene, zweispurige Straße, die mal auftauchte und dann wieder verschwand, wie ein kleiner Bruder, der mit den großen Jungs spielen will. Das war die Route 66, von den Karten getilgt, als die I-40 fertiggestellt war, aber immer noch vorhanden. Vor fünfzig Jahren zogen auf dieser Strecke viele tausend Amerikaner gen Westen, und die kleinen Städtchen, die sie unterwegs passierten – Amarillo, McLean, Jericho, Conway –, waren Oasen, in denen sich Durchreisende mit Benzin und Kaffee versorgten. Heute ist da nichts mehr los – eine eintausend Meilen lange Geisterstadt voller aufgegebener Tankstellen und vernagelter Kaffeebuden.

So verstrich der ganze Samstag. Am Sonntag morgen sahen wir eine verwitterte blaue Reklametafel über einem ebenfalls mit Brettern vernagelten Hotel. Adrien's Coffeeshop. Wir bogen von der Hauptstraße ab um nachzuschauen, ob jemand zu Hause war, und fanden ein handgemaltes Schild, auf dem zu lesen stand: »Willkommen bei Adrien! Sie befinden sich genau in der Mitte zwischen Chicago und Los Angeles auf der alten Route 66! Treten Sie ein!«

Das taten wir. Die Dekoration des Lokals bestand aus Rinderschädeln und »JESUS LOVES YOU«-Nummernschildern. Die Toiletten hatten Fliegengittertüren. Wir bestellten uns eine Tasse. Es war der erste uramerikanische Kaffee, auf den wir bei unserer Suche trafen – schwarz, von teerartiger Konsistenz, kraftvoll, mit reichlich Kaffeesahne, stürzte er sich in Wellen aus der Glaskanne der Serviererin in unsere Becher, schlug über uns zusammen und schoss wie Raketentreibstoff durch unsere Venen. Es war scheußlich und schrecklich und einfach unbeschreiblich.

»Wirklich, gar nicht so schlecht«, brachte ich heraus, sobald ich meine zitternde Zunge wieder unter Kontrolle gebracht hatte.

»Wunderbar«, meinte Meg.

Die Kirche war gerade aus, und die Einheimischen strömten herein, alle im Sonntagsstaat mit geblümten Kleidern und Texashüten. Sogar die Prediger kamen, darunter ein älterer Typ mit makellos silbernem Haar und sein Sohn, ein Kerl von etwa zwanzig Jahren mit Pfannkuchengesicht, beide in knitterfreien Anzügen und mit blitzenden, perlweißen Kunstgebissen. Man hätte meinen können, die beiden seien auf die Präsidentschaft aus, so leutselig gaben sie sich. Unsere Kellnerin mit dem freundlichen Gesicht beglückte uns mit T-Bone-Steaks und Fritten aus echten Kartoffeln. Zum Nachtisch gab es den besten Brombeerkuchen, den ich je gegessen habe, frisch aus dem Ofen, gekrönt mit einer Kugel cremig-synthetischem Vanilleeis. Reinstes Manna.

»Das ist der beste Kuchen, den ich je in meinem Leben gegessen habe«, sagte Meg. Wir bestellten uns noch ein Stück. »Das ist das beste Lokal überhaupt, meinst du nicht?«

Das fand ich nun ein bisschen übertrieben. »Es ist nicht schlecht«, gab ich zu.

»Das ist es, in Ordnung?«, bettelte Meg. »Wir suchen nicht weiter, bitte.«

Meg sah etwas angegriffen aus. Wir hatten jeden Tag ungefähr zwölf Tassen Schwarzen Tod getrunken, dazu große Mengen Ephedrin konsumiert, ein legales Amphetamin-Präparat, das bei Truckern sehr beliebt ist. Damals wussten wir noch nicht, dass die amerikanischen Gesundheitsbehörden nicht lange zuvor Koffein-Ephedrin-Cocktails auf die Verbotsliste gesetzt hatten, weil sie eine Reihe von Symptomen auslösen, die wir gerade erlebten, beispielsweise Lachanfälle, die sich mit Angst- und Depressionszuständen abwechseln.[33] Bei mir hatten sogar die Augäpfel angefangen zu zucken, ein Syndrom, das unter U-Boot-Besatzungen auf dem Koffeintrip weit verbreitet ist. Megs hell glänzende, blaue Augen schienen ihr fast aus dem Kopf zu springen.

»Okay«, sagte ich. »Das ist die beste Tasse.«

»Du meinst also die schlechteste?«

»Die beste der schlechtesten«, antwortete ich. »Und das muss einfach reichen.«

Nach dem Adrien verstanden wir Texas. Der süßliche Gospel, der aus dem Radio schallte, war auf ein Lebensgefühl mit Klimaanlage abgestimmt. Alles was zählte, war ein Leben ohne Widerhaken, enge Jeans, und die Liebe unseres lieben Herrn Jesus. Amerika, Amen. Ich fühlte mich derart entrückt, dass ich beinahe eine Familienkutsche voller Kinder gestreift hätte. Aber sie regten sich kein bisschen auf, es waren Texaner, sie winkten uns im Vorbeiziehen überschwänglich voll christlicher Liebe zu. Dankeschön, Sir, sagten sie mit ihrem komischen Gegrinse, dass sie uns beinahe zu unserem Erlöser geschickt haben.

»Hier könnte ich leben«, murmelte Meg wieder und wieder. »Hier könnte ich es für den Rest meines Lebens aushalten. Ich glaube, ich habe mich in Texas verknallt. Vielleicht war ich in einem früheren Leben ein Cowgirl.«

Ich erzählte ihr, dass an schönen Abenden die Cowboys ihre Pickups im Kreis parken, die Scheinwerfer einschalten, in allen Radios den gleichen Sender einstellen und mitten in der Prärie zu tanzen anfangen.

Meg machte den Eindruck, als würde sie gleich losheulen.

»Kannst du mich bitte einfach in der nächsten Stadt absetzen?«, fragte sie.

Vom Adrien fuhren wir nordwärts nach Taos in New Mexico. Das Flachland faltete sich zu rotem Felsgestein auf. Die Luft wurde trockener. Aber nachdem die Euphorie des Adrien einmal verflogen war, hatten wir das Gefühl, es sei überall gleich. In jedem Ort die gleichen Restaurants, die selben Häuser; sogar das gleiche Essen, alles auf der anderen Seite des Kontinents zusammengekocht, schockgefrostet, hierher verfrachtet und dann erhitzt, bis sich der letzte überlebende Hauch von Aroma ins Nirwana verabschiedet hatte. Das ist der American Way: Kauf ein Stück Land im Nirgendwo, stelle Klötze drauf, putze sie so lange, bis sie nach nichts riechen, kühle sie, bis du nichts mehr fühlst, und streiche alles mit nichtssagender Farbe an. Sind die ortsansässigen Geschäftsleute aus dem Rennen, erhöhe die Miete. Nichts von alledem war real. Wenn ich aufs Gaspedal drückte, veränderte sich die Landschaft, die an der Windschutzscheibe vorbeizog. Wenn ich auf eine Taste des Computers drückte, veränderte sich auf ähnliche Weise der Bildschirminhalt – jede Minute trudelten neue Postings ein.

»Koffein bringt mich näher zu Gott«, war zu lesen, als wir nach Arizona kamen. »Aber jetzt schwindet Seine Stimme. Ich habe permanent die Dosis erhöht, doch mittlerweile tue ich so viel hinein, dass sich das Pulver nicht mehr auflöst ... ich brauche reines Koffein ... BITTE HELFT MIR!«

Während wir durch das trostlose Navajoreservat in Arizona fuhren, überlegte ich, dass jedes Zeitalter die Bohne gemäß seinem eigenen Weltverständnis genutzt hatte. Die frühen Kaffeekulte in Äthiopien und im Nahen Osten sahen in der Droge ein Tor zum Geist Gottes. Die säkularen Humanisten im Europa des 18. Jahrhunderts benutzten den Kaffee als Hilfsmittel zum Aufbau einer vernunftgeleiteten Gesellschaft. Wir Bürger der Schönen Neuen Welt, die wir Effizienz und Geschwindigkeit anbeten, machen einfach ein Aufputschmittel daraus, um noch ein wenig an Tempo zuzulegen, ein bisschen schneller anzukommen und uns etwas besser zu fühlen. Zur Hölle mit den Folgen.

An den Rest der Reise habe ich nur noch verschwommene Erinnerungen. Meg und ich als die einzigen Gäste in einem höhlenartigen Cracker Coffeeshop um drei Uhr morgens in der Nähe von Flagstaff, und wir beide lachen so haltlos, dass die Bedienung sich weigert, uns die Tassen nachzufüllen. Der ranzige Kaffee an einem Frühstücksbüfet in Las Vegas, und die Dame am Nebentisch, die zu weinen anfängt, als sie zusammenrechnet, wie viel Geld sie verloren hat; die Straßen mit all den hässlichen, dummen und gierigen Menschen, und Larry, der Blackjack-Kartengeber aus Laos. Und immer noch mehr Ephedrin und mehr Kaffee und mehr Schnaps und Meg, die neben mir sitzt und ständig lacht, falsch singt, aber lacht, so sehr lacht, dass sie sich vor Anstrengung schüttelt. Nur dass sie jetzt hinterm Steuer sitzt und Hunderte von Autos um uns herumbrausen. Wir sind mitten auf einem überbreiten Zubringer zum Freeway ins Zentrum von Los Angeles – wir haben es bis zur Westküste geschafft! –, aber Meg kann nicht aufhören zu lachen, und es wird so schlimm, dass sie einfach nicht mehr fahren kann, sie wird immer langsamer, bis sie mitten auf dem Freeway den Motor abwürgt und Tausende von grimmigen L.A.-Pendlern uns umschwirren wie ein Heuschreckenschwarm, fluchen und schimpfen, die Fäuste ballen und hupen – wie könnt ihr es wagen, anzuhalten! Niemals anhalten! Immer weiter, weiter, weiter! Aber Meg fährt nicht weiter, nirgendwohin; sie ist weit weg, ganz weit weg, vor lauter Lachen laufen ihr die Tränen die Wangen hinunter, und die Lippen ganz zurückgezogen fletscht sie die Zähne wie ein Hund.

dank

Thanks, danke, merci und asante sana den Folgenden: Meiner Frau (falls sie mich nimmt) Nina J.; Tanya La Taz (dafür, dass sie mich nicht heiraten wollte); meinem Bruder Troy und seiner Frau Paula, die mich drei Monate bei sich aufgenommen haben; und Tom Yee aus San Francisco dafür, dass er mich nicht rausgeworfen hat, obwohl er die Möglichkeit dazu hatte. Danke meinem Lektor Juri Jurjevic vom Verlag Soho für seine markigen Randbemerkungen (ist ächz! wirklich ein Korrekturzeichen?) und meiner Agentin Felicia Eth für ihre Hartnäckigkeit, die weit über ihre Pflicht hinausgeht. Küsse an Jeff für all die Dröhnungen. Und an Annabel Bentley für ihre entgegenkommende Art. Besonderen Dank an Abera aus Harar und an etliche Leute aus dem Jemen, deren Namen ich nie aussprechen konnte, und natürlich an Yangi für seine beeindruckenden Schwindelkünste. An Josef Joffe für seine tief schürfenden Theorien. Danke an die knappe Million, die mir unterwegs auf den Wecker gegangen sind, und natürlich an die ungezählten Bewohner des Cyberspace auf alt.drugs.caffeine, alt.coffee, der Website von H-France undsoweiter, deren großzügige Versorgung mit Informationen und Falschinformationen einem für Jahrhunderte die Sprache verschlagen kann.
Besonderen Dank dem Johann Jacobs Museum in Zürich; dem Bramah Tee- und Kaffeemuseum in London; dem Archiv von Catherine Cotelle; der asiatischen Abteilung des British Museum; der französischen Nationalbibliothek; der New York Research Library; den Bibliotheken der Universitäten von Kalifornien, Berkeley und Los Angeles; der Stadtbücherei von Addis Abeba; der Universitätsbibliothek von Addis Abeba; der namenlosen Bibliothek von Sana'a im Jemen; der Guildhall Library in London; der Nationalbibliothek von Wien; den Stadtbüchereien von San Francisco und Los Angeles, und einigen anderen, die ich wahrscheinlich vergessen habe.

anmerkungen

1 Manche behaupten, dass das Wort Kaffee in »Kaffa« wurzelt. Doch mehrheitlich geht die Meinung dahin, dass Kaffee von dem arabischen »Qahwa« abstammt, das sich von »q-h-w-y« ableitet, »etwas widerstandsfähig machen«. Ursprünglich wurde mit »qahwa« Wein bezeichnet, der das Fleisch haltbarer machte, dann übertrug man das Wort auf die Bohnen, die dem Schlaf widerstehen ließen. Interessant ist, dass Äthiopien als einziges Land der Welt keinen unserem Ausdruck »Kaffee« ähnliches Wort für das Getränk hat; hier heißt er »Buna«, die Bohne.
Den Kaffas verdanken wir auch die ersten Baristas der Welt, eine Tofaco genannte Kaste, die dem König nicht nur den Kaffee aufbrühte, sondern ihm das Getränk auch die Kehle hinunterschüttete.
2 Es gibt auch die These, dass der Kaffee erst Verbreitung fand, nachdem der chinesische Admiral Cheng Ho Anfang des 15. Jahrhunderts versucht hatte, den Arabern den Genuss von Tee schmackhaft zu machen. Als China später alle Verbindungen zu anderen Ländern kappte, hätten die Araber die in ihrem Land nicht verfügbaren Teeblätter durch Qat oder Kaffee ersetzt.
3 Beim Tee gibt es ein Äquivalent zum Qat namens Leppet-so. Das sind eingelegte Teeblätter, die in Teilen Burmas gekaut werden.
4 In der religiösen Bewegung der Rastafari, die ihre Wurzeln in Äthiopien hat, wird Gott Jah genannt.
5 Einige Historiker glauben allerdings, die Holländer seien die Ersten gewesen, die um 1680 die Bohne nach Indien brachten. Doch das britische *Journal of Mythic Society VII.* behauptet, dass Kaiser Harihara II. von Vijayanagar (dem heutigen Mysore) im Jahr 1385 befohlen habe, alle Importe nach Peta Math seien »im Austausch für Kaffeesamen« steuerfrei, was die Holländer-These fragwürdig macht.
6 Einige Äthiopier behaupten allerdings, es sei die Zibetkatze, welche in einer Drüse neben ihrem Rektum Moschus produziert, die mit ihren Exkrementen Kaffeebohnen ausscheide.
7 Diese Firma hat den Kaffee (indonesisch: Kopi) nach dem Luwak benannt, einem in Java, Sumatra und Sulawesi lebenden Mungo. Der mit Magensäure und Enzymen gewürzte Kaffee findet vor allem in Vancouver reißenden Absatz. [A.d.Ü.].

8 Auch der Peaberry-Kaffee aus Mittelamerika gilt als Aphrodisiakum, er wird dort Cariol genannt.
9 Für Hahnenbier gibt man einen toten Hahn in gärendes Bier, was die sexuelle Leistungskraft steigern soll. Ein Rezept aus dem schottischen Hochland des 16. Jahrhunderts lautet folgendermaßen: »Man nehme zehn Gallonen Bier und einen großen Hahn, je älter, desto besser; koche den Hahn, häute und zerstoße ihn in einem Steinmörser, bis sämtliche Knochen gebrochen sind (vor dem Häuten ausnehmen). Dann lege man den Hahn in zwei Viertel Sherry und gebe fünf Pfund Rosinen, einige Messerspitzen Muskat und ein paar Gewürznelken hinzu. All dies kommt nun in einen Leinensack, den man in ein Bierfass hängt. Nach einer Woche bis neun Tagen fülle man es in Flaschen ab, aber nur bis knapp über den Beginn des Halses. Nun lasse man es genauso gären wie normales Bier.«
10 Das Äquivalent beim Tee ist die »Creme des duftenden Staubs«, ein feinporiger Schaum, der beim kräftigen Umrühren pulverisierten Tees entsteht.
11 Im »Ye Great Coffee House«, einem englischen Kaffeehaus im 17. Jahrhundert, kam Murad zu zweifelhafter Ehre. Dort gab es Kaffeemünzen mit seinem Porträt und folgender Inschrift: »Morat der Große werd' ich genannt/ Wo ich auch hinkam, die Erd' ward verbrannt«. Diese Kaffeemünzen sind ein frühes Beispiel für eine private Währung, sie wurden in der unmittelbaren Nachbarschaft als Zahlungsmittel akzeptiert, bis die Regierung ihren Umlauf verbot.
12 Auf einem Kupferstich von Kairo aus dem Jahr 1625 sieht man zwar etwas wie ein Gemisch aus Kaffee und Milch, was in jenen Breiten jedoch praktisch nicht vorkam.
13 Schivelbusch, Wolfgang, Das Paradies, der Geschmack und die Vernunft: eine Geschichte der Genussmittel, Frankfurt/M. 1990, S. 40.
14 ebd., S. 38.
15 ebd., S. 40.
16 Das Oxford Café wurde 1650 von einem Juden aus dem Nahen Osten eröffnet. 1652 eröffnete dann Pasqua Rosee – der Namensgeber für die Pasqua-Kette aus San Francisco – das erste Kaffeehaus in London, heute eine Kneipe namens Jamaica Inn.
17 Schivelbusch, Wolfgang, S. 71 f.
18 Interessanterweise glaubt der bekannte Kulturtheoretiker Michel Foucault, dass die so genannte »Rationalisierung« der westlichen Zivilisation im selben Jahr begonnen habe, in dem das erste Café in Europa eröffnete.
19 Schivelbusch, Wolfgang, S. 36.
20 Unser geliebtes Getränk half angeblich auch bei Fehlgeburten und linderte Kopfschmerzen, Rheumatismus, Schwindsucht, Skorbut, Gicht, Wassersucht, Nierensteine, Augenkrankheiten und natürlich auch bei ganz gewöhnlichen Erkältungen. Doch am Häufigsten wurde es bei Verdauungsbeschwerden benutzt.
21 Michelet geht sogar so weit, die französische Aufklärung nach dem Wechsel der Kaffeesorten in Phasen aufzuteilen. Solange man die leichten Sorten aus dem Jemen genoss, herrschten die beschwingten Cafés und Salons der Aristokraten vor. Die mittelstarken Bourbon-Bohnen brachten seiner Meinung nach

die »glanzvollen Verse von Voltaire« hervor. Als jedoch der »starke, bittere« Kaffee aus der Karibik Verbreitung fand, habe eine düstere und gewalttätige Epoche begonnen.
22 Dieppes Bedeutung in der Geschichte des Kaffees könnte vielleicht auch erklären, warum man sich hier nach altem Brauch bei Hochzeiten und Taufen mit Kaffee statt mit Sekt zuprostet.
23 Anm. d. Ü.: Mehr über das Museum, Catherine de Beaunay-Cotelle und De Clieu erfahren Sie auf folgender französischer Website: http://decouvertecafe.free.fr/index.htm.
24 Jacob, Heinrich Eduard, Sage und Siegeszug des Kaffees, Hamburg 1964, S. 25
25 Diese Gegend ist bekannt für eine unsäglich bittere Kaffeebohne, die Riote. Wegen ihres hohen Jod- und Salzgehalts steht sie im Ruf, die schlechteste Bohne der Welt zu sein. In New Orleans und in der Türkei dagegen wird der aus ihr gebraute Kaffee sehr geschätzt.
26 Dies führte schließlich zu den berüchtigten Opiumkriegen (1840–1842), in deren Verlauf britische Truppen tief nach China eindrangen, um den Absatz des Opiums zu sichern; zum ersten Mal in der Geschichte bekriegte ein Volk von Drogenabhängigen ein anderes, um seinen »Stoff« zu bekommen. Die zeitweilige Teeknappheit, die der Krieg England bescherte, führte auch zu einem wenig erfolgreichen Versuch, den alten äthiopischen Kaffeeblätter-Aufguss Kati zu vermarkten. Ein gewisser Dr. Stenhouse versuchte, ihn den ärmeren britischen Bevölkerungsschichten als Alternative zum Tee anzudrehen. Seinen Worten zufolge handelte es sich um »ein recht annehmbares Getränk ... das sich für zwölf Pence pro Pfund verkaufen lässt«. Laut der *London Critic* schlug der Versuch jedoch fehl, da »Dr. Stenhouses Kenntnis der Chemie besser zu sein scheint als seine Menschenkenntnis, sonst hätte er seinen Tee-Kaffee (Kati) zuerst den höheren Klassen anempfohlen, von wo aus er sicher bald auch seinen Weg in die unteren Schichten gefunden hätte.«
27 Vielversprechend war, dass ein »golden cadillac« in der Knastsprache von Alabama ein Kaffee mit Milch und Zucker ist.
28 Die unscheinbare Kaffeekanne ging im Jahr 1991 online, Jahre bevor das World Wide Web entstand. Sie ist die einzige Kaffeemaschine, die die Informatiker von Cambridge damals besaßen, und erschien in einer Ecke auf ihren Computerbildschirmen, sodass auch in den entlegeneren Räumen des Instituts jedermann jederzeit darüber im Bilde war, wann es frischen Kaffee gab. Inzwischen haben Millionen Menschen die mittlerweile wohl berühmteste Kaffeemaschine der Welt aus dem »Trojan Room« gesehen. Im Cyberspace ist sie gut bekannt. Die lausige Qualität ihres Kaffees ist Legende geworden. (A.d.Ü. Die deutsche Wochenzeitschrift *Der Spiegel* hat vor einiger Zeit das Bild der Kaffeekanne wieder ins Netz gebracht. Siehe unter www.spiegel.de.)
29 Untersuchungen zufolge erhöht der Genuss von zwei Tassen starken Kaffees bei fünfundziebzig Prozent der Bevölkerung das sportliche Leistungsvermögen.
30 Vergeblich versuchten die Konföderierten, den Kaffeemangel mit einem traditionellen Koffeingetränk der amerikanischen Ureinwohner auszugleichen,

das aus den Früchten des Cassinabaums gewonnen wird. Wie uns der Historiker Ralph Holt berichtet, behielten die südamerikanischen Ureinwohner das Getränk »ihren großen Männern und Führern vor, die sich im Krieg und bei anderen Gelegenheiten durch große Taten ausgezeichnet hatten.« Man versuchte auch, eine Art koffeinierten Wein aus der Pflanze zu gewinnen.

31 Auch der häufig verwendete amerikanische Ausdruck *cup of joe* für eine Tasse Kaffee scheint militärischen Ursprungs zu sein. Admiral Josephus »Joe« Daniels, Oberbefehlshaber der amerikanischen Marine, verbannte den Alkohol nicht nur von amerikanischen Kriegsschiffen, sondern verbot auch überhaupt seinen Verkauf an Soldaten in Uniform (die Ausgabe von kostenlosen Kondomen schaffte er auch gleich mit ab). Er war es, der Kaffee zum »offiziellen« Getränk der U.S. Navy machte, weshalb man ihm zu Ehren von einer *cup of joe* spricht. Allerdings gibt es auch eine anderslautende Theorie, derzufolge der Spitzname eine Verkürzung von Mocha-java zu Mo-jo und schließlich zu joe ist.

32 Die Air Force hielt Schritt, indem sie ihre Nachtpiloten mit Vitamin A ‚das die Sehkraft verbessern soll, vollpumpte. Sie gab auch Vitamin-B-Präparate aus, von denen man annahm, sie würden die Geräuschempfindlichkeit verringern und so das Risiko von Bombardierungsschocks senken.

33 Unser alter Bekannter aus dem Jemen, der Qat, ist eng mit Ephedrin verwandt. In beiden sind die gleichen chemischen Stoffe enthalten, und sie haben eine vergleichbare Wirkung. Es gibt sogar eine Art Super-Qat, das unter den Bezeichnungen *jeff*, *mulva* oder *cat* auf dem illegalen amerikanischen Drogenmarkt immer beliebter wird.

Lesen Sie täglich eine Neuerscheinung.

Auf unseren Buch-Seiten und in unseren Literatur-Beilagen finden Sie Besprechungen der interessantesten Neuerscheinungen. Testen Sie uns. Mit dem Probeabo zwei Wochen kostenlos. Telefon: 0800/8 666 8 66. Online: www.fr-aktuell.de

Frankfurter Rundschau

Bringt Sie weiter.